Oskar Ruf wurde 1931 in Zürich geboren. Studium der Philosophie in Paris und Zürich, wo er zum Dr. phil. promovierte. Er lernte Psychotherapie teils am C.-G-.Jung-Institut, teils am Daseinsanalytischen Institut in Zürich, Gruppentherapie bei Prof. Battegay in Basel, emotionale Körpertherapie bei Daniel Casriel in New York, Reinkarnationstherapie bei Thorwald Dethlefsen in München und Astrologie bei Wolfgang Döbereiner in München. Oskar Ruf führt jetzt vorwiegend einzeltherapeutische Gespräche.

Von Oskar Ruf ist außerdem als Knaur-Taschenbuch erschienen: *»Die esoterische Bedeutung der Märchen«* (Band 86007).

Esoterik

Herausgegeben von Gerhard Riemann

Dieses Buch wurde auf chlor- und säurefreiem Papier gedruckt.

Originalausgabe Oktober 1992

Umschlaggestaltung Peter F. Strauss
Satz DTP ba · br
Druck und Bindung Ebner Ulm
Printed in Germany
ISBN 3-426-86012-0

2 4 5 3 1

Oskar Ruf

Die esoterische Bedeutung des Lesens

Vorwort von Rüdiger Dahlke

Knaur

Vorwort

Setzt man die Bedeutung des Lesens in Bezug zur Zahl der jährlichen Buchneuerscheinungen, ist sie ohne Frage enorm. Starken Anteil an der wachsenden Flut hatte in den letzten zehn Jahren die Esoterikwelle. Während vor fünfzehn Jahren die Zahl der entsprechenden deutschsprachigen Bücher noch sehr überschaubar gerade ein kleines Regal meiner Buchhandlung füllte, sind die zahlreichen esoterischen Läden heute kaum mehr in der Lage, das ganze Angebot zu präsentieren. In dieser beeindruckenden Renaissance entsprechenden Gedankenguts muß Oskar Rufs Untersuchung der esoterischen Bedeutung des Lesens überfällig erscheinen.

Der Autor macht es weder sich noch dem Leser leicht und streift die oberflächlichen Ebenen des heutigen Esoterikbooms nur am Rande. Statt dessen verfolgt er die Bedeutung des Lesens und speziell des Lesens heiliger Schriften bis zu den Wurzeln, sowohl in sprachlicher als auch in philosophischer Hinsicht. Nebenbei ist so auch ein tiefschürfendes Buch über Religion entstanden. Wir erfahren, daß Lesen von »Lese« kommt und mit Auslese zu tun hat, ein sorgfältiges Sammeln von Eindrücken und Bildern ist. Viellesen, auch das Verschlingen von esoterischen Büchern kann dieser ursprünglichen Lesart kaum gerecht werden.

Über die Untersuchung der Divination, die Enträtselung der Welt im Altertum, zeigt der Autor, daß das Lesen heiliger Texte letztlich ein Lesen der Schöpfung ist, und er macht deutlich, daß das Lesen anderer Schriften eher einer Ablenkung vom Wesentlichen gleichkommt. Insofern ist Rufs Untersuchung auch ein Plädoyer für das

Lesen jener lebendigen Urtexte, die uns aus jeder großen Kultur vorliegen. Dieser Gedanke wird leichter nachvollziehbar im Vergleich zum profanen Lesen, ist doch z. B. das Verschlingen von Reiseberichten eine Art Vampirismus. Man »lebt« von fremden Erfahrungen, aber eigentlich lebt bzw. reist man eben nicht. Möglicherweise ist der Leser gefesselt von der Lektüre und auf seine Art begeistert.

Wirkliches Lesen aber – daran läßt der Autor keinen Zweifel – fesselt den Geist nicht, sondern befreit ihn. Es weckt ihn auf und führt zu Selbsterkenntnis. Denn in dem Maße, wie der Leser liest, d. h. bei seiner Lese Zeichen sammelt und Welt enträtselt, stößt er auf sich selbst. Er projiziert sich in die gelesenen Legenden und erkennt sich so auf der eigenen Suche. Indem er diese Projektionen durchschaut und zurücknimmt, entdeckt er in allem sich selbst. Er findet sich in der Schöpfung wieder und erkennt zugleich Gottes Handschrift darin. So wie Christen in der Welt Gottes geronnenes Wort sehen, gingen die alten Ägypter davon aus, er habe seine Schöpfung auf einen Papyrus geschrieben. Ob er sie aber geschrieben, gesprochen oder gesungen hat, wie wiederum die Ureinwohner Australiens glauben, immer wird das Geschaffene zum Gleichnis für das dahinterliegende Wesentliche. So eröffnet sich im Lesen der heiligen Texte die Chance, die Trennung zwischen Subjekt und Objekt zu überwinden und sich in allem zu finden. Das christliche »Liebe deinen Nächsten wie dich selbst« und das indische »Tat twam asi« (ich bin das) laufen dann auf dasselbe hinaus: sich in allem zu erkennen.

In der Erkenntnis, daß das Himmelreich Gottes in uns und auch sonst überall ist, liegt die große Chance des Lesens. Hier dürfte auch der Grund zu suchen sein, warum die katholische Kirche das Lesen der Bibel ihren

Untertanen über Jahrhunderte verbot. Oskar Ruf weist nach, wie die Kirche durch diese Politik erreichte, daß der eine (weibliche) Pol der Wirklichkeit bekämpft und ganzheitliche Erkenntnis hierdurch zunehmend erschwert wurde.

Wirkliches Lesen im esoterischen Sinn könnte einer Kommunion, einer Vereinigung der Pole und einer Vereinigung des Lesers mit dem zu Lesenden, den Legenden, dem exemplarischen Leben der Heiligen, gleichkommen. Solches Lesen führt zur Aufhebung der »Seinsvergessenheit«. Der Mensch erkennt sich in den Gleichnissen der Schriften ebenso, wie er sein Lebensmuster aus aller Natur ablesen kann. Weil überall das Eine durchscheint, erübrigt sich Viellesen ebenso wie das Lesen von Verschiedenem. In allen heiligen Schriften steht dieses Eine, und es steht auch überall in der Schöpfung geschrieben. Wahres Lesen regt die eine Art des Denkens an, die nicht umsonst mit Andenken (an das Vergessene) zu tun hat und dem Danken (für das Unvergeßliche) nahesteht.

Rüdiger Dahlke

Zum Geleit

In diesem Buch geht es einzig und allein um die Beantwortung der Frage, was der tiefste Sinn des Lesens sei. Warum lesen wir Bücher? Dabei benützen wir das Wort »esoterisch« als Leitwort auf dem Wege, den tiefen Sinn zu finden; es ist für uns gleichbedeutend mit Religion im ursprünglichen Sinne.

Wir lassen uns leiten von einem Ausschnitt aus der westlichen Esoterik, nämlich von dem, was uns aus der christlichen Tradition an Zeichen entgegenkommt, auch wenn wir gegen den Schluß östliche Weisheit in die Betrachtung miteinbeziehen werden.

Einleitung

Dieses Buch enthält keine Untertitel und Überschriften, die Kapitel sind römisch numeriert. Warum? Dieses Buch mit dem Titel »Die esoterische Bedeutung des Lesens« ist kein Lehrbuch, welches man sich kapitelweise vornehmen kann, um so in den Besitz von einer Lehre zu gelangen. Dieses Buch ist eine Entdeckungsreise in 22 Schritten oder Stationen, so wie es Stationen auf Wallfahrten gibt, an denen man auch anhalten und verweilen kann. Auf einer solchen Reise weiß man nicht genau, was einem als nächstes begegnet. Weil das Buch bebildert ist, kann der Leser beim Durchblättern manches erraten.

Der Bücherleser, der unter allen anderen Lesern sich auszeichnet durch die Muße, die Geduld, die Zeit und die Begeisterung, die er dem Lesen einräumt, wird hier eingeladen, eine gedankliche Bewegung mitzumachen, mit dem Autor einen Weg zu gehen. Dieser Weg ist nicht wissenschaftlich, aber dem Wissen auf der Spur. Übergänge von einem Thema zum anderen sind oft rein assoziativ, weil es noch andere Verbindungen gibt als logische. Der Gang endet an einem Ort, wo Türen zu anderen Reichen geöffnet werden, wo das Lesen zum Stillstand kommt oder wo der Leser vielleicht des längeren wiederholt dasselbe liest, bis er das Lesen aufgibt und ohne diese Krücke weiterschreitet.

Im Anhang sind ausschnittweise Texte zitiert, welche dem Leser ermöglichen, Gedanken und Sprache einiger Philosophen und Schriftsteller, welche in diesem Buch eine wichtige Rolle spielen, originär zur Kenntnis zu nehmen.

Ohne zu lesen, sind die Götter Götter,
die Menschen keine Götter.

Erwin Jaeckle

I

Auf dem Forum Romanum begegnete ein schlichter und ungelehrter Mensch einem wohlhabenden Lehrer der Redekunst und sprach ihn freundlich lächelnd an.

LAIE: Deine Unnahbarkeit verwundert mich. Du hast dich geplagt mit dem Lesen unzähliger Bücher und bist doch nicht zur Bescheidung gelangt. Die Wissenschaft dieser Welt, in der du alle zu überragen meinst, ist vor Gott doch nur eine Torheit, die den Menschen bläht. Die wahre Wissenschaft aber macht bescheiden. Ich wünschte, daß du dich ihr widmetest, denn sie ist ein Schatz der Freude.

REDNER: Was maßest du dir an, du armer ungebildeter und unwissender Mensch, daß du das Studium der Wissenschaften so herabsetzt, ohne das doch kein Fortschritt möglich ist?

LAIE: Es ist keine Anmaßung, sondern Nächstenliebe, was mir gebot, nicht zu schweigen. Ich sehe, wie du ganz aufgehst in dem Suchen nach Weisheit und wie du viel vergebliche Mühe daran wendest. Davor will ich dich bewahren, wenn ich es kann, indem ich dich auf deinen Irrtum stoße; du wirst dich freuen, diesen alten Fesseln zu entfliehen. Die Lehrmeinung überlieferter Autorität hat dich an der Leine, so wie ein Pferd, das von Natur frei ist, an die Futterkrippe gebunden, nur das frißt, was ihm vorgesetzt wird. Dein Geist nährt sich von den geltenden Autoritäten, einer ihm fremden, nicht naturgemäßen Nahrung.

REDNER: Wo soll denn die Nahrung der Weisheit sonst zu finden sein, wenn nicht in den Werken der Weisen?

LAIE: Ich sage ja nicht, daß sie dort gar nicht sei, sondern nur, daß das nicht ihr naturgemäßer Fundort sei. Jene, die zuallererst über die Weisheit etwas schreiben wollten, fanden doch auch nicht in den Büchern – die es eben noch nicht gab – die entsprechend förderliche Nahrung, sondern kamen durch eine ihrer Natur gemäße Kost zur Reife. Und sie überragen alle anderen, die aus Büchern weiterzukommen glauben, bei weitem an Weisheit.

REDNER: Sicher kann man auch ohne das Studium der Wissenschaften einiges lernen; aber nicht über die schwierigen und wesentlichen Fragen, denn bei diesen kommt man nur Schritt für Schritt voran.

LAIE: Eben das meinte ich, wenn ich sagte, du ließest dich von Autorität führen und verführen. Irgend jemand schrieb etwas nieder, und du glaubst ihm. Ich aber sage dir: die Weisheit schreit draußen auf den Gassen. Sie verkündet, daß ihre Wohnung in der höchsten Höhe sei.

REDNER: Du bist zwar ein ungebildeter Mensch, und doch glaubst du, wie ich höre, wissend zu sein.

LAIE: Darin unterscheiden wir uns vielleicht gerade; du hältst dich für wissend, obwohl du es nicht bist, während ich wohl einsehe, wie unwissend ich bin, und mich daher bescheide. Und eben darin bin ich der Wissendere von uns beiden.

REDNER: Wie kannst du denn zum Wissen um deine Unwissenheit gekommen sein, da du doch so ungebildet bist?

LAIE: Nicht aus deinen Büchern, sondern aus denen Gottes.

REDNER: Und welche sind das?

LAIE: Die er mit der eigenen Hand geschrieben hat.

REDNER: Und wo findet man sie?

LAIE: Allerwegen.

REDNER: Dann also auch hier auf dem Forum?

LAIE: Sagte ich nicht, die Weisheit schreie auf den Gassen?

(Ganzer Text im Anhang, Seite 315 ff)

Dieser Text, der vom Unterschied zwischen dem Lesen, was andere geschrieben haben, und dem selber an die Quelle des Wissens Gehen, vom selber Schauen, Anschauen und Betrachten handelt, oder der von einer ganz anderen Art des Lesens handelt, nämlich vom Herauslesen aus der Schöpfung, stammt von Nikolaus von Kues und hat den Titel »Der Laie und die Weisheit«. Dieser Text ist zu einer Zeit geschrieben worden, in der man sich spottend von jenen abheben wollte, die nur zu lesen wissen, und wieder einmal jene Menschen eher gelobt wurden, die zu leben verstehen. Der deutsche Mönch, Bischof und Kardinal der römischen Kurie und Philosoph Nikolaus von Kues lebte von 1401 bis 1464. Er ist ein Vertreter des Überdrusses der Schulgelehrtheit seiner Zeit. Der Mystiker Johannes Tauler, ein Jahrhundert vorher in Straßburg geboren, sagte von der damaligen Pariser Wissenschaftshochburg, daß »die großen Meister von Paris, die die großen Bücher lesen und die Blätter umkehren«, das »lebende Buch« nicht kennen, also nicht die Wirklichkeit der Natur und des Lebens. Bei unserem Autor wird darum der einfältige und ungebildete »Gottesfreund«, also der ILLITERATUS, der die Literatur nicht kennt, das ist der Unbelesene, zur stehenden Figur der Mystik und damit zu einer ganz anderen Art der Hingabe.

Erfährt denn der Lesende, der die Nase nicht aus dem Buche aufhebt, die Realität oder gar die Wirklichkeit? Im zitierten Text des Cusanus übernimmt der Laie, lateinisch IDIOTA genannt, die Vertretung eines direkten und innigeren Wissens, als es dem Bücherleser zugemutet werden kann. »Auf allen Gassen ist die Handschrift der göttlichen Weisheit zu lesen.« Es sind viele Jahrhunderte her, seit solches geschrieben wurde, und es stammt aus einer Zeit, als die Schriftsteller noch lateinisch schrieben. Der Geschichtskundige wird uns vermutlich darüber belehren können, wie innerhalb einer bestimmten Zivilisationsphase oder Kulturepoche sich der Respekt abwechselnd einmal mehr dem Bücherwissen und einmal wiederum mehr der Naturbetrachtung zuwendet. Darum wollen wir – vermutend, daß dem so sei – nicht einer Meinung den Vorrang geben, sondern verstehen lernen, in welchem Maße Bücherlesen notwendig ist, die Betrachtung der Natur und das Lesen in ihr und das Lernen aus ihr genauso notwendig sind. Es ist die Sprache von einer Differenz der Quelle der Weisheit. Sind die Bücher die Quelle, oder ist das Leben selbst die Quelle? Gewiß beide. Wie aber hängen sie zusammen, oder wann gilt es, welche Quelle zu erschließen?

Lassen wir uns zunächst von unserem Philosophen leiten, denn er verbindet mit seinem Standpunkt ein bestimmtes Ziel. Der Laie in des Cusanus' Text vertritt ein andersartiges Lesen: nicht das Lesen aus den Büchern, sondern das Lesen aus Gottes Handschrift, das Lesen aus der Schöpfung. Nehmen wir also diese Anregung auf. Offensichtlich handelt es sich um zwei verschiedene Weisen des Lesens. Die Welt der Erscheinungen wird wohl anders zu lesen sein als die Bücher. Und ist es richtig, hier überhaupt von Lesen zu sprechen? Zwei Quellen der Weisheit gibt es: die Bücher und die Schöpfung.

Das Argument des IDIOTA belehrt den Gelehrten dahingehend, derjenige, der das erste Buch geschrieben habe, könne sein Wissen auch nicht aus Büchern genommen haben, also liege die Quelle nicht in den Büchern. Wo denn? In Gottes Natur, auf den Gassen. Merkwürdig ist die Aussage, die Weisheit schreie auf den Gassen. Ist sie wirklich so schreiend? Nikolaus von Kues läßt den Dialog, von dem wir nur den Anfang gelesen haben, sich weiter entfalten, indem der Laie dem Redner aufzeigt, in allen vorfindlichen Dingen und Handlungen sei immer die

Zahl Eins und damit die Einheit, das Einssein verborgen, und dies zu bedenken allein schon führe zur Weisheit, wozu Bücher zu gebrauchen kein Anlaß sei: Es genüge, die Dinge der sichtbaren Umwelt zu betrachten. In ihnen allen sei, wenn man es richtig anschaue, nur immer die unsichtbare Einheit Quellgrund alles Seins, und diese unsichtbare Einheit sei Gott. Die Weisheit schreie auf den Gassen, weil wir auf diese Weise allüberall auf Gott verwiesen seien. Die Quelle der Weisheit sei aber auch gleichzeitig die Quelle aller Freude.

Das ist eine hehre Sicht der Dinge. Im einfachen Gewande des Laien spricht hier der christliche Denker direkt und unvermittelt etwas an, das uns überrascht, nicht geläufig ist, vielleicht vor den Kopf stößt. Schauen wir, welche Absicht er hat. Cusanus ist also ein Kritiker der sogenannten Scholastik. Darunter verstehen wir die im Mittelalter starke Position der Schulweisheit, die akademisch debattierende und gegen die Ungläubigen streitende Zersetzung des Geistigen durch den Intellekt. Warum wir dies so formulieren, werden wir bald sehen. Die Scholastik ist ein Bildungssystem, welches Glaubensinhalte möglichst unanfechtbar gegen jeglichen Unglauben verteidigen lehrt. Da nun Glaubensinhalte innerhalb des Christentums auf Aussagen von Christus beruhen, sind diese Aussagen oder der Glaube daran die einzige Quelle. Die Scholastik versuchte, diese Voraussetzung gleichzeitig zu einer allumfassend gültigen und natürlichen Quelle des Wissens umzufunktionieren. In der Scholastik haben wir ein Beispiel dafür, wie religiöse Botschaft zum Mittel des Machtkampfes deformiert wird. Zweifellos hat das dabei Hervorgebrachte immer auch seine bewunderungswürdige Größe.

Vom esoterischen Standpunkt aus jedoch stehen wir dem Laien in der zitierten Auseinandersetzung näher.

Denn er vertritt die gesellschaftliche Machtlosigkeit. Er ist ja der »Idiot«. IDIOTA auf lateinisch oder HÓ IDIÓTES auf griechisch ist die Bezeichnung für den Privatmann, den einzelnen Bürger oder auch in einem erweiterten Sinne der Name für den einfachen Mann und für den gewöhnlichen Menschen. Später verstand man darunter auch den Unwissenden. Wie kommt es zu dieser Auffassung? Das Grundwort heißt IDIOS, das heißt »eigen, eigentümlich, persönlich, eigenartig«. Daraus entwickelte sich die Bedeutung »besonders, absonderlich, seltsam«. IDIOS hieß dann auch »privat, häuslich«, weshalb der IDIOTES auch der Hausbesitzer ist. Der IDIOTES oder der Privatmann galt in der Antike weniger als der Mann im öffentlichen Dienst: Der Mann im öffentlichen Dienste wurde als klüger und gebildeter angesehen als der Privatmann. Der Staatsmann ist weiser als der unwissende Mann aus dem Volke. In der deutschen Sprache war ein »Idiot« bis etwa 1800 einfach ein Laie oder ein Ungelehrter. Die heutige damit verbundene Bedeutung des Schwachsinnigen kam erst im 19. Jahrhundert unter dem Einfluß der englischen Sprache dazu. Idiotie ist in der Wissenschaft der Medizin der höchste Schwachsinnsgrad.

Uns interessiert diese offenbar zunehmende Abwertung. Haben wir doch unter der Anleitung der Astrologie, die ein überlegenes Mittel der Einordnung der Phänomene darstellt, und unter dem Eindruck bisheriger esoterischer Überlegungen gelernt [1], das »Eigene« in ganz anderem Licht zu sehen, nämlich gerade in umgekehrtem Sinne als das, was zu hegen und pflegen ist, damit wir zum Wesentlichen gelangen. Zentraler esoterischer Grundsatz ist: Es gibt nur die Erlösung oder die Befreiung durch das Eigene. Es gilt die »eigene Art« zu leben und nicht die

1 siehe »Die esoterische Bedeutung der Märchen«, München 1992

fremde Meinung oder die Vorstellung der anderen Menschen. Das öffentliche Befremden dem »je eigenen« gegenüber drückt sich deutlich aus in Formulierungen wie »das ist ein eigenartiger Mensch« oder wenn es von einem Menschen heißt: »Er ist halt eigen.« Wir müssen uns darüber vollständig klar werden, wie sehr »das je eigene« für die Allgemeinheit oder für die Vertreter der Allgemeinheit oder noch genauer für die jeweiligen Machthaber, die sich ja den Mantel der allgemeinen Legitimation umhängen wollen, ein Stein des Anstoßes ist, eine Gefährdung, eine wirkliche Gefahr darstellt. Machthaber sind immer an der Konformität des Denkens im Volke interessiert, sie wollen das Denken der Menschen manipulieren und damit kontrollieren. Die Kontrolle über das Denken ist die größte Macht, dazu gehören natürlich auch die Emotionen. Die Kontrolle über das »emotionale Denken des Volkes« ist die größte Macht. Die heutige Wissenschaft huldigt dieser Denkart.

Nehmen wir als Beispiel die Aussage eines akademischen Lehrers der Universität Zürich, der in einem Zeitungsartikel verkündete, von Wissen könne man immer nur dann reden, wenn dessen Inhalt als lesbarer und wissenschaftlich fundierter Text »veröffentlicht« sei. Was ein Privater weiß, gilt nicht. Wie anders bewertet ist doch das mönchische Studium, die Betrachtung oder die Kontemplation, wie es in mittelalterlicher Sprache heißt, oder die THEORIA, wie die alten Griechen dies nannten, das heißt die innere Gottesschau. Im griechischen Wort THEORIA liegt das Wort THEÓS. Es bedeutet das Ansichtigwerden des Göttlichen in allen Erscheinungen, die dazu geeignet sind. Entsprechend heißt auch der Priester »Hierophant«, das ist derjenige, der das Heilige erscheinen läßt. Der Laie im Cusanus-Dialog empfiehlt jedoch das unmittelbare Schauen, eine Sicht der vorhandenen realen Welt ohne

Vermittlung. Es handelt sich hier auch um den Unterschied zwischen der THEORÍA und der EUSÉBEIA, zwischen der religiösen Haltung der individuellen Gottesschau und der Haltung der Aufmerksamkeit. Der aus der Antike überlieferte Religionsbegriff ist dem Begriff der Aufmerksamkeit näher. Diese hat mehr mit Gehorsam zu tun, also mehr mit dem Hören, und zwar mit dem Hören auf etwas anderes, nicht etwa auf sich selber. Die THEORÍA aber ist ein Schauen. Bei diesem Schauen sind wir näher beim Lesen, und dieses Schauen ist immer ein persönliches Erlebnis. Das gilt auch dann, wenn eine Gruppe von Menschen davon erfaßt wird. Doch kommen wir zurück zum Lesen.

Die Botschaft des Cusanus-Dialoges heißt: Der IDIÓTES (also der Ungebildete oder der »einfache« Mensch) liest das, was ihn weise macht, aus den alltäglichen Erscheinungen. Er bedarf dafür keiner besonderen Anlässe, keiner heiligen Augenblicke, keiner szenarischen Vermittlung und vor allem auch nicht der Bücher, also der aufgeschriebenen Gedanken anderer.

Hier muß der Unterschied zwischen dem BIOS THEORETIKÓS und dem BIOS PRAKTIÓS berücksichtigt werden. Diese Unterscheidung stammt aus dem Denken der griechischen Philosophen. Das Menschenleben, das sich der praktischen Verhaltensweise verschreibt, also zum Beispiel jenes der Handwerker, bildet einen Gegenpol zum theoretischen Leben. Bei den christlichen Mönchen spiegelt das ORA ET LABORA, das bekannte »Bete und arbeite«,

Linke Seite:
Hermes Trismegistos oder Senior Zadith im alchemistischen Heiligtum (nach einem Holzschnitt in: »Senior Zadith. De chimia«, Straßburg, um 1560). Der sagenumwobene ägyptische Priester galt auch im Christentum als Besitzer, Hüter und Offenbarer göttlicher Geheimnisse.

eine Verbindung von Theorie und Praxis wider. Die Vereinigung von beidem zeigt sich dort, wo der betende oder der kontemplative Mensch zu ganz bestimmten Zeiten im Tagesablauf auch die Hand bietet zu alltäglich notwendigen und nützlichen Verrichtungen. Das altgriechische Wort PRAKTIKÓS heißt »tätig, handelnd, geschickt«. Der PRAKTOR ist der Täter, auch der Handelsmann, der Geldeintreiber, Gerichtsdiener und Rächer. Das zugrundeliegende Tätigkeitswort heißt PRASSEIN, meint »durchfahren«, ursprünglich »einen Weg zurücklegen«, dann aber vor allem »vollbringen, ausführen, verrichten, verüben« usw. Von daher kommt dann auch das andere uns bekannte Wort TO PRÁGMA und auch das Wort HE PRAXIS. Diese bedeuten das Handeln oder das Tun, die Tat, die Verrichtung, immer im Zusammenhang mit den PRÁGMATA, den Sachen, den Gegenständen des Handelns, den Dingen. Der BIOS PRAKTIKÓS beschäftigt sich mit den Dingen dieser Welt.

Ist der mittelalterliche Mönch der »Praktikus«, also auch der Arbeiter, so erkennt er damit die Tatsache und die Notwendigkeit an, sich mit den sichtbaren, nützlichen, brauchbaren und lebensnotwendigen materiellen Sachen zu beschäftigen. Dies sei darum betont, weil im ORA ET LABORA eben auf echte Weise beides miteinander verbunden ist. Und immer dann, wenn die theoretische und praktische Seite des Lebens miteinander verbunden sind, empfinden wir ein Gleichgewicht, eine Harmonie. Diese entfällt, wenn nur das eine von beiden anerkannt wird.

Ferner mag uns am Beispiel der Mönchsgemeinschaft die Souveränität auffallen, die in der Unabhängigkeit einer sich selbst versorgenden Gruppe von Menschen gelebt wird. Gleichzeitig werden in der Gottesschau die Dinge dieser Welt überschritten auf dasjenige, das dahinter ist, so wie der Laie in unserem Anfangstext von Nikolaus von Kues es nahelegt.

In der Zuwendung zu den handhabbaren Dingen der konkreten, materiellen Welt spielt nun aber eine große Rolle, wie sie geschieht. Vollzieht sich die Zuwendung zu den berührbaren Sachen dieser Welt, seien es natürlich gewachsene oder vom Menschen hergestellte sogenannte Artefakte, im Sinne des Hegens und Pflegens, mit anderen Worten, im Sinne des »Schonens«, oder geschieht die Zuwendung im Sinne des Besitzergreifens, des Verwertens und gar des Ausbeutens? Mit dieser Frage gelangen wir in den Bereich des Wohnens des Menschen. Wie wohnt der Mensch auf der Welt? Oder: Wie ist sein »In-der-Welt-Sein«? Wir denken uns dabei, ein Mensch, der Beten und Arbeiten verbindet, müßte wohl eher zu jenen gehören, die das Wohnen auf der Welt zum Schonen machen, indem er behutsam mit allem umgeht, das er vorfindet.

Die Behutsamkeit, aufgrund derer er hütet, was er vorfindet und bekommt, verbindet der religiöse Mensch offensichtlich mit seinem Verständnis von Religion, welches durch die Herkunft des Wortes RELIGIO einsichtig wird. Denn RELIGIO heißt das Respektieren einer höheren Macht. Dieser Respekt verbietet ihm, sich auf dieser Welt zu benehmen, wie er will. Er achtet auf eine Ordnung. Er ist ja ein Zeichen-Lesender, wie wir noch sehen werden. Und es gibt Zeichen, deren Beachtung ihn in der Ordnung halten. Wenn die RELIGIO zum Menschen gehört, wenn das Respektieren einer höheren Macht dem Menschen ins Gesicht geschrieben steht, er von dieser Abhängigkeit gezeichnet ist, dann muß er sich auf dieser Welt »religiös« verhalten, und dies heißt, anders ausgedrückt, er muß »achtsam« sein. Die Achtsamkeit als Verhaltensmerkmal des religiösen Menschen macht ihn zum Schonenden.

Unmöglich ist der HOMO RELIGIOSUS ein Ausbeuter. Wenn kirchliche Machthaber in Vergangenheit oder Gegenwart die Eigenschaft des Schonens nicht aufweisen sollten, so dürften sie nicht als »religiöse Menschen« betrachtet werden.

Die Verbindung von Theorie und Praxis im erwähnten Sinne ist Ausweis des achtsamen Menschen. Dagegen wird die Differenz von Theorie und Praxis heute oft erwähnt, wenn es darum geht, die Praxis der Theorie vorzuziehen. Wir sprechen jetzt von diesem Begriffspaar auf einer tieferen Anwendungsebene. Jedermann weiß, daß es ohne Theorie nicht geht. Indessen gilt, die Praxis werde zeigen, was die Theorie wert ist. Wir verwenden den Unterschied zwischen Theorie und Praxis gleichlautend wie die Differenz zwischen Vorstellung und Realität. Die Theorie ist wie das Projekt, die Praxis aber der Bereich seiner Realisierung. Und was schließlich real dasteht, das zählt.

In der heutigen Welt hat der Pragmatiker Vorrang. Dieser Begriff bedeutet die Lehre, nur das Handeln des Menschen mit seinen praktischen Konsequenzen und seinem materiellen Gewinn könne als Grundlage der Erkenntnis dienen, Handeln und Denken seien dem praktischen Nutzen gemäß zu werten. Die griechische PRAGMATÉIA findet sich heute beispielsweise im Bereiche der Politik. Sie hat ein langfristiges Denken, ja die für eine Epoche geltende geistige Idee oder die Vision verdrängt. Die in der Demokratie notwendige Gunst der Wähler erlaubt dies nicht. Wird man alle vier Jahre wiedergewählt, gibt es nur mehr kurzfristiges Denken.

Kein Politiker wagt heute, vom Volke etwas zu fordern, nämlich zum Beispiel so etwas wie Reife und Selbstverantwortung, Pflichtbewußsein und das Denken an das Gemeinwohl. Heute werden nur mehr Versprechungen abgegeben, damit man wiedergewählt werde. Aber das ist nichts Neues, das gab es auch schon im alten Rom. Doch Zeiten des Pragmatismus wechseln mit Zeiten der THEORIA im griechischen Sinne oder mit Zeiten, die durch eine Vision bestimmt sind. Es gibt Zeiten, die vom Geist einer großen Idee durchweht sind, und sei diese große Idee zum Beispiel diejenige einer Ordnung, welche nicht gestört werden darf.

Kommen wir zurück zur Scholastik. Es gibt Zeiten, in denen das Schulwissen allem übergeordnet wird. Und es gibt Zeiten, in denen das Wissen unantastbaren heiligen Büchern entnommen wird, in denen man Autoritäten mehr glaubt als der Realität. Wobei diese heiligen Bücher oder auch die Autorität eines Philosophen wie zum Beispiel Aristoteles bei konkreten Fragen eher zu Rate gezogen wurden als die überprüfbare Realität. Also kam es im Mittelalter vor, daß ein Gelehrter eher in den Büchern des Aristoteles nachschlug, wenn er wissen wollte, ob Öl und bei welcher Kälte gefriere, als daß er draußen im Freien das Experiment durchgeführt hätte. Das Beispiel scheint uns unsinnig; doch hüten wir uns. Wie unsinnig werden späteren Generationen gewisse Behauptungen unsererseits vorkommen? Wir haben damit zu rechnen. Nachfahren können sich oft nur an den Kopf greifen, wenn sie das Denken und Tun der Vorfahren betrachten. Die Welt ist immer so, wie wir sie sehen. Sie ist das Resultat unserer Sichtweise und unserer gedanklichen Konzepte.

Die Scholastik ist eines der großen Beispiele von Wissen, welches auf Autorität beruht. Der Gegenstand des scholastischen Forschens sind authentische Texte, denen Autorität zukommt. Die Repräsentanten der führenden Wissenschaft, die Theologen, gehen in gleicher Weise von der Heiligen Schrift aus, von den Entscheidungen der Päpste, Bischöfe, Konzilien und von den Schriften der

Väter als Zeugen und Interpreten der Tradition. Ja selbst für die Philosophie gibt es keinen anderen Weg. Auch Cusanus war ein Philosoph. Die Philosophie sollte die geistige Disziplin sein, die von allgemeingültigen denkerischen Grundlagen (Prinzipien) ausgeht und keineswegs von Autoritäten. Als unumstößlich gültige Grundlagen der Scholastik aber galten die Bibel und die dogmatischen Entscheidungen der Kirche. Sie waren unfehlbar.

Mit dieser Bemerkung gelangen wir nun zu einem wichtigen religiösen Thema, das mit unserem »Lesen« zu tun hat. Die Grundlage von Hochreligionen sind immer Texte. Die Religionen der Naturvölker leben von der mündlichen Überlieferung, ihr begründender Mythos wurde nie aufgeschrieben. Religionen in hohen Kulturen oder Zivilisationen aber besitzen heilige Texte. Diese Tatsache gibt uns zu einer Überlegung Anlaß. Wir dürfen nicht in allen Belangen von einer Entwicklungsidee ausgehen. Es gab immer schon hohe Kulturen und Menschengruppen, die des Lesens und Schreibens kundig waren, auch wenn die wissenschaftliche Geschichtsschreibung nichts davon weiß. Die Urreligion, die wir Esoterik nennen, war nie ohne Schriften; der Esoteriker lebt mit Schriften. Der Gebildete oder der Gelehrte der Urreligion ist ein magischer Mensch. Der Magier kann immer schreiben und lesen. Der reiligiöse Mensch im Sinne der Urreligion liest Texte bei seinen wesentlichen Feiern oder rezitiert sie auswendig, wobei ja auch das Rezitieren von auswendig gelernten Texten ein innerliches Ablesen darstellt. Was für die offizielle historische Wissenschaft gilt, nämlich daß der Mensch erst nach und nach Schriften entwickelt und Schreiben und Lesen gelernt habe, ist esoterisch unhaltbar. Die Menschen, wenn auch nicht alle, konnten das immer schon.

Die Scholastik imitiert also auf dem Gebiete der Wissenschaften das, was die Priester oder die Eingeweihten bei ihren Feiern tun. Sie geht von überlieferten Texten aus. In der Spätscholastik waren es dann nicht einmal mehr nur die heiligen Texte, sondern es kamen als Autoritäten die Schriften des griechischen Philosophen Aristoteles dazu. Diese religiöse Praxis wurde auf die Universität übertragen.

Obgleich allermodernste Erforschungen der Bibeltexte Beweise von damaligem physikalischem Wissen oder von Fähigkeiten der Menschen erbrachten, die man davor für unmöglich angesehen hatte, wollen die biblischen Texte gewiß nicht Grundlage der profanen Wissenschaften sein. Innerhalb eines Weltbildes, das von religiösen Gründungsmythen und ihren Texten ausgeht und in welchem alles religiös ist, also auch das alltägliche Wissen und auch die täglichen Verrichtungen, interessiert die reale Erforschung der Naturvorgänge gar nicht. Diese haben vornehmlich mythischen oder poetischen Sinn, sie haben einen symbolischen Charakter oder eine magische Bedeutung. Es genügt, das »Handwörterbuch des deutschen Aberglaubens« durchzublättern, um sich dessen zu vergewissern, wie sehr früher die Menschen bildhafte Bezüge von Ereignissen bevorzugten, in welchem Maße Aberglaube zentrifugale Zerstreuung in vielfältigste Gebräuche althergebrachter hoher religiöser Symbolik darstellt, man möchte sagen: ein in alle Winde zerstreutes und verflattertes Urwissen. Und Urwissen ist Mythos, nicht Wissenschaft im heutigen Sinne.

Der griechische Philosoph Platon begann, den Mythos zugunsten der Wissenschaft zu verwerfen. Entsprechend äußerte er auch Verdacht gegenüber der Poesie, die er als Verführerin apostrophierte. Allerdings zahlt der solchermaßen naiv-bildhaft poetische Mensch, wie wir ihn in den Kindern oft noch erleben, für seine märchenhafte Erscheinungswelt, die auch irgendwie einer tiefen Sehnsucht des Menschen entspricht, seinen Preis, denn er hat Ängste wegen Dingen, wofür es nüchterne Erklärungen gibt und wo Ängste nicht notwendig sind, wenn man diesen nüchternen Erklärungen gehorcht. Doch verlagern sich die Ängste nur. So hat der heutige aufgeklärte nüchterne Mensch mit seinen kausalen Erklärungen für viele Phänomene, die einst Angst und Furcht einflößten, seine Ängste an Orten, wo sich ein früherer Mensch an den Kopf greifen würde, würde er dies erfahren.

Fragen wir uns: Ist es ein Gewinn, bei heftigem Gewitter keine Angst mehr zu haben, weil wir naturwissenschaftliche Erklärungen dafür haben und darum nicht mehr davon ausgehen müssen, in ihm kündige sich der Zorn Gottes? Die Ängste haben sich nur verlagert, aber sie wurden durch die Entdeckung der Funktionen nicht gemildert. Dabei gibt es noch genügend deutliche Beispiele, wo auch die wissenschaftliche Erklärung nichts nützt, wie zum Beispiel bei Naturkatastrophen, ausgelöst durch Vulkane oder Wirbelwinde usw. Man weiß, wie sie entstehen, aber man kann sie nicht verhindern. Und wer Opfer ist von Erdbeben, Wasserfluten, Lawinen oder Orkanen, lernt auch heute noch das Gruseln auf dieser Welt.

Der Grundgedanke – ausgehend von Cusanus – war, nicht den Autoritäten sei zu glauben, nicht diese seien zu lesen, wenn man weise werden wolle, »sondern die Bücher Gottes«. Der Fundort der Weisheit sei das, was auch dem ersten Bücherschreiber diente, bevor es Bücher gab, nämlich die Natur und der Kosmos, die Welt der Erscheinungen, welche uns zugänglich ist, in der wir selber stehen. Der Laie im Dialog nennt sich der »ungebildete Gottesfreund«.

Auf der anderen Seite steht jetzt unsere Ergänzung, die religiöse Praxis, im besonderen die rituelle, festliche und periodisch wiederkehrende Feier, bediene sich der autorisierten Texte. Ihre Gründungs- oder Stiftungstexte sind Ausweis, Legitimation und immer wieder neue feierliche Erinnerung an den Ursprung, Anrufung der hegenden Kräfte und festlich-feierliche Belehrung. Ihre Texte sind authentisch; es kommt ihnen Autorität zu; sie werden behutsam aufbewahrt. Natürlich wissen wir, daß die Authentizität gewisser heiliger Schriften oder biblischer Texte heute – vor allem aus esoterischer Sicht – angezweifelt wird. Das Bewußtsein, das heilige Buch unseres Kulturkreises könnte Fälschungen enthalten oder durch wesentliche Auslassungen gezeichnet sein, ist bei vielen vorhanden, die sich ernsthaft damit beschäftigen. Unabhängig davon gilt, die Heilige Schrift ist Autorität. Das lateinische Wort heißt AUCTORITAS. Dies heißt Gewähr, Bürgschaft, Glaubwürdigkeit und Gültigkeit. Das Wort bedeutet auch Dokument, Aktenstück. Der AUCTOR ist der Gründer, Stifter, Verfasser, Schriftsteller. Das zugrundeliegende Tätigkeitswort heißt AUGERE mit der Bedeutung wachsen machen, vermehren, befruchten und größer werden lassen. Der Auktor (Autor) ist einer, der hilft, daß sich etwas vermehrt, er ist der Urheber einer Expansion. Und als solcher ist er Stifter. Das Christentum ist – aus esoterischer Quelle – eine gestiftete »Frohbotschaft«, unabhängig davon, was die Christenheit in den 2000 Jahren daraus gemacht hat. Religionsstifter sind Propheten oder Göttersöhne. Das Dokument des Judentums, das Alte Testament, ist Beleg für eine Reihe von Stiftungen. Sie sind keine menschlichen Taten, Menschen sind nur Werkzeug dabei.

Wir können uns jetzt auch die Frage stellen, ob das esoterische Wissen gestiftet ist, benennen wir doch mit diesem Ausdruck ein Urwissen. Dieses ist den Menschen von Anbeginn an gegeben und wird auch von Botschaftern von Zeit zu Zeit erneuert. Dies gilt unabhängig davon, was wir Menschen dann daraus machen. So wie das Neue Testament die Botschaft eines Gottessohnes enthält, so verwahren andere »wahre« Stiftungen die mündlich überlieferten oder schriftlich niedergelegten Ansprachen an uns Menschen. Weil Stiftung AUCTORITAS ist, verbindet sich damit ein Autorisiert-Sein. Aber es ist eine heikle Frage, ob die bestehenden Institutionen wahrhaftig die Nachfolge einer einmal geschenkten Ermächtigung besitzen. Und es ist nur allzu begreiflich, wenn die Inhaber von Autorität ihre lückenlose Nachfolgekette und Vollmacht (diese wird »Sukzession« genannt) durch den damaligen Stifter behaupten, während es ebensosehr anerkannt werden muß, wenn andere dies bezweifeln. Denn wir Menschen neigen dazu, solange wir vom Ursprung abgebrochen sind, den Bruch immer wieder erneut herbeizuführen, auch wenn die Hand zum Bunde gereicht wurde.

Die Kritik unseres Zeugen Nikolaus von Kues, den wir als Repräsentanten einer großen Reihe anderer Zeugen gewählt haben, meint nicht, wir sollen uns jeglicher Autorität entziehen. Er kritisiert vielmehr eine Fehlentwicklung. So sagt der Laie in unserem Dialog: »Die Wissenschaft dieser Welt, in der du alle zu überragen meinst, ist vor Gott doch nur eine Torheit.« Und darunter fällt auch die Theologie. Der Ausdruck »diese Welt« ist ein aus der Bibel bekannter kritischer Hinweis auf unsere Entfernung vom Ursprung. Es ist anzunehmen, ein esoterisch Wissender würde obigem Satz des Laien zustimmen. Vom Standpunkt des Urwissens aus gesehen, muß die Entwicklung unserer Zivilisation sowie auch dessen, was bei uns Religion heißt, als eine zunehmende Entfernung vom Ursprung erkannt werden. Esoterik ist als Wegbeschreitung Rückkehr zur Einheit, Heimkehr zum Ursprung und als THEORIA auch immer Rückbesinnung auf den Anfang. Und wenn das bereits zitierte »Handwörterbuch des deutschen Aberglaubens« in seinem Artikel »Religion« von der zentrifugalen Bewegung spricht, welche über Jahrhunderte und Jahrtausende im Bereiche des Religiösen zu beobachten sei, was einer von einem ehemaligen Zentrum ausgehenden Zerstreuung und Versprengung entspreche, so knüpft der Autor dieses Artikels unbewußt eine Verbindung zur esoterischen Lehre, welche die Blütezeit einer Religion und eines Äons (Zeitalters) im Anfang sieht.

In diesem Buch über die esoterische Bedeutung des Lesens gilt es, soweit wie möglich danach zu fragen, warum dies so sei und ob dies notwendig so sei. Und wir wollen versuchen, Antworten darauf als Frucht des Lesens zu finden. Wer kennt nicht die alte Auffassung, welche sich die Esoterik, soweit wir sie überblicken, zu eigen macht, ein Zeitalter fange als »goldenes« an? Danach ereignet sich eine zunehmende Abflachung seiner einstigen Höhe. Nietzsche hat dies gesehen. Er hat dies in einem Zusammenhang formuliert, der uns hier angeht. Doch bedürfen wir hier einer kurzen Einleitung.

Innerhalb des esoterischen Denkens – wie übrigens auch in der Astrologie – wird vom Menschen ausgegangen, denn er ist das Zentrum seines Erlebens, seines Handelns und seines Bewußtseins. »Der Mensch ist das Maß aller Dinge.« Nach Platons Schrift »Theaitetos« soll Protagoras der Schöpfer dieser Formulierung sein. Wie auch immer – und wir werden darauf am Ende zurückkommen –, sie ist auf jeden Fall (auf recht verstandene Weise) Besitz der esoterischen Tradition und des darin überlieferten Wissens. Allerdings gilt es zu wissen, was mit »Mensch« gemeint ist. Mit dem Namen »Mensch« ist der Ursprung wie das Ziel verbunden. Der Mensch, der wir sein sollten, der wir wieder werden sollten, der ist das Maß aller Dinge. Wir werden mit der äußeren Gestalt des Menschen geboren, aber noch nicht als Mensch auf die Welt gebracht. Ein Mensch muß man dann erst werden. Aus diesem Gesichtspunkt ist es müßig, das Wort »menschlich« zu bemühen, wie dies Mode ist. Überall spricht man nur vom Menschlichen, als wären wir schon Menschen und als hätten wir schon die hohe Qualität des Menschseins zur Verfügung. Der Mensch als Maß aller Dinge, und damit als Orientierungspunkt, wurde am Beginn der sogenannten Neuzeit verlassen.

Nun sagt Friedrich Nietzsche: »Seit Kopernikus rollt der Mensch aus dem Zentrum ins x.« Dies steht in seinem Buch »Der Wille zur Macht«. Und in den Notizen zu diesem Buch schreibt er von der Verkleinerung des Menschen seit Kopernikus. Kopernikus ist jener Astronom, der das Bewußtseinszentrum des Forschers von der Erde auf die Sonne verlagert hat. Dieser Gedanke ist ein Kernstück der Kritik des wissenschaftlichen Weltbildes bei Nietzsche und gehört zum festen Bestand aller Distanzierung gegenüber dem Geiste der Neuzeit. Dies muß den Astrologieschüler heutzutage irgendwann bewegen, denn die Astrologie vertritt den geozentrischen Standpunkt und damit die Gegenposition zur modernen Wissenschaft.

Die Astronomie hat das Bewußtsein des Menschen in die Sonne als Zentrum verlegt und damit die Menschen in ein heliozentrisches Denken gezwungen, sie hat also das Denken vom Erleben gespalten. Das erdzentrierte Erleben des Menschen, wenn er von seinem Standort auf der Erde ausgeht, ist gleichzeitig der Mittelpunkt des Horoskopes. Und immer dann, wenn der Mensch von seinem Standort auf der Erde ausgeht, ist das Grundphänomen seines Erlebens und Nachdenkens der Sonnenkreislauf. Den Sonnenauf- und -untergang erleben wir. Die Bewegung der Erde um die Sonne erleben wir nicht (außer vermittels besonderer Experimente), sie gehört nicht zu unserem alltäglichen Erleben. So ist das heliozentrische Denken vom Erleben getrennt. Entsprechend verfing sich die moderne Wissenschaft immer mehr in ein Denken, das seelisch nicht mehr erlebt werden kann.

Folglich ist der Mensch nicht mehr das Maß aller Dinge. Das ist der entscheidende Punkt. Der »wahre Mensch« aber ist tatsächlich das Maß aller Dinge, denn er ist Abbild des Göttlichen. Er findet alles in sich selbst. Er ist Zentrum. Dies gilt vom »wahren Menschen« in uns, dem verborgenen, und nicht vom äußeren verfälschten Ich.

Daß der Mensch sich in seinem Selbstbewußtsein abhängig macht von einer wissenschaftlichen Feststellung über den Ort der Erde im Weltall, ist für Nietzsche eine unglaubliche Überschätzung jener Wahrheit, die den Geist der Neuzeit ausmacht. Denn durch die Niederlage der theologischen Astronomie ist das menschliche Dasein »noch beliebiger, eckensteherischer, entbehrlicher in der sichtbaren Ordnung der Dinge« geworden. Nietzsche spricht von der Selbstverkleinerung des Menschen. Der Glaube an seine Würde, seine Einzigkeit und Unersetzlichkeit sei dahin. »Seit Kopernikus scheint der Mensch auf eine schiefe Ebene geraten, – er rollt immer schneller nunmehr aus dem Mittelpunkt weg – wohin? Ins Nichts? ...« (Ges. Werke XV, S. 440).

Nun gibt es Esoteriker, welche die Rückgängigmachung der kopernikanischen Wende fordern. Der Mensch »muß« im Zentrum sein. So lehrt uns etwa der italienische Autor Julius Evola: »Als man noch sagte, daß sich der Mittelpunkt des Bewußtseins im »Herzen« befände, erklang darin ein Widerhall der Wahrheit, die in intuitiver Weisheit ihren Ausdruck fand. Als man aber »bewies«, daß dieser Mittelpunkt im Gehirn liegt, da schwieg das wahre Wissen, und die Scheinwelt der Wahrnehmung trat an ihre Stelle« (Julius Evola/Gruppe von Ur, »Magie als Wissenschaft vom Ich«, S. 81).

Hier wird das Herz als Zentrum des Erlebens verteidigt. Die Schule des esoterischen Denkers Evola verbindet mit dem Herzen oder genauer mit »der Region des Herzens« die Forderung, den sogenannten esoterischen Pfad erst gar nicht zu betreten, bevor man nicht das Ich-Bewußtsein vom Hirn wieder in die Region des Herzens umgepflanzt und damit die »kopernikanische Wende« rückgängig gemacht habe. Vom Herzen gelte es auszugehen, dies sei das wahre Organ, nicht vom physikalischen Herzen, nicht von unserem sentimentalen Ort ist die Rede, sondern von der Brustmitte, dem Ort unseres Feuer- und Sonnenprinzips.

Die hier vorliegende Kritik am Gehirn muß vorsichtig bedacht werden. Wenn damit gemeint ist, das Gehirn als Zentrum unserer Vorstellungswelt sei der Region des Herzens als Zentrum unseres Erlebens zu opfern, so leuchtet uns dies sehr wohl ein. Es muß ja eine Verfälschung des Denkens in uns liegen, wenn die Wissenschaft »dieser Welt«, wie der Laie im Cusanus-Dialog sagt, vor Gott eine Torheit ist. Wer von uns spürt denn so etwas nicht an sich selber und in seinem Lebensumkreis? Oder wer hat dies unter den Lesern solcher Bücher nicht längst selber gedacht, daß alles falsch sein könnte, was wir denken? Und im zitierten Evola-Text heißt es, wir hätten die intuitive Wahrheitsfindung der bloßen Wahrnehmung »geopfert«. Und was heißt denn »Wahrnehmung«? Was nehmen wir für wahr?

Damit wir das Gehirn nicht zu schnell aus seiner Bedeutung degradieren, gibt es auch zu denken, warum denn ein großer Teil unseres Hirns gar nicht beansprucht wird. Was schlummern darin für ungenützte Erfahrungsräume?

Der Dialog von Nikolaus von Kues legt uns eine Wende nahe, nämlich vom Vielwissen zum Wissen des einen, daß in allem Gott ist. Also kommt eine Wende ja nur in Frage, wenn wir ins Gottlose abirren. Es ist übrigens auch heute wieder viel von der Wende die Rede. Hilft uns nun die Korrektur der ehemaligen kopernikanischen Wende? Oder wäre dies vielleicht zu kurz gegriffen, zu wenig weit gedacht? Solche Fragen drängen jetzt beträchtlich und gehäuft heran. Dann wollen wir einmal zur Kenntnis nehmen, was Nikolaus Koppernigk (1473–1543) zu seiner epochalen Wende veranlaßte. Er war Doktor des Kirchenrechtes und zugleich Leibarzt und Privatsekretär seines Onkels, des damaligen Bischofs von Ermland. Ab 1512 lebte er überwiegend als Domherr in Frauenburg (Ostpreußen), anscheinend ohne Priester zu sein. Die Astronomie wurde zu seiner privaten Hauptbeschäftigung und wie alle Astronomen seiner Zeit war er auch überzeugter Astrologe. Er glaubte zu erkennen, das geozentrische System eigne sich nicht hinreichend für die Vorhersage der Planetenpositionen auf ihrer Umlaufbahn über längere Zeiträume. Schon 1507 griff er auf die von Aristarchos von Samos überlieferte Idee zurück, statt der Erde die Sonne als ruhendes Zentrum des Planetensystems anzunehmen, und erarbeitete das heliozentrische System, in dem er die jährliche Bewegung der Erde um die Sonne beschrieb und die tägliche Umdrehung des Fixsternhimmels als Rotation der Erde um die eigene Achse erklärte. In diesem System waren die planetarischen Positionen leichter und genauer zu berechnen. Erst Johannes Kepler (1571–1630) konnte das Kopernikanische Weltbild beweisen.

Mit Kopernikus, der sein Werk »De revolutionibus orbium celestium« zögernd erst kurz vor seinem Tode veröffentlichte, begann in der Naturwissenschaft die Trennung zwischen einem wissenschaftlich gewußten und einem sinnlich erfahrbaren Weltbild. Nun wurde durch diese Forschung nicht nur die Erde als Mittelpunkt entmachtet und die Sonne ins Zentrum gesetzt, sondern es wurden andere Weltsysteme entdeckt, wodurch der Mensch auf seiner Erde immer mehr aus dem Zentrum fiel und »eckensteherischer« wurde, wie Nietzsche klagte. Nietzsches Angstschrei wegen der Selbstentthronung des Menschen durch das heliozentrische Denksystem wäre wohl von Kopernikus nicht verstanden worden, denn ihm waren die Systeme an sich ebenbürtig, er ging nur vom praktischen Nutzen aus. Allerdings berührte er damit eine dogmatische Position der Kirche, das war die peinliche Sache daran. Die Kirche knechtete die Denkfreiheit des Menschen. Dies war der Grund, warum die Heliozentrik zum Kampfthema der Naturwissenschaftler wurde. Es ging um die Freiheit des Forschens, um die Freiheit der Gedanken; und die Gedanken üben eine unerhörte Macht aus. Die in Büchern niedergelegten Gedanken, die Bücher mit ihren gedruckten Gedanken, haben eine gewaltige Macht über die Menschen, besonders die heiligen Bücher.

So stand nach dem Bericht der Kirchenhistoriker eine Bibelstelle aus dem Alten Testament im Zentrum des Streites bezüglich des Systemmittelpunktes Erde oder Sonne, und diese Stelle (Josua 10.12ff) heißt:

> Da redete Josua mit dem Herrn des Tages, da der Herr die Amoriter dahingab vor den Kindern Israel und sprach vor dem gegenwärtigen Israel: Sonne, stehe still zu Gibeon, und Mond, im Tal Ajalon! 13 Da standen die Sonne und der

Mond still, bis daß sich das Volk an seinen Feinden rächte. Ist dies nicht geschrieben im Buche der Frommen? Also stand die Sonne mitten am Himmel und verzog, unterzugehen, beinahe einen ganzen Tag. 14 Und war kein Tag diesem gleich, weder zuvor noch danach, da der Herr der Stimme eines Mannes gehorchte; denn der Herr stritt für Israel. 15 Josua aber zog wieder ins Lager gen Gilgal und das ganze Israel mit ihm. *(Lutherbibel)*

Wir lernen vorerst einmal verstehen, wie sehr die Befreiungstat des einen Menschen, der für eine bestimmte Zeit zum Zeichen einer glücklichen Wende wird, den Angstschrei des anderen Menschen auslöst, der in dieser anscheinenden Sprengung von Gefängnismauern des Denkens auf einmal einen unfaßlichen Verlust erblickt. Und Nietzsche hat recht. Der Mensch hat sich als Maß aller Dinge selber entthront. Titel und Ausdrücke bei Nietzsche wie »Der Wille zur Macht« oder seine Rede vom »Übermenschen« sind Zeugnisse seiner Auflehnung gegen die Selbstvergessenheit des Menschen in seiner wahren Größe. Nietzsche ist einer jener Denker und Dichter, welche um die Verirrung des Menschen wußten, der seinen Fall aus der Mitte gewaltig und grausam empfand und erlitt. Aber sein Aufbäumen gegen die Eigenentmachtung muß überprüft werden. Die Schwierigkeiten, in die wir durch den Geist der Neuzeit gelangt sind, kennen wir. Darum stellt sich die Frage, ob die bisher durch unsere Vordenker ins Auge gefaßten Ausgänge aus der Verwirrung auch brauchbar sind.

Das Maß aller Dinge soll der Mensch sein. Stehen wir heute dieser Idee nicht hilflos gegenüber, wenn der Mensch in seiner gigantischen technischen Kreativität gleichzeitig zum Zerstörer dieser Lebenswelt wird? Es kommt uns manchmal vor, als sei diese Welt eine Falle.

Alles Streben, sie zum Paradiese zu machen, scheint in eine Sackgasse zu führen oder schießt als Rückschlag auf den Menschen zurück.

Wir sind heute wiederum am selben Ort wie zu den Zeiten des Nikolaus von Kues. Die Universitäten beschäftigen sich in ihren geisteswissenschaftlichen Fakultäten endlos mit Schriften, welche Vorgänger geschrieben haben, oder in den Naturwissenschaften mit der Wahrnehmungswelt, die aus dem Gehirn regiert wird. Deshalb macht es den Anschein, die Suche nach dem wahren Wissen sei wiederum in den Herzen und in den Händen der Laien, wie zu Beginn des Dialoges von Cusanus. Nicht die Vielwissenden in den intellektuellen Bildungszentren, sondern die relativ ungebildeten Laien oder wir Menschen aus dem Volke kümmern uns um das wahre ursprüngliche Wissen, gleichgültig, ob wir es auch erreichen. Wenn es einen Fortschritt gibt in dieser Welt, dann liegt er in den Händen der Laien oder in der Kraft des Volkes, wie wir am Beispiel der ehemaligen DDR und anderer osteuropäischen Staaten miterleben durften.

Aber auch abseits der Politik ist der unverbildete Laie, der wissenschaftlich Machtlose, Träger einer neuen Geistesströmung. Natürlich gibt es einzelne Wissenschaftler oder einzelne mit sozusagen gesellschaftlich anerkannter Bildung, die ihr Herz wie ein wahrer Laie einem Wissen öffnen, das von den Lehrstühlen an den Hochschulen unabhängig ist. Da Wissen Macht ist, liest man gerne die Bücher der Mächtigen. Und das Buch ist eine gewaltige Macht. Die Mächtigen aber bestimmen, was Wissen ist. Wer an Macht nicht interessiert ist, wird sich darum nicht sorgen. Er wird erkennen, wie sehr das Wissen dieser Welt vor Gott doch nur eine Torheit ist, wie Cusanus sagt. Allerdings werden wir diese Aussage im biblischen Tone neu zu verstehen und neu zu formulieren haben. Und genau diesem Thema ist das vorliegende Buch gewidmet. Es sind auch Bücher von dieser Torheit infiziert, die unter dem Titel Esoterik angepriesen werden. In diesem Ressort in den Verlagen und Buchhandlungen sammelt sich vieles an, das mit Vorsicht überprüft werden muß.

Bücherlesen ist eine heikle Sache. Es kann den Geist, der schon in uns schlummert, wecken. Das Lesen kann uns dadurch wahrhaftig in Begeisterung versetzen. Das ist jener Zustand, auf dessen Suche wir sind. Aber das Lesen kann uns auch in falsches Wähnen, in Wahnvorstellungen, in Spinnereien verführen. Alles Begegnende kann hilfreich oder störend sein. Die fremden Gedanken, denen wir lesend begegnen, können entweder echte Hilfe sein oder Schaden anrichten. Dies wissen wir oft während des Lesens noch nicht. Da wir uns selber meist noch nicht kennen, integrieren wir lesend oft genug Fremdes, das gar nicht zu uns gehört. Wir sind oft von der Meinung anderer dazu verführt, etwas zu lesen, das überhaupt nicht zu uns paßt. Und da wir dauernd auf der Suche nach uns selber sind und diese Suche immer das Einssein mit *»all dem, was ist«* zum Ziele hat, müssen wir wissen: Das Leben selber, tagtäglich, ist Anleitung genug zum Weisewerden. Nur schon durch das Bedenken des Kreislaufes der Sonne im Jahre und der Jahreszeiten können wir weise werden. Das ist alte esoterische Lehre.

Es gilt also zu lernen im Buche der Natur und des Kosmos. Und wenn ich darin lese, dann ist mein Erleben das allein Wichtige. Ich bin dann nicht gegängelt an der

Folgende Doppelseite:
Pythagoras. Zeichnung von R. Crola. Das Buch ist Signet für apriorisches (geoffenbartes) Wissen, das die Ordnungsprinzipien nicht aus Erfahrung gewinnen will, sondern die Vielfalt der Erscheinungswelt einer durch Inspiration gewonnenen Gesetzmäßigkeit unterwirft.

Leine von Autoritäten, ich gehe von meinem eigenen Erlebnis aus und lese unmittelbar die Zeichen der täglich sich wiederholenden Rhythmik von Tag und Nacht, von Sonnenaufgang und Sonnenuntergang. Anscheinend ist das zu wenig für den Intellekt. Aber es ist viel für das Herz und für das ganze Gemüt, wenn wir es mit dem Gemüte zu fassen vermögen. Was heißt nun aber Lesen aus dem Gemüt?

II

Die traditionelle religiöse Haltung der Achtsamkeit (Respekt) gegenüber der von uns anerkannten Autorität verlangt »Glauben«. Und dies gilt nicht nur für die Religion. Diese Haltung bestimmt unser ganzes Leben. Der Laie sagt dem Redner im Idiota-Dialog: »Irgend jemand schreibt etwas nieder, und du glaubst ihm.« Die Kritik am Glauben und der Sinn des Wissens anstelle des bloßen Glaubens ist das immer wieder neu Bedenkenswerte. Nun ist aber auch der Laie, der uns in diesem Dialog als der Wissende begegnet, zu allen Zeiten selber in Gefahr, gläubig zu sein, irgendwelchen Autoritäten zu glauben, statt selber zu überlegen, selber zu prüfen, statt selber in sich zu finden. Die Gefahr ist groß, auch gerade auf dem Gebiete der sogenannten Esoterik, »an der Leine falscher Autoritäten« zu spazieren oder von diesen verführt zu werden.

Da Esoterik »Lehre und Weg« ist, können wir falscher Lehre und falschen Wegweisern begegnen. Es gibt folglich Richtiges und Falsches. Wie wäre es nun aber, wenn wir auch dies in Frage stellen wollten? Wie, wenn es das gar nicht gäbe? Durch die Märchenstudien haben wir gelernt, den Menschen als ein typisches »Umwegwesen« anzuerkennen. Ist vielleicht der falsche Weg jeweils ein Umweg und für ein Umwegwesen dann sogar der richtige Weg? Wir lassen an dieser Stelle diese Frage offen. Die Frage, ob etwas richtig oder falsch ist, macht Unterscheidung notwendig. Unterschiede herzustellen läßt den differenzierenden Verstand erkennen. Und in diesem Denken der Unterscheidung bewegen wir uns hier, angeregt durch die Belehrung des Laien. Seine Kunst der Unterscheidung betrifft die Differenz zwischen dem Vielen und dem Einen.

In der Formulierung »Esoterik ist Lehre und Weg« werden Lehre und Weg unterschieden und doch wieder mit dem Wörtchen »und« verbunden. Bleiben wir einen Augenblick lang bei diesem Gedanken stehen, so haben wir das Thema der »Einheit« und des »Einsseins« nicht zu vergessen, denn Einheit benennt etwas, das die Unterschiede in sich vereint und aufhebt. Und Einssein meint Ununterschiedensein. Im Dialog zwischen dem Redner und dem Laien wird dies allein auf Gott bezogen, nicht auf uns Menschen. Nur unser Erkennen von all dem was ist, soll lernen, immer dieses Eine in seiner Einheit zu erkennen, nämlich Gott. Mit dieser Belehrung versehen, wollen wir nun einen Weg antreten. Wir gehen diesen als Lesende. Daran sei erinnert. Es gibt den Unterschied zwischen Lehre und Weg. Es gilt also, beides zu unserer Angelegenheit zu machen, nicht bloß das eine davon. Wenn wir diesen Gedanken auf das Lesen beziehen, so denken wir an den Unterschied zwischen dem »bloßen Lesen« und einer »wirklichen Erfahrung«. In der Tat ist es im Ergebnis unvergleichbar, ob wir nun viele Bücher über ein fremdes Land lesen oder ob wir selber dort hingehen. Denn jener, der in einem solchen Falle nur liest, aber nicht auch hingeht, verharrt im Bereiche der bloßen Vorstellungen und gelangt nicht zu eigenem Erleben.

Dieses unerschöpfliche Thema der Differenz zwischen Vorstellen und Erleben wird uns von jetzt an ständig begleiten. Und dieser Bereich der Vorstellungen ist jener, den wir als Lesende zunächst betreten. Je nach der Art der Lektüre kann aus dem betretenen Bereich der Vorstellungen ein Erleben erwachsen. Vermutlich gilt dies aber von der Reise- oder Tourismuslektüre nicht.

Die Differenz zwischen Vorstellen und Erleben ist für

uns ein wichtiger Anhaltspunkt. Und diese Differenz ist ein Beispiel für die Spaltung, die durch alles Sichtbare geht. Aus dieser Spaltung ist der Vorwurf esoterischer Lehrer zu verstehen, es genüge nicht, ein Leben lang esoterische Literatur zu lesen, ohne tatsächlich auf den Pfad der Initiation zu gehen. Unter Initiation verstehen wir ein Hineingehen in die inneren Räume des menschlichen Daseins, die uns durch die ausschließliche Konzentration auf die äußere Welt und auf unser äußeres verfälschtes Ich verstellt sind. Der ganze Text des Idiota-Dialoges stellt durchaus ein Initiationsbeispiel dar, wenngleich darunter noch manch anderes einzuordnen ist.

Es ist nicht verboten, nur zu lesen. Es ist auch nicht unerlaubt, nur darüber zu schreiben, ohne den initiatischen Weg selber zu gehen. Menschen, die sich aus beruflichen und wissenschaftlichen Gründen mit Vergangenem beschäftigen, tun dies oft ein Leben lang nur als Lesende und Schreibende. Der Mythologieforscher und Religionshistoriker Karl Kerényi hat seinerzeit in Griechenland den mythologischen Spaziergang eingeführt. Er ging mit seinen Schülern an die Tatorte der Helden und Götter, auch wenn er nur Ruinen antraf.

Malen wir den angefangenen Gedanken weiter aus: Es kann einer viele Jahre mit der Erforschung der Mysterien von Eleusis zubringen, indem er alles darüber Geschriebene sammelt und liest und miteinander vergleicht und untersucht, und es können dabei kluge und beachtenswerte Fragen entstehen oder Antworten auf Fragen gefunden werden. Er kann historisch gesicherte Erkenntnisse über diese Mysterien gewinnen und ein wahrer Experte auf diesem Gebiete werden, gelesen und beachtet und sogar verehrt von jenen, die sich auch dafür interessieren, aber ... er erlebt diese Mysterien nie. Es gibt sie auch seit 1600 Jahren nicht mehr.

Worum es hier geht: Wir beschäftigen uns auf die Art und Weise des Lesens mit einem historisch bezeugten Phänomen religiöser Handlungen und Ideen, in diesem Falle mit einem vergangenen Initiationsweg. Doch erleben wir diesen Weg nicht mehr. Dieses selbsterlebte religiöse Phänomen nennen wir im Unterschied zu unserem traditionellen kirchlichen Opfer- und Lehrgottesdienst eine »Begehung«. Mit diesem Wort ist eine »eigene Erfahrung« gemeint. Durch ein Begängnis sind wir nicht bloß passiv Zuschauer oder Zuhörer, wir sind in einem eigenen Gange begriffen. Das Wort »gehen« steht in einer Verbindung mit dem Wort »fahren«. Und nur wer fährt, erfährt etwas. Und wer etwas erfährt, der kann in seinem Wesen davon betroffen sein, der kann dadurch in seinem Sein gewandelt werden. An dieser Stelle bietet uns immer noch die Behauptung die Stirn, durch Lesen allein gebe es keine Erfahrung, es komme dadurch nichts wirklich in Gang, nichts wirklich in Fahrt. Und wir wollen uns mit dieser Behauptung vorläufig einmal verbünden. Bei aller Vorsicht gegenüber dieser Auffassung, welche vielleicht durch zusätzliche und neue Einsichten entschärft oder widerlegt werden kann, erklären wir uns mit dem Urteil einig, Einweihung könne nicht nur Legende sein.

Das Wort »Legende« heißt »das zu Lesende«. Im Sinne der mittelalterlichen Frömmigkeit verbindet sich damit ein Auftrag. Legende meint nämlich »die zu lesenden Heiligenleben«. Was gibt es anderes zu lesen als die Heiligenleben? Was hätte denn der fromme Mensch anderes zu lesen als die Lebensberichte von Menschen, die

Rechte Seite:
Die Gefahr des Lesens: die Gedanken eines anderen werden zu unserem Argument. Ausschnitt aus einem Gemälde von Quentin Massys »Bildnis eines Mannes«, um 1530.

Heilige wurden? Was anderes wäre denn überhaupt lesenswert als der Lebenslauf jener Menschen, die geheilt wurden von dieser Welt, die dahin gelangten, den Weg der Befreiung zu gehen? Solche Leben galt es nachzuahmen. Sie galten als Vorbilder. Solche Leben waren die Bildlieferanten für das eigene Gehen auf dieser Welt. Es galt, diese Bilder vor sich her zu tragen und ihnen zu folgen. Nehmen wir voller Bedachtsamkeit Abstand von dieser Nachfolgeempfehlung, erkennen wir die Suggestion von außen. Nicht dem eigenen Empfinden gilt es zu folgen, vielmehr einem vorgestellten Wege, der modellhaften Charakter erhalten hat. Nicht dem Eigenen, sondern dem Fremden, dem Andersartigen zu gleichen, wird den Frommen auferlegt. Lesen wir Heiligenleben (und das tun wir auch heute noch, nur ziehen wir jetzt indische Heilige vor), so lesen wir von einem Weg, den ein anderer gegangen ist. Und sind wir dadurch angeregt oder fühlen uns gezwungen, dieser Suggestion zu folgen, bedenken wir dann auch gleichzeitig, wie sehr wir vielleicht von unserem eigenen Wege abkommen?

So gilt es achtsam zu sein. Doch jetzt verwenden wir dieses Wort in einem anderen Sinne, nämlich in der Bedeutung von »achtsam gegenüber sich selber«. Wir ziehen damit den Zentralbegriff der überlieferten Religiosität auf eine andere Ebene und erwägen seinen doppelten Sinn: achtsam auf anderes sein und achtsam auf sich selber. Auch diese zweifache Hinsicht von einem und demselben wird uns von nun an begleiten.

Lektüre eines Lebenslaufes eines anderen Menschen

Rechte Seite:
Die edle Ruhe des Lesens. Die Gesammeltheit einer lesenden Person hat ihre vornehme Würde. Ausschnitt aus dem Gemälde »Frau von Varenne« von J. A. J. Aved (1702–1766).

kann zur Führung werden. Und zwar dann, wenn dadurch das Muster eines Weges bewußt wird, der eine gewisse Allgemeingültigkeit hat. Ein solches Muster gewährt Einblick in die Bedingungen des Befreiungsweges. Wie aber steht es, wenn viele Wege zum Ziele führen? Woran haben wir uns dann zu halten? Die einstweilige Antwort darauf heißt: Trotz Kenntnisnahme solcher Muster, achten auf sich selber!

Ein Buch, geschrieben von einem andern, kann für uns zur Autorität werden. Als Leser lesen wir immer das Geschriebene anderer. Der andere gewinnt dadurch auf eine Art und Weise Bedeutung, die noch sehr genau überlegt werden will. An dieser Stelle sei die Tatsache einfach betont: Als Leser beschäftigen wir uns nicht mit uns selber, sondern mit anderen Leuten. Was tun wir, wenn wir die Zeitung aufschlagen? Was tun wir, wenn wir den Bildschirm des Fernsehgerätes als Empfänger von ausgestrahlten Bildern benützen? Wir führen uns Ereignisse vor Augen, in welche andere Menschen verwickelt sind. Wir lassen Ausschnitte aus dem Leben anderer Menschen, Mitteilungen darüber oder ganze Geschichten daraus auf uns einwirken, ja wir holen Fremdes in uns herein. Wir sind Konsumenten. Kritiker nämlich vergleichen den Bildschirm mit einer verwöhnenden Mutterbrust, womit unsere Abhängigkeit, Unselbständigkeit, das Fehlen des Gestaltens der freien Zeit aus uns selber angeklagt wird. Uneingeschränkt gilt: Wir befassen uns mit anderem. Dies gilt auch dann, wenn die dargestellten Geschichten gar keine wahren Geschichten, sondern erfundene sind. Dies gilt auch bei den erdichteten Ge-

Rechte Seite:
Lesender Rückzug in eine Welt von Vorstellungen.
Foto von Christine Seiler, Zürich.

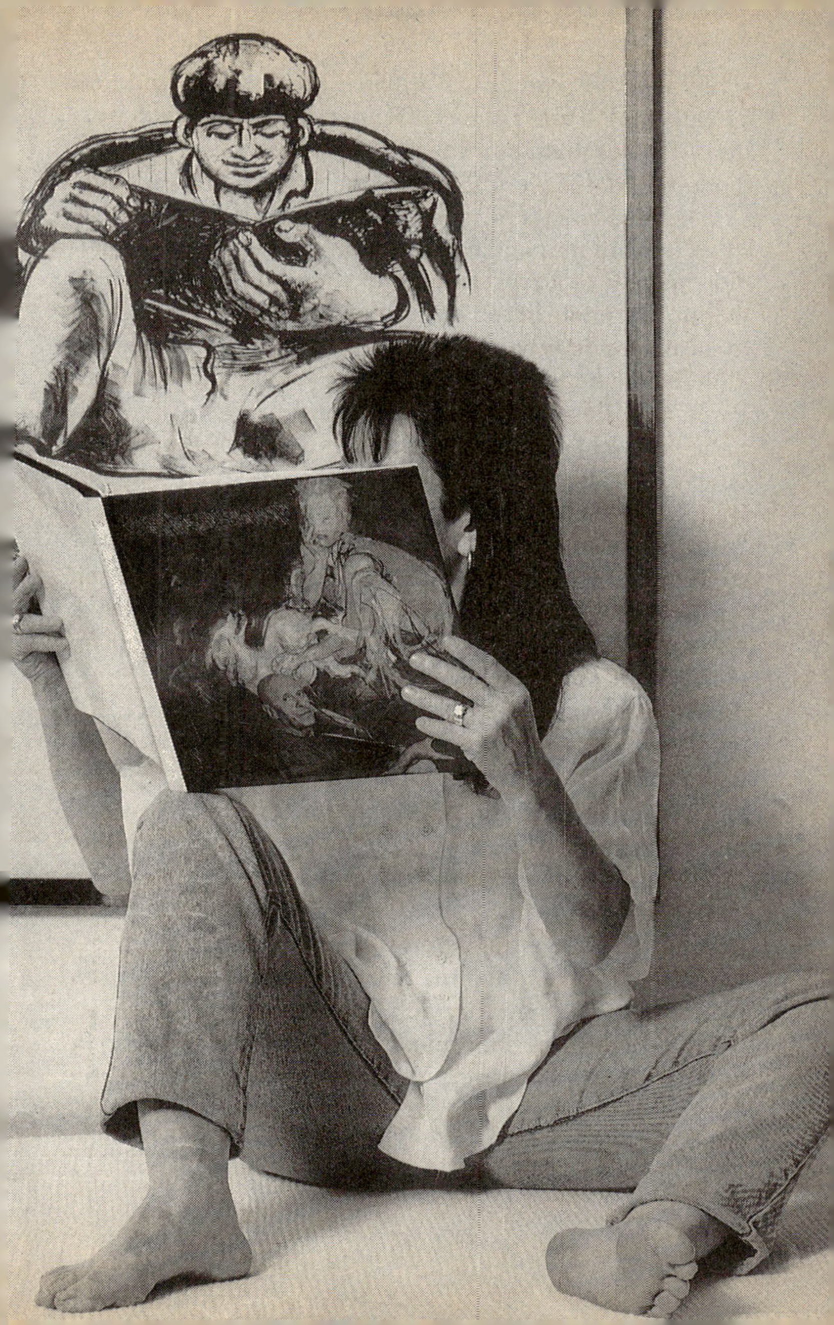

schichten, die von Schriftstellern ausgedacht und von Theaterleuten und Filmschaffenden in Szene gesetzt werden. Wir beschäftigen uns mit dem Leben und den Gedanken und den Gefühlen und den Ereignissen anderer.

Wir müssen wissen, was wir als Leser tun. Wir beschäftigen uns mit den andern. Und nun gilt es zu unterscheiden, wer diese anderen sind oder wer dieser andere ist, womit ich mich beschäftige und womit ich mich auch identifiziere oder wogegen ich mich abgrenze. Im letzten Falle lege ich die Zeitung weg oder schalte das Fernsehgerät aus. Lese ich gar einen wahren oder fingierten Lebensbericht anhand eines Buches, also eine Biographie oder einen Roman, so identifiziere ich mich mit der Hauptfigur, sofern mich die Lektüre überhaupt fesselt. Dasselbe kennen wir bei Filmaufführungen, Theatervorstellungen, vielleicht aber am allermeisten beim Lesen eines Romanes. Wir identifizieren uns mit der Hauptrolle. Wir schlüpfen in sie hinein. Wir sagen, wir würden davon gefesselt. Beachten wir dieses Wort: gefesselt. Fesselung meint wohl, wir geben unsere Freiheit auf und lassen uns gefangennehmen vom Geschehensablauf einer anderen Person.

Lassen wir bei unserer Betrachtung nun die Bühne und den Bildschirm wieder weg. Bleiben wir allein beim Leser. Denn es drängt sich die Aussage auf: Der Leser ist ein Gefangener. Gewiß können wir auch lustlos lesen, die Zeitung neben uns auf dem Tisch liegen haben, während wir essen, und beides ohne echte Achtsamkeit gleichzeitig tun. Gewiß gibt es das gelangweilte Lesen. Aber warum lesen wir dann überhaupt? Einem solchen Lesen wollen wir unsere Aufmerksamkeit keinen weiteren Augenblick widmen. Sprechen wir hier nur von einem bewußt engagierten und interessierten Leser. Doch auch der muß nicht ein Gefangener sein, läßt sich einwenden. Sprechen wir also vom kritischen Leser. Das ist derjenige, der sich über das, was er liest, seine eigenen Gedanken macht. Er ist darum nicht Gefangener seiner Lektüre. Also gilt es, die Aussage, der Leser sei ein Gefangener, zu widerrufen. Denn nur dann, wenn er gefesselt ist, ist er ein Gefangener.

Nun wünschen sich viele Leser nichts anderes, als von ihrer Lektüre gefesselt zu sein. Und außerdem, wie steht es dann beim begeisterten Leser? Weiten wir das Blickfeld aus! Gleichgültig, ob ich mir einen Film oder ein Theaterstück anschaue oder ob ich einen Roman lese, ich verlasse meinen angestammten Tätigkeits- und Erlebensbereich, begebe mich in einen Theater- oder Filmvorführungssaal, setze mich vor den Bildschirm zu Hause oder nehme auf einem bequemen Stuhl an einem ruhigen Ort Platz und lese. Ich unterbreche zu solchem Zwecke die eigene aktive Handlung, ich verzichte in dieser Zeit auf eigenes kreatives Tun. Ich kann in dieser Zeit weder einen Kuchen backen noch den Rasen mähen, noch ein Bild malen, noch selber eine Geschichte schreiben. Ich leiste einen Verzicht und räume der fremden Sache ein Stück meiner Freiheit ein. Dies tue ich als Zuschauer oder als Leser. Ich tausche eine Eigenbewegung gegen ein Eintauchen in Fremdes ein. Vielleicht können wir von einer wahren Gier nach Fremdem sprechen. Und eine Gier macht uns immer zum Gefangenen.

Diese Gefangenschaft spricht auch der Laie im Idiota-Dialog von Nikolaus von Kues an, wenn er zum Redner sagt: »Die Lehrmeinung überlieferter Autorität hat dich an der Leine, so wie ein Pferd, das von Natur frei ist, an die Futterkrippe gebunden, nur das frißt, was ihm vorgesetzt wird.« Und was fressen heutige Zeitungsleser und Zuschauer vor den Bildschirmen nicht alles in sich hinein! Im Idiota-Dialog ist aber die Wissenschaft gemeint oder all das, was sich dafür hält.

Wir wollen uns jetzt kurz und ohne abschließende Gültigkeit überlegen, warum wir fremde Texte lesen. Was geschieht dabei? Warum tun wir das? Wir treten dabei in die Welt eines anderen ein, wir verlassen die eigene Gedanken- und Bilderwelt, und gleichzeitig bleiben wir auch in der Welt der eigenen Vorstellungen, denn die Gedanken und Bilder, die ein anderer in seinem Buche beschreibt, regen zugleich unsere Phantasie an. Gleichwohl geschieht auch dies unter der Anleitung und Regie eines anderen. Das Hauptmotiv bei der Lektüre ist das Eintauchen in eine fremde Welt und damit die Anregung unserer Imagination in einem Ausmaß, wie es uns allein aus uns heraus nicht möglich wäre. Es stellt sich also die Frage, warum wir dies tun.

Bevor wir die Frage zu beantworten versuchen, stellen wir uns noch das Leben der Menschen vor, die weder schreiben noch lesen können. Versetzen wir uns um ein oder zwei Jahrhunderte zurück, stellen wir uns vor, wir seien eine Frau oder ein Mann aus dem Volk, ein Analphabet, der also die Buchstaben Alpha und Beta und so weiter nicht kennt, der kein ABC beherrscht. Wie tauchen wir da in fremdes Leben ein? Allein durch Sehen und Hören.

Wir schauen zum Beispiel durchs Fenster auf die Gasse und dort den anderen Menschen zu, wie sie sich bewegen und benehmen, wie sie einander begegnen und untereinander im Austausch sind. Oder wir gehen selber auf die Straße, mischen uns unter die anderen Leute und schauen, was sie treiben und hören, was sie sagen, und an

Linke Seite:
Der Zeitungsleser. Gemälde aus dem Jahre 1935 von Josef Scharl (1896–1954). Seine Bilder wurden seinerzeit wegen der nichts beschönigenden Direktheit beschimpft.

einem kleinen Ort weiß man bald alles. Kommt aber ein Fremder dahergereist, ja dann lohnt es sich, in den Gasthof zu gehen, wo er abgestiegen ist, um etwas davon zu erhaschen, was er von anderen Orten erzählt, von anderen Menschen, anderem Volke berichtet. Wir wollen wissen, woher er kommt und wer er ist.

Wir Menschen sind neugierig. Wir nannten schon die Gier. Aber was ist Neugierde? Es ist die Gier auf Neues, Unbekanntes und Fremdes. Lateinisch heißt dies CURIOSITAS, und diese CURIOSITAS ist auch eine CUPIDITAS, eine Begierde und eine Leidenschaft. Wir wollen an dieser Stelle nur nebenbei die kürzere Form CUPIDO erwähnen, diesen Namen eines Gottes aus der römischen Mythologie, Cupido, den wir meist Amor nennen, das ist in der griechischen Götterlehre Eros. Eros aber ist die Liebe als Hingabe an das andere, was uns fehlt.

Im antiken Märchen »Amor und Psyche« spielt die verbotene Neugierde eine entscheidende Rolle. In der altgriechischen Sprache heißt Neugierde HE PERIÉRGEIA, womit eine übertriebene Tätigkeit gemeint ist, ein Im-Tun-Darüberhinausschießen, ein Vorwitzigsein. Es gibt im Altgriechischen aber noch ein anderes Wort für Neugierde, nämlich HE POLYPRAGMASYNE, zusammengesetzt aus POLY, viel, und PRÁGMATA, Dinge. Das ist die Freude an den vielen Dingen. In dieser antiken Sprache wird die Gier nicht betont, als gehörte doch die Freude selbstverständlich zum Leben. Einengende Bedeutungen wie Vorwitz beim Wort PERIÉRGEIA scheinen nicht ursprünglich zu sein, sind später dazugekommen, sind Beleg für das zu-

Rechte Seite:
Das gemeinsame Lesen (oder einander Vorlesen).
Gemälde von Constantin Hansen (1804–1880) aus dem Jahre 1826, seine beiden lesenden Schwestern darstellend.

nehmende Reglementieren, das die Menschen befällt, wenn sie die Zivilisation vorantreiben.

Ähnlich steht es bei uns, es gibt eine positive und eine eher negative Wertung der Neugierde. Alles, was zum Leben gehört, wird aus den verschiedenen Gründen von den Menschen geregelt und gemaßregelt. Was lehrt uns das Lexikon über den Begriff der Neugierde? Da wir vom Lesen sprechen, liegt ein Lexikon nahe, das ist der antike Name für ein Wörterbuch, das der Leser eben für seine Lektüre benötigt. Da lesen wir zum Beispiel: Neugierde ist der seelische Antrieb, in aktiver Auseinandersetzung mit den Gegenständen der Umwelt Unbekanntes zu erkunden. Neugierde ist mit dem Spieltrieb verbunden. Durch diese Antriebe ist der Erwerb neuer Kenntnisse und neuer Fertigkeiten gewährleistet. Neugierverhalten zeigen auch viele Tiere, die meisten Säugetiere sind ausgesprochene Neugierwesen, wenn auch in der Regel nur bis zur Geschlechtsreife. Beim Menschen hingegen bleibt die Neugier bis ins hohe Alter als Verhaltensbasis für seinen Wissensdurst und seinen Forscher- und Entdeckerdrang. Der Mensch ist nicht endgültig festgelegt, er steht grundsätzlich in einer Weltoffenheit (soweit die Anregungen aus »Meyers Enzyklopädischem Lexikon«, Band 17).

Fragen wir uns profunder, was diese Neugierde und Weltoffenheit beinhalte, so handelt es sich hier wiederum um einen Ausdruck für das uns bekannte, schwierige und gewaltige Thema des Überganges vom Ich zum Nicht-Ich und damit zu dem anderen Teil von uns selbst. Der Mensch ist ein Ich und ein Nicht-Ich. Sein Ich – und

Rechte Seite:
Der Heilige mit dem Buch. Ausschnitt aus einem Gemälde aus dem Jahre 1473 von Carlo Crivelli (ca. 1430 bis ca. 1500).

gemeint ist sein äußeres, demonstratives, reaktives Ich, seine Verkleidung sozusagen, die er gegenwärtig trägt – ist immer nur ein Halbes, nie ein Ganzes. Die Weltoffenheit des Menschen ist seine Offenheit für das Ganze oder für die anderen ihm noch fehlenden Teile. Das Halbe fordert das Ganze, es hat sich daraufhin zu öffnen. Und als Halbes ist der Mensch Fragment. Ein Fragment gehört nicht ihm selbst, es gehört einem Ganzen. So hört der Mensch auf das Ganze, was auch immer der jeweilige Mensch als das Ganze betrachtet. Hört aber das unverfälschte (innere) Ich des Menschen auf das Ganze, so ist er mit dem Ganzen der Schöpfung im Bunde.

Die Differenz und die Zusammengehörigkeit von Ich und Nicht-Ich wird uns ebenfalls von nun an als Gedanke begleiten.

Neugierde war das leitende Wort. Der Leser als Neugieriger betritt fremdes Territorium und ist dort zunächst ein Zuschauer. Wer als Leser in fremdes Leben eintaucht, wird zum Zuschauer, zum Voyeur. Aber wir können das Stichwort benützen, um uns in ein hohes Thema zu versetzen. Denken wir an den Zuschauer der antiken Theaterwelt, an jenen der griechischen Tragödie. Ihm legte das Erlebnis des Schauspiels die Identifikation mit dem untergehenden Helden nahe, was er nach dem Berichte von Aristoteles in einer Gefühlsbewegung vollzog, die eine heilsame KÁTHARSIS, eine emotionale Reinigung, zur Folge hatte. Wenn auf der Bühne König Oidipus zugrunde ging, so war der Zuschauer durch seine gefühlshafte Übereinstimmung mit dem Ereignis und durch sein Gefesseltsein vom Geschehen und seine dabei entstandene Ich-Vergessenheit selber König Oidipus. Was als Neugierde begann, endet im Mitleid und Mitleiden. Hohe Kunst des Theaters besteht darin, die Neugierde des Menschen in Betroffenheit umzuformen. Wir betreten als Fremde den Ort fremden Geschehens und sind unversehens selber derjenige, dem da etwas geschieht. Der anfängliche Zuschauer wird zum persönlich Angegangenen. Das Ereignis trifft ihn, er gibt den Status des Zuschauers auf. Die miterlebte Geschichte ist nicht mehr außerhalb von ihm.

Genau dies geschieht auch beim Leser, er ist auf einmal der Ergriffene. Oder die Geschichte sagt ihm nichts, und er legt das Buch beiseite. In der Psychotherapie weiß man um diese Identifikation und benützt sie in der sogenannten Skriptanalyse von Eric Berne. Man fragt den Klienten Geschichten ab, die er nicht selber erlebte, sondern erzählt bekommen, gehört, gelesen oder im Kino, vor dem Bildschirm oder im Theater gesehen hat. Man teilt diese Geschichten in Altersgruppen ein, nämlich jene der ersten sieben, jene der zweiten und dann der dritten sieben Jahre und schließlich jene der Gegenwart. Anhand dieser Geschichten wird das »Skript« analysiert, das ist die Regieanweisung der Eltern und anderer früher Erziehungsberechtigter, die uns auferlegt, wie wir uns zu verhalten haben oder was wir uns für Möglichkeiten einräumen dürfen, oder das Skript enthält die Deutung des eigenen Daseinsbeginns. Und gerade der Beginn enthält die Formel für das Spätere. Mit anderen Worten: Das Skript ist unsere Fremdbestimmung, mit der wir uns seither unter den Menschen bewegen.

Gelesene, gehörte und gesehene fremde Geschichten – die uns den größten Eindruck gemacht haben, sonst würden wir uns daran nicht erinnern – spiegeln unsere Situation als Kind und damit unsern Start in diese Welt, und diese Spiegelung suchen wir, ihr sind wir hinterher und auf der Spur, nur diese zieht uns an. Wir sind immer nur auf der Suche nach uns selbst! Und wir suchen uns außerhalb von uns selbst. In den anderen Menschen, in ihren Geschichten, und wir suchen uns in den Büchern, in denen von ihnen geschrieben steht. Wir suchen uns auch in Landschaften, in bisher unbekannten Ländern und Erdteilen. Wir suchen uns in Bildern, auf welche Weise auch immer diese auf uns zukommen. Diese Suche nach uns selber mag uns verwundern. Wir kennen uns selber nicht und lernen uns durch die Spiegelung in den anderen Menschen kennen. Die Rückspiegelung durch die andern führt uns zu uns selber zurück. Gelingt diese Rückspiegelung und dadurch dieses Auf-uns-selber-Zurückgeworfenwerden, dann betreten wir den Weg nach innen. Die Suche nach uns selber in der Außenwelt stammt aus der Kindheit und ist auch für diese Zeit unseres Lebens nicht anders denkbar. Erst der Erwachsene kann zu sich selber in sich selbst finden.

Hier eignet sich zur Illustration ein Blick ins Horoskop vorzüglich. Der untere Halbkreis ist das Ich, der obere Halbkreis das Nicht-Ich. Bei der Geburt sind wir diese eine untere Hälfte und durchwandern nun im Uhrzeigersinn den oberen Halbkreis während sechs mal sieben Jahren. Mit 42 Jahren haben wir den Weg vom Aszendenten zum Deszendenten zurückgelegt, ist der Weg grosso modo vollendet, der zum Inhalt hat, sich in den andern Menschen wiederzufinden. Nach 42 beginnt die Rückkehr zu sich selber; für viele Menschen ist dies auch ein Aufatmen, eine größere Autonomie und Freiheit, ein vermehrtes Einssein mit sich selber. Die zweiten 42 Jahre bestehen im Weg zurück zum Aszendenten und zielen auf die Erfüllung und Verwirklichung unserer Anlage oder unseres Wesens. Es gibt andere Verstehensmodelle, um diesen Vorgang bildlich darzustellen; das Horoskop ist nur eine der Möglichkeiten. Die Altersstufen des Lebens haben den Menschen immer schon beschäftigt.

Fassen wir zusammen: *Der Lesende ist auf der Suche nach sich selber.* Er findet sich und seine Situation, meistens ohne bewußte Reflektion, in den Büchern gespiegelt, die er liest. Das großartige Thema der Spiegelung und des Spiegels ist damit keineswegs erschöpfend angeschaut. Es ist geeignet, uns in überraschende Tiefen der Betrachtung zu führen. Wenn wir als Leser immer und andauernd auf der Suche nach uns selber sind, dann gilt es dies auch anzuerkennen. Wir können dann sogar sagen: Dies ist auch der bestmögliche Beweggrund des Lesens. Oder noch besser: Das ist der kostbarste Beweggrund für das Lesen, denn es gibt ja noch den Gegensatz davon: Wir können lesen, um uns zu entfliehen. Und je weniger gut wir uns in der Umwelt, in der wir leben, bewegen und zum Ausdruck bringen und realisieren können, um so eher entfliehen wir ihr durch Bücher. Liebesromane werden vorwiegend von sehnsüchtig auf Liebe wartenden jungen Menschen oder von unglücklich verbundenen Menschen gelesen. Wir gelangen somit zu den beiden Grundbewegungen, welche das menschliche Leben markant charakterisieren, zur Suche nach sich selbst oder zur Flucht vor sich selber. Wenn wir die esoterische Bedeutung des Lesens erforschen wollen, so steht die Suche nach sich selbst in der Mitte unserer Bemühung.

Doch widmen wir uns noch einen Augenblick der Flucht. Das Fluchtverhalten demonstriert sich im Zeitvertreib. Die Zeit der Einsamkeit und des ungeliebten Alleinseins muß möglichst rasch durcheilt werden. Lesen ist dann ähnlich einer Narkose, eine Betäubung. Es nimmt einer am Leben um ihn herum nicht teil, entzieht sich ihm, klammert sich gewissermaßen davon aus, lebt mit seinem Buch wie auf einer Insel. Dies trifft auch dann zu, wenn wir nicht von einer Flucht sprechen können, sondern eher von einer Zeit des Abwartens, wie wir dies bei manchen jungen Menschen kennen, deren Zeit für das aktive Eingreifen ins Leben noch nicht gekommen ist.

Manchmal dauert dieses Abwarten, ob man will oder nicht, mehrere Jahrzehnte, gelegentlich sogar ein Leben lang. Flucht aber ist manifester Rückzug. Ein Psychotherapeut kann eine Klientin sagen hören: »Am Wochenende ziehe ich mich mit einem Buch in eine Ecke zurück, und die andern können mir gestohlen bleiben. Mein Mann und die Kinder kochen dann.« Viele lesen aus Einsamkeit. Lesend können wir in eine fremde Welt entfliehen. So kann Lesen eine Droge sein. Oder Lesen kann eine Sucht sein. Doch können wir eine solche Flucht auch im Sinne einer Inkubation verstehen. Wir entfliehen der konkreten Umwelt so lange, bis wir stark genug sind, sie zu ändern, indem wir aktiv in sie eingreifen. So gesehen kommt die betäubende Flucht ins Lesen dem heiligen Tempelschlaf gleich, der so lange dauert, bis sich in uns das Heilmittel ausgegoren hat, dessen wir bedürfen. Und vielleicht sind alle unsere Inkarnationen Inkubationen oder auch nur eine Art Träume, in denen wir auf der Suche nach dem Lebenskraut sind.

Aber reden wir auch weniger optimistisch von der Droge »Lesen«. Man gleitet in eine andere Welt, in die Lebenssituation irgendeines anderen (erfundenen oder real lebenden) Menschen und vergißt in dieser Zeit die eigene. Lesen kann in die Selbstvergessenheit führen. Andauerndes und vielleicht gar wissenschaftliches Lesen kann ganz von unserer Lebenslage wegführen. Vom großen deutschen Historiker Theodor Mommsen (1817 bis 1902) wird erzählt, er habe das alte Rom derart erkundet und konnte es seinen Hörern durch seine Schilderungen solcherart lebendig vor Augen führen, daß sie glaubten, sie wären jetzt gerade dort. Aber in der Stadt Berlin, in welcher er wohnte, kannte er sich nicht aus.

Gleichgültig, ob diese Erzählung wahr ist oder nicht, sie setzt eine Tatsache in ein geeignetes Bild um. Tatsächlich können wir Menschen uns aus unserer eigenen Welt herausbewegen und in eine fremde versetzen und dort verharren. Jeder von uns kennt dies als kurze, vorübergehende Handlung. Sobald wir den Kinosaal oder das Theater verlassen, kehren wir bewußt wieder in unsere Welt zurück. Was jeder auf diese Weise kennt, machen andere zu ihrem dauernden seelischen Aufenthalt. Wir können uns durch die Lektüre der Schriften anderer aus unserer eigenen Lebenswelt herausbewegen und gar nicht mehr in ihr leben, sondern uns vielmehr nur noch in den Welten anderer einnisten, sei es in der Vergangenheit, in der Gegenwart oder in der Zukunft.

Schaut man einen Menschen von außen an, weiß man nicht, in was für einer Welt er lebt. Spontan glaubt man, er lebe in derselben wie wir. Doch da kann man sich gewaltig irren. Und dies ist nun auch der Grund dafür, warum der Laie in unserem Cusanus-Dialog den Redner mit den Worten anspricht: »Deine Unnahbarkeit verwundert mich. Du hast dich geplagt mit dem Lesen unzähliger Bücher und bist doch nicht zur Bescheidung gelangt.« Macht Viellesen unnahbar? Wo es doch darum ginge, dem Leben näherzukommen? Der Laie nimmt sich nun vor, den Redner und den Bücherleser dahin zu geleiten, seine Weisheit aus der alltäglichen Lebenswelt herauszulesen, aus jener Welt, die allen gemeinsam ist, welche wir alle miteinander teilen.

Beschäftigen wir uns mit der alltäglichen und allen gemeinsamen Welt, bleibt uns die Unnahbarkeit erspart. Die Unnahbarkeit des erwähnten Wissenschaftlers spricht von einer Isolation, von einer Mauer oder von einer Grenze, die gegen den anderen Menschen aufgerichtet ist. Er sondert sich in seinem Ich von den anderen Menschen ab und hegt und pflegt eine Welt von Vorstellungen und Querverbindungen und ein Netzwerk von

Gedanken (worin er sich dann gefangenhält), in die ein anderer Mensch kaum eindringen kann und welche mit der gemeinsamen Lebenswelt vielleicht wenig mehr zu tun hat.

Wir stehen hier wiederum vor der Tatsache der zerbrochenen Einheit oder der gespaltenen Welt. Und so wie es Tag und Nacht gibt, die beiden Bereiche des 24-Stunden-Taktes, die geteilt sind in jenen, der durch die Sonne beleuchtet ist, und jenen, der durch unser inneres Licht der Phantasie und der Träume erhellt wird, so gibt es Menschen, die am Tage leben, und solche, die auch tagsüber in der Nacht leben, und es gibt Menschen, die sich in einem Mischzustand davon aufhalten. Schaut man einen Menschen von außen an, weiß man nicht, in was für einer Welt er lebt. Glauben wir, er lebe in der gleichen Welt wie wir, irren wir gewaltig. Gäbe es nur die Tageszeit unter dem Lichte der allen gemeinsam leuchtenden Sonne, befänden wir uns alle in derselben Welt, und unsere Kommunikation spielte sich störungsfrei ab. Wir wären dann »zusammen eins«, wie das Grundwort der Kommunikation nahelegt, welches COMMUNIS heißt, bestehend aus CUM und UNUS, »zusammen« und »eines«. Wandelt ein Mensch aber am Tageslicht eher mit seiner Nachtwelt herum, wirkt er unnahbar oder wenig ansprechbar, irgendwie abwesend, er west an einem anderen Orte, achtet nicht auf die Menschen um ihn herum; er wirkt nicht offen, also verschlossen, er macht nicht den Eindruck, er sei mit den anderen Menschen zusammen eins.

Diesem Bilde gegenüber steht jenes, das manchmal in den Herzen und Köpfen diesseits der Alpen aus dem Erlebnis südlicher Völker als Sehnsucht bewahrt bleibt: sich selbstverständlich unter die Leute mischen und dabei jederzeit zu reden haben, weil man ja in derselben

Welt zu Hause ist wie diese. Unnahbarkeit ist Zeichen einer Exklusivität. Sich in geistige Höhen schwingen und auf die Ebene des vielen Wissens kostet seinen Preis. Exklusivität heißt Ausschließlichkeit. Man lebt auf einer Plattform, die nur durch wenige andere erreichbar ist, und dadurch sind die anderen Menschen davon ausgeschlossen. Der Festsaal der Reichen oder Adeligen bleibt dem einfachen Menschen verschlossen, und er kann nur ahnen, welche Lebenswonne sich hinter den Türen abspielt. Wer kennt nicht die Sehnsucht, zu den Auserlesenen zu gehören?

Wir sagten, die Auslese und das Exklusive fordere seinen Preis. Worin besteht dieser? Und warum reden wir überhaupt wider diese Herrlichkeit des Auserlesenseins? Weil das Auserlesensein und Sonderdasein nur Spielrollen unter den Menschen darstellen, derer wir uns im Laufe unserer vielen Inkarnationen bedienen, genauso wie wir auch Armut und Gewöhnlichkeit erproben. Doch worin besteht der Preis, von dem die Rede war? Er besteht im Bruch zu »all dem, was ist«, in der Unverbundenheit. Der Drang nach Exklusivität legt geradezu entlarvend Zeugnis ab von der Unverbundenheit eines Menschen mit »all dem, was ist«. Seine Verbundenheit besteht nur in der Vorstellung, ist aber nicht seinsmäßig wahr. Der mit dem Kosmos und der Schöpfung und mit »all dem, was ist« verbundene Mensch ist frei von der Suche nach Ausschließlichkeit.

Es sei nur am Rande vermerkt: In der Yoga-Philosophie ist Sondersein eine der Qualquellen im irdischen Dasein. Der Preis des Sonderseins ist der Bruch mit dem Ganzen. Wir Menschen suchen ein Mächtigsein durch Herausragen und Bessersein als andere. Damit ist immer Macht verbunden. Macht aber isoliert, bringt immer in die Vereinzelung und bewirkt Angst, macht ANGUSTUS, macht eng.

Erst die Seelenstärke desjenigen, der sich stark fühlt, ohne Macht auf andere Menschen ausüben zu müssen – auch nicht durch die Macht des Wissens – erzeugt die Verbundenheit mit den anderen Menschen und mit »all dem, was ist«. Ein solcher Mensch ist nicht mehr unnahbar, er ist befähigt, mit jedem Menschen überall auf der Welt und wann immer er will ins Gespräch zu kommen.

Aber der Laie sprach von der Unnahbarkeit des Redners. Gerät der solcherart Wissende in die Isolation, ist dann sein Tun nicht auch eine Flucht? Gibt es in unserer Gegenwart möglicherweise einen Wissenschaftsbetrieb, der einem gigantischen Zeitvertreib gleichkommt? Und der selbstverständlich nur darum aufrechterhalten werden kann und die einzelnen Beteiligten auch ernährt, weil so viele daran teilnehmen und daran interessiert sind. Lebt unsere offizielle Wissenschaft nicht vielleicht in einem riesigen Fluchtversucht? In einer Flucht vor dem Eigentlichen? Vieles, was wir tun, ist bloßes Mühewalten. Viele unserer sogenannten wissenschaftlichen Tätigkeiten sind Torheit vor Gott (nur gilt es, diese Aussage völlig neu zu verstehen)! Viele unserer fleißigen intellektuellen Geschäfte sind nur darin gegründet, das wackelige Gebäude dessen aufrechtzuerhalten und zu stützen, was wir die äußere sichtbare und gültige Wirklichkeit nennen. Wer dies nicht glauben will, werfe seinen Blick auf eine andere Realität, zum Beispiel auf unsere Wirtschafts- und Finanzwelt, und er wird staunen, wie da alles auf wackeligen Beinen steht. Manche Bereiche, in denen der Mensch voll Stolz und Selbstbewunderung tätig ist, werden nur mit viel Kraftanstrengung vor dem Zusammenbruch bewahrt. Wie lange noch?

Dies geht uns alle an. Wir alle sind auf der Flucht oder innerhalb eines pompösen Zeitvertreibes gefangen. Wir alle sind auf der Flucht vor unserer Wahrheit, von unserem wahrhaft fruchtbaren und gewinnbringenden, einzig sinnvollen Tun beurlaubt und vertreiben uns im Urlaub die Zeit. Achten wir darauf, was die Weisen seit eh und je sagen: Sie sagen uns, daß wir schlafen. Gehört darum das Lesen dann, wenn wir es nicht aus der Flucht vor uns selber betreiben, dem Erwachen?

Vermutlich gibt es keine bessere Antwort. Es gibt kein vornehmeres Ziel des Lesens als das Erwachen. Lesen soll uns aus der Täuschung herausführen. Lesen hilft Licht in die Dunkelheit zu bringen. Lesen ist dann ein Erleuchtungs-Bemühen, eine echte Bewegung, ein Auf-dem-Wege-Sein, ein Zerreißen der Schleier, welche die Wahrheit verhüllen. Dient das Lesen dem Erwachen, so öffnet es. Die Lehre des Laien im Cusanus-Dialog will die Unnahbarkeit und damit den Bruch auflösen und heilen. Die Ungebrochenheit aber ist Nähe zu allem.

III

Wir wollen nun wissen, was Lesen ursprünglich heißt. Im Duden-Herkunftswörterbuch erfahren wir: LESEN geht mit verwandten Wörtern auf die Wurzel LES, »verstreut Umherliegendes aufnehmen und zusammentragen, sammeln« zurück. Die alte Bedeutung »auf-, einsammeln, aussuchen« hat sich im Deutschen neben der jüngeren Bedeutung »Geschriebenes lesen« bis zum heutigen Tag erhalten, man beachte zum Beispiel »Ähren, Trauben oder dergleichen lesen«. An diese Bedeutung schließen sich an das Substantiv LESE, »das Sammeln«, »Ernte«, ferner die Zusammensetzung AUSLESEN, »aussuchen, auswählen«, dazu AUSLESE, »Auswahl des Besten«, ERLESEN, veraltet für »auswählen« und »aussuchen«, dazu das in adjektivischen Gebrauch übergegangene zweite Partizip ERLESEN, »ganz vorzüglich«. Die in althochdeutscher Zeit beginnende Verwendung des Verbs im Sinne von »Geschriebenes lesen« erfolgte wahrscheinlich unter dem Einfluß und nach dem Vorbild von lateinisch LEGERE, »sammeln, aussuchen; Geschriebenes lesen«. Allerdings kann das »Lesen« bereits in germanischer Zeit auf das Einsammeln und Deuten der zur Weissagung ausgestreuten Stäbchen bezogen worden sein.

Schlagen wir im angegebenen Wörterbuch noch die Artikel »Buchstabe« und »Buch« auf, vernehmen wir dies: Das Wort Buch kommt von den »zusammengehefteten Buchenholztafeln«, auf denen man, nach dem Vorbild der römischen Wachstafeln, schrieb. Es gab eine Zeit, wo der Buchenbaum und das Buch mit demselben Namen benannt wurden, mit »Buche«. Das Wort Buchstabe verweist darauf, daß es sich tatsächlich ursprünglich um Buchenstäbe handelte, die – wie oben zitiert –, mit der Weissagung im Zusammenhang stehen. Aus diesen Buchstaben wurden die Schriftzeichen, die Schreib- und Drucklettern.

Diese Hinweise lehren uns, daß Lesen ein Sammeln von Zeichen ist. Dieses hat nach Gesetzen zu erfolgen, es kann nicht willkürlich geschehen. Geschriebenes lesen folgt einer Ordnung, vollzieht sich nach der Regel einer Kunst. Wir haben als ersten grundlegenden Befund: Lesen ist ein Sammeln, oder poetischer: Lesen ist eine Lese.

Insofern Lesen eine Lese ist, kann es alles einsammeln, was in die Nähe kommt, oder kann erlesen, d. h. nur das Erlesene lesen. Beim Ährenlesen ist schon ein aussuchendes Einsammeln zu beobachten, denn da liegen ja auch geschnittete Halme am Boden, die man liegenläßt. Lesen beinhaltet Sorgfalt. Das ist nicht ein Ernten in mächtigen Haufen. Ist Lesen ein Ernten, so im Sinne des behutsamen Umganges, sei es, daß das zu Erntende in geringer Anzahl vorhanden ist und Sorgfalt dazu führt, das wenige nicht zu übersehen (denken wir etwa auch an das Pilzesuchen), oder sei es, daß die Frucht leicht verletzbar ist und darum des achtsamen Einbringens bedarf.

Es gibt die Lese, bei der man sich bückt, und es gibt die Lese, bei der man sich reckt. Anstrengung waltet dabei. Im Wort »Lese « selbst als Klanggebilde würde man dies zunächst kaum vermuten. Doch was lehrt uns das Lexikon, wenn wir nun vom Schriftenlesen mehr wissen wollen? Da steht: »Lesen eines Textes ist zunächst eine reine Fertigkeit. Der Lesende muß eine Reihe von Lautzeichen (Buchstaben), die zusammen die Laute eines Wortes nur unvollständig wiedergeben (darum gibt es ja auch noch die phonetische Schrift), in ein Klanggebilde, beziehungsweise in eine sinnvolle Spracheinheit umformen« (Meyers Enz. Lex. Bd. 14). Wir werden darauf aufmerksam gemacht, die Lese als eine Anstrengung und als eine differenzierte Handlung zu betrachten. Doch lassen wir nun diese äußeren Gegebenheiten beiseite.

Obiger Lexikontext hat uns auf die Weissagung und das Einsammeln von Zeichen für die Prophezeiung hingestoßen. Und diesem Gegenstande wollen wir uns jetzt widmen. Das Lesen als Einsammeln von Zeichen für die Prophezeiung gibt dem Urgeschehen des Lesens eine überraschende Tiefe, an die wir heutigen Lesehungrigen kaum denken. Die mantische Herkunft, der divinatorische Ursprung des Lesens weist uns darauf hin. In seinem Anfang und Grunde gilt: *Lesen ist Gottesenträtselung.*

Nehmen wir noch einmal das gleiche Lexikon zu Hilfe. Wir erfahren unter dem Stichwort »Divination« (lat. = Sehergabe, Ahnung, Wahrsagung, Wahrsagekunst): in der Religionswissenschaft im allgemeinen die Gabe, das Wissen der Götter, dessen man bei besonderen Gelegenheiten bedarf, zu erfahren und zu verkünden. Der charismatische Seher stützt sich dabei auf seine Interpretation, auf sein »Lesen« gewisser Phänomene, z. B. des Vogelfluges und der Vogelstimmen, des Wieherns der vor einen Kultwagen gespannten und von Priestern gelenkten Pferde, der Tiereingeweide, des Blutes von geopferten Tieren oder auch Menschen, der Beobachtung der Gestirne usw. Die Institution des Sehers und Wahrsagers wird durch die menschliche Gier, die Zukunft und außergewöhnliche Lebens- und Weltzusammenhänge zu erfahren, ermöglicht. Stätten der Divination begegnen uns bei vielen Religionen. Die berühmteste war wohl in der Antike die Orakel-Stätte von Delphi. Einen etwas anderen, tieferen Sinn hat die Divination beim Religionswissenschaftler Rudolf Otto. Für ihn bedeutet sie das »Vermögen, das Heilige in der Erscheinung ›echt‹ zu erkennen und anzuerkennen«.

»Divination« ist also, so können wir verkürzt sagen, das »Lesen des Wissens der Götter« aus bestimmten Erscheinungen, was wir die »Gottesenträtselung« genannt haben. Das lateinische Wort DIVINARE heißt weissagen und kommt vom Wort DIVINUS, das heißt göttlich, kommt also von DEUS, Gott. Im französischen Tätigkeitswort DEVINER, erraten, denkt wohl niemand mehr an Gott. Aber DEVINER heißt auch wahrsagen.

Ziehen wir das Lexikon der Antike (»Der kleine Pauly«, Bd. 2) zu Rate, betreten wir ein ganz anderes Gebiet: DIVINATIO heißt im römischen Strafprozeß jener Abschnitt des Vorverfahrens, in dem entschieden wird, welcher von mehreren Anklägern in einem und demselben Fall zur Anklage zugelassen wird (weil das Gesetz nur einen zuließ). Hier wird die religionsgeschichtliche Relevanz dieses Wortes völlig übergangen. Divination im Sinne des französischen DEVINER ist dann einfach ein Ausscheidungsverfahren, ähnlich einem Loseziehen.

Einen anderen Hinweis gilt es noch aufzunehmen. Manche Wörterbücher übersetzen und erklären Divination eigentlich nur mit dem deutschen Wort »Ahnung«. Was sagt das Duden-Herkunftswörterbuch dazu? Ahnen heißt voraussehen, unmittelbar empfinden, vermuten und wird hergeleitet von »einen überkommen«. Redensarten wie »es ahnt mir« bedeuten »es kommt mich etwas an«, »es kommt etwas über mich«, etwas Unbestimmtes rührt mich von außen her an. Hier scheint es sich um ein unvorhergesehenes, in keiner Weise geplantes Ereignis zu handeln. Als Leser wollen wir uns eher mit der aktiven Seite der Gottesenträtselung abgeben. Und diese ist durch das Wort aus der griechischen Sage, dem wir uns jetzt widmen wollen, eher betont.

Das griechische Wort, das wir in diesem Zusammenhange kennen müssen, heißt »Mantik«. Es stammt ursprünglich vom Tätigkeitswort MAINESTHAI, und dieses bedeutet das geistige Erregtsein und die durch außernatürliche Kräfte hervorgerufene Begeisterung. Aus dem »kleinen Pauly«, Band 3, erfahren wir: In der Mantik versucht der in seinem Wissen beschränkte Mensch in außerrationaler Weise an der Allwissenheit Gottes teilzunehmen, um Kenntnis der zukünftigen Ereignisse und Weisung für sein Handeln zu erlangen. Dabei werden Wissen und Wille Gottes als mit der Zukunft identisch betrachtet. Erkundung dieser Zukunft ist Empfang der göttlichen Offenbarung. – Göttliches Wissen wird dem charismatischen Menschen entweder direkt durch Inspiration oder mittelbar zuteil, indem er die Zeichen Gottes begreift und deutet. Es gibt eine Scheidung in natürliche oder intuitive Mantik und künstliche Mantik. Zur natürlichen gehört der Zugang zu göttlichem Wissen in der Ekstase, das heißt in einem Trance-Zustand oder im Traum oder im Orakel, während die künstliche Mantik Techniken der Vorhersage meint, wie wir sie in der Astrologie, im »I Ging«, im Kartenlegen usw. kennen.

Bevor wir an dieser Stelle dem Wort Mantik weiter folgen, gilt es noch den Hinweis auf den charismatischen Menschen aufzugreifen. TO CHÁRISMA heißt im Altgriechischen die Gnadengabe und beruht auf dem Hauptwort HE CHÁRIS, die Freude, die Lust, die Anmut und der Liebreiz, die Gunst, die Huld, die Gnade. Zugrunde liegt ge-

Rechte Seite:
Ein Beispiel der Divination. Die drei Könige aus dem Morgenland werden durch einen Engel inspiriert, nicht mehr zu Herodes zurückzukehren. Eigentlich werden sie hier vom Engel geweckt.
Kapitell (entstanden ca. 1120) im Kapitelsaal der Kathedrale St-Lazare in Autun (Burgund). Bei Math. 2.12 heißt es: »Und Gott befahl ihnen im Traum, daß sie nicht wieder sollten zu Herodes gehen, und sie zogen auf einem anderen Weg wieder in ihr Land.«

mäß dem »Griechischen Ethymologischen Wörterbuch« (H. Frisk) das Tätigkeitswort CHAIRO, das heißt sich freuen, Freude haben, das mit dem altindischen HÁRYATI in Verbindung gebracht wird, das Gefallen finden, sich ergötzen, sich freuen heißt. Wir werden darauf hingeführt, die Bedingung für Mantik in der Freude zu sehen. Ein charismatischer Mensch ist einer, der voller Freude ist. Wir neigen heutzutage dazu, den charismatischen Menschen als den Begnadeten zu verdeutschen, ohne auf die Freude hinzuweisen. Es ist, als ob hier etwas unterschlagen würde. Wir nehmen das Thema der Freude auf. Es soll uns hier nun begleiten.

Der heutige Wissenschaftler betont dabei, wenn er diese Phänomene zur Kenntnis nimmt, die Grundlage der Mantik oder der Divination bestehe im Glauben an die Möglichkeit einer Verbindung zwischen Mensch und Gott. Dem religiösen Menschen aber ist diese Verbindung eine Gewißheit auch dann, wenn er persönlich keinerlei Erfahrung darin hat und auch nicht anstrebt. Zu sehr weiß er aus sich selber heraus um ein ursprüngliches Verbundensein. Aus seinem tiefsten inneren Kern heraus weiß er: Urreligion ist auf Grund solcher Verbindung gegeben. Dies gilt auch dann, wenn vielleicht lange Zeiten solche Verbindungen abgebrochen sein mögen.

Wenn wir das Alte und das Neue Testament, also das »Heilige Buch« unseres Kulturkreises lesen, begegnen wir dem Mantischen auf eine selbstverständliche Art. Zur Weihnachtsgeschichte gehört die Führung der drei Magier durch den Traum, worin ein Engel den Auftrag gibt, nach dem Besuche des göttlichen Kindes nicht wieder zum König Herodes zurückzukehren. Es gehört der Traum des Josef dazu, dem eingegeben wurde, mit Mutter und Kind nach Ägypten zu entfliehen.

Dem religiösen Menschen ist die Welt ein HÉN ZÓON,

»ein« Lebewesen, ein harmonischer Zusammenhang und dadurch eine »Sympathie« (das heißt ein »Zusammenleiden«). Er weiß dies und bedarf keiner Beweise, und zwar auch dann nicht, wenn er einem solchen sympathischen Geschehen vielleicht zeitlebens nie konkret begegnet. Natürlich wußten die Menschen in der Antike und auch schon viel früher, welches die Bedingungen dafür sind, damit eine Verbindung zum Göttlichen entstehen kann, nämlich indem der Geist sich von der Bindung an den Körper löst und frei wird für die dafür notwendige andersartige Wahrnehmung. Alle Formen der Ekstase sind dafür geeignet, dann aber auch der Traum, da auch im Traum die Seele sich vom Körper trennt. Bedürfen die Träume des sachkundigen Traumdeuters, so spricht man von künstlicher Mantik. Wir wissen, daß Träume auch durch Narkotika angeregt wurden. Dies gilt unter anderem von den Tempelsanatorien der Asklepios-Heilstätten, wie zum Beispiel im türkischen Pergamon, wo Schlangengift in Milch eingenommen wurde, damit man als heilsuchender Kranker in der »Inkubation«, das heißt im nächtlichen Tempelschlaf, durch das geträumte Begegnen mit dem Gott Asklepios die Diagnose der Krankheit (und eventuell auch das Heilmittel) erfuhr. Und wir wissen selbstverständlich auch, wie sehr das Altertum die Droge für initiatische Erlebnisse einsetzte. Erinnern wir uns aus unserer Märchenanalyse[1] des Motivs des blumenpflückenden Mädchens, wovon Persephoneia nur ein Beispiel ist.

Nun haben wir noch des Orakels zu gedenken. Hier tritt meistens der Seher, der MANTIS zwischen den antwortsuchenden Menschen und den offenbarenden Gott. Das große Beispiel aus der griechischen Antike ist die Pythia in Delphi. Solche Seher, merkt der aufgeklärte Wissen-

1 »Die esoterische Bedeutung der Märchen«, München 1992

schaftler der Neuzeit an, ersetzen in der vorwissenschaftlichen Medizin den Arzt. Darum heißt der Gott Apollo bei gewissen griechischen Autoren auch HIATRÓS KAI MÁNTIS, das heißt Arzt und Seher. Wahrhaftig! Denn der Gott Apoll ist der Herr der Mantik. Wir wollen später vom Orakel noch mehr vernehmen. Stellen wir zunächst die Frage, was denn der moderne Historiker von der Mantik hält. Zitieren wir aus dem »Kleinen Pauly« die entsprechende Stelle: »Historische Wertung: die Mantik ist wahrscheinlich so alt wie religiöses Denken, das sich vom Willen einer religiösen Macht abhängig sieht. Kritik an der Mantik taucht erst in philosophischen Zeiten auf. Platon gibt der Inspiration als Form religiöser Erkenntnis eine gewisse Berechtigung. Den christlichen Glaubensverteidigern ist die Mantik ein Blendwerk des Teufels.« Dies ist hier verkürzt wiedergegeben, die Schlußbemerkung aber heißt: »Insgesamt bestimmte die Mantik das Leben des antiken Menschen viel stärker als dies unser heutiger Rationalismus begreifen kann, der sie in den Untergrund drängte.«

Diese Bemerkung ist interessant. Das Abdrängen der mantischen und divinatorischen Bedürfnisse der Menschen in den Untergrund – Befriedigung solcher Bedürfnisse konnte nur noch auf okkulte Weise geschehen – zeigt deutlich: Es darf nicht sein, was im Denken der Machthaber nicht sein soll. Mit Machthaber bezeichne ich jetzt alle jene, die bestimmen oder mitbestimmen, was wir zu denken haben, was für wahr gilt, was wissenschaftlich ist. Und durch Verleugnung und Verfolgung wird dieses Bedürfnis nicht zum Verschwinden gebracht. Sobald das moderne Denken beginnt – und dies fängt in der Antike schon an –, muß die Befriedigung des divinatorischen Bedürfnisses in den Untergrund. Gleichzeitig hilft das aufkommende Christentum mit.

Und nun können wir die Frage stellen: Was haben wir erreicht? Betrachten wir die heutige Bedürfnislage, konsultieren wir Kataloge von Buchhandlungen und Verlagen, dann stellen wir fest: Es ist alles wieder da, oder es ist alles noch da: die astrologische Divination, die Wünschelrute, das Handlesen, das Kartenlegen, das Stäbchenwerfen, die magische Kugel und die Spiegelmagie, alles Magische (im Sinne des falsch verstandenen, nicht echt Magischen) ist wieder da. Mit anderen Worten: Der ganze triviale Okkultismus ist wieder da. Er war immer da. Er geht in den Untergrund und taucht zu günstigen Zeiten wieder auf. Und nun sind sie wieder da, die »Leser«, ich meine die Handleser, die Augenleser, die Stäbchen- und die Kartenleser usw. Und sie haben ihre Klientel: uns selber.

Es gilt eine wichtige Unterscheidung zu treffen. Genau so wie zwischen Religion und Aberglauben, wirklicher RELIGIO als wahrer Achtsamkeit und SUPERSTITIO als sozusagen krankhafter Übersteigerung dieser Achtsamkeit unterschieden werden muß, so gilt es zu trennen zwischen der trivialen Mantik und der heiligen Mantik. Die triviale Mantik treibt ihre Blüten überall im verführbaren Volke auf den Märkten und Jahrmärkten. Ihrer hohen Herkunft aus den antiken Heiligtümern uneingedenk, treibt sie sich wohlfeil auf der niederen Ebene der Begierde herum, wird um billigen Gewinnes willen verhandelt, dient der Befriedigung der bloßen Neugierde. Heute werden die oft schwer finanzierbaren Bucheditionen aus dem Bereiche der hermetischen und magischen Tradition von blutjungen Menschen gekauft, die versuchen, mittels magischer Praktiken ihre schwererträgliche Macht- und Bedeutungslosigkeit zu verändern. Potentielle Psychotherapieklienten rutschen in das gefährliche Gebiet der Magie ab. Und das dabei falsch Verstandene führt in den meisten

Fällen zu argen Spinnereien oder gar zum Wahnsinn. Wenn wir jetzt die Mantik für einen Augenblick mit der Zauberei verbinden, wird uns deutlich, wo wir diese Formen und Praktiken einzuordnen haben. Es handelt sich hier um Arten und Weisen der Bemächtigung des Geistigen durch das verfälschte Ich, wofür innerhalb der esoterischen Tradition der Begriff der schwarzen Magie steht. Dies ist einer der gefahrvollen Beweggründe des Lesens: der Versuch der Bemächtigung des Geistigen (das dem Ich nicht gehört) durch das äußere, vom Mars geprägte Ich.

Wir sagten: Lesen ist in seinem Ursprung und wahren Grunde Gottesenträtselung. Die ernsten und heiligen Formen, im Gegensatz zu den trivialen Erscheinungen der Mantik, finden sich in Riten und Kulten der Heiligtümer und ihrer Priester und dienen dem Geschicke des Staates oder des ganzen Volkes. Auch unser Wort »Tempel« ist in seinem Ursprung mit der Divination verbunden. Das lateinische Wort TEMPLUM benennt ursprünglich den Visierraum der Auguren. Innerhalb definierter Grenzen hat der Augure im alten Rom als der priesterliche Deuter der göttlichen Zeichen seine Beobachtungen des Vogelfluges (AUSPICIUM) anzustellen. Das TEMPLUM ist eine Örtlichkeit von viereckigem Grundriß. Die Deutung, die wir ebenfalls als ein Lesen von Zeichen verstehen, bezieht sich nicht auf Voraussagen des Künftigen, sondern ausschließlich auf die Einholung göttlicher Zustimmung zu einer beabsichtigten Handlung, die man also auch unterlassen kann: Tut man dies nicht, wird sie mißlingen. Hier muß man aber bemerken, daß diese Praxis nicht stets klar von Zukunftsvoraussagen geschieden werden konnte. Doch durften wichtige Staatshandlungen nur AUSPICATO vorgenommen werden, also nach der Anstellung des AUSPICIUMS, oder, mit anderen Worten, unter günstigen Vorzeichen. Das waren die magistralen augurischen Akte. Die römischen Auguren waren anfänglich einem Fruchtbarkeitsritus verpflichtet, denn ihr Name stammt vom Tätigkeitswort AUGERE, was vermehren, gedeihen heißt. Sie hatten die Zeitqualität zu deuten, also die günstige Zeit, weshalb im heutigen Italienisch MOLTI AUGURI viel Glück heißt. Ist die Zeit günstig, so kann etwas Neues eingeführt werden, was man dann die »Inauguration« nennt, wobei vor allem die feierliche Einsetzung eines Augurs in sein Amt »Inauguration« genannt wurde. Dieses Wort wurde auch auf die feierliche Tempeleinweihung angewendet.

Die Divination als Staatsakt wollen wir nun aber auch als Motiv in der griechischen Tragödie in Erinnerung rufen. Wählen wir aus den unzähligen Beispielen das Theaterstück »König Oidipus« aus. Hier spielt eines der berühmtesten Orakel der Antike die zentrale Rolle der Wahrheitsfindung: das Orakel von Delphi. Und weil es in dieser Geschichte vom Untergang eines ganzen Königsgeschlechtes nicht um private Angelegenheiten geht, hat der Ort der Befragung der Gottheit einen außerordentlichen hohen Rang. DIVINARE heißt enträtseln. In dieser Tragödie geht es denn auch um das Rätsel der Sphinx. Und auch für uns heute ist »Oidipus Tyrannos« eine ungemein fesselnde Erzählung, die von jeder Generation vermutlich wieder neu entschlüsselt, enträtselt werden muß. Es wäre ein Irrtum, nur eine einzige Deutung gelten zu lassen. In diesem Schauspiel wird das Orakel von Delphi in das Zentrum der Wahrheitsfindung gestellt. Der Mensch bedarf folglich der Hilfe, um die Wahrheit zu ergründen; er kommt nicht alleine darauf. Das lateinische Wort ORACULUM ist herzuleiten vom Tätigkeitswort ORARE. Die Stätte, an der der Wahrheitsspruch der Gottheit verkündet wird, an die man zuvor eine entsprechende Frage gestellt hat, ist also benannt nach dem Wort »reden, sprechen«. ORARE heißt aber auch beten. Aber das ist eine sehr spät hinzugekommene Bedeutung. Denken wir noch einmal an das ORA ET LABORA der christlichen Mönche, an dieses »Bete und arbeite«. Die vorrangige Bedeutung von ORARE ist reden, sprechen. Und im Orakel spricht die Gottheit. Im Gebet aber ruft man Gott an.

Nun fragen wir uns, indem wir für einen Augenblick diese Ausführungen unterbrechen, was das mit unserem Thema »Lesen« zu tun hat. Die lexikalisch aufgefundene Bemerkung, Lesen sei ursprünglich nicht Lesen von Schrifttexten, sondern ein Lesen von irgendwelchen oder ausgewählten Zeichen, die den Willen der Gottheit bekunden, hat uns auf das Thema der Weissagung verwiesen. Lesen ist auf dieser Ebene »Gottesenträtselung«, das Herausfinden, ob der Mensch mit dem Willen der Götter oder einer bestimmten Gottheit in Übereinstimmung lebt. Lesen auf diesem Niveau ist die Suche nach einer Antwort auf die Frage, ob der Mensch mit der kosmischen Ordnung eins oder uneins ist. Lesen ist dann astrologisch gesehen das Ergründen der Zeitqualität. Lesen auf dieser hohen Ebene stellt die Frage: Leben wir in der Ordnung? Und Lesen ist damit Indiz für das Aus-der-Ordnung-Gefallensein des Menschen. Lesen ist entsprungen aus dem Sturz des Menschen aus der Ordnung und Einheit.

Die Befragung des Orakels ist kein direktes Lesen, denn der Suchende gibt die Frage einem Berufenen weiter, einer Priesterin oder einem Priester. Diese Inaugurierten und legitimierten Vermittler göttlicher Offenbarung waren inspirierte Seher. Man nannte sie im alten Griechenland (verdeutscht) Manten, Propheten und Chresmologen. CHRESMÓS ist der Orakelspruch. Wir erwähnen dieses Wort, das uns ungewohnt ist, weil es vom Tätigkeitswort CHREOMAI stammt, und dieses heißt »mit jemandem verkehren, sich jemandes bedienen«, man leiht sich von der anderen Seite etwas aus; darum auch: »ein Orakel, einen Gott befragen«. In diesem Wort steckt aber auch eine Sehnsucht. Durch den Orakelspruch ist demnach der Verkehr mit der anderen Seite, von der der Mensch abgebrochen ist, hergestellt. Dafür setzen die Menschen Vermittler ein, nämlich dann, wenn die Wahrheitsfindung nicht mehr nur eine alltägliche oder private, sondern eine darüber hinausgehende, eine herausragende, eine heilige Sache wird. »Heilig« heißt dann »von oben gegeben«, das ist das, was Heil schafft.

Die Deuterin von Delphi ist die Pythia; im berühmten italienischen Apollo-Heiligtum von Cumae in der Nähe von Neapel ist es die Seherin Sibylle. Was sagt nun das Orakel von Delphi in der Tragödie von Oidipus? König Laios läßt seinen und Iokastes Sohn mit durchbohrten Füßen auf dem Berg Kithairon aussetzen, weil das Delphische Orakel ihm weissagte, der Sohn werde den Vater töten und die Mutter heiraten. Von den durchbohrten Füßen führt der Name OIDIPUS (Schwellfuß) her. Als junger Erwachsener erhält Oidipus dieselbe schreckliche und bedrohliche Auskunft über seine Zukunft und wird von den verängstigten Priestern von Delphi vertrieben. Darauf erschlägt er, ohne es zu wissen, seinen Vater und heiratet seine Mutter, nachdem er das Rätsel der Sphinx gelöst hat. Nach einer Zeit glücklicher Regentschaft und der Zeugung von vier Kindern mit der eigenen Mutter bricht die Pest in der Stadt Theben aus, dessen König er geworden ist. Hochmagistral wird dem Orakel von Delphi durch den Gesandten Kreon, den Schwager von Oidipus, die Frage gestellt, wie Theben sich von der Pest befreien könne. Die Antwort lautet: Der Mörder des Königs Laios lebe noch in der Stadt und müsse bestraft werden.

Oidipus sucht schonungslos nach dem Mörder, bis er

feststellt, er selber ist der Mörder, er selbst hat unwissentlich seinen Vater umgebracht und seine Mutter geheiratet, worauf sich diese erhängt und Oidipus sich selber richtet, indem er sich blendet.

Das gewählte Beispiel stellt das Orakel als unerbittlich dar, als im voraus schreckliche Zukunft anmeldend. Die Oidipus-Geschichte ist ein Exempel für unausweichliche Weissagungen. Was vermieden werden will, tritt gleichwohl ein. Der Tragödie unseres Helden geht die Besitzergreifung eines ursprünglich weiblichen Weissagungsortes der Erdgöttin Gaia durch den Lichtgott Apoll voraus. Als neue Orakelstätte des Licht- und Feuerprinzips verurteilt Delphi alles Erdgebundene zum Untergang. Oidipus gehört dem erdgebundenen Drachengeschlecht der thebanischen Dynastie an. Er kennt zwar die Antwort auf das Rätsel des Drachen Sphinx, die lautet »der Mensch«, weil es wirklich darum geht, ein Mensch zu werden, und dieser ist ein Lebewesen in Menschengestalt, das sich dem Feuerprinzip und dem Licht geweiht hat und darum nicht mehr untergehen kann. König Oidipus wird in einer älteren Version dieser Geschichte als Kind wie Moses dem Wasser übergeben, wird in Korinth an Land geschwemmt und wächst im Königshause von Korinth entwurzelt auf, aber er unterliegt dem Wasser schlußendlich. Doch das Feuer muß über das Wasser siegen. Denn Wasser ohne Feuer heißt Untergang. Sowohl das Wasser- als auch das Erdprinzip wird durch den Mythos und den Kult der »Großen Mutter« geheiligt. Die Große Mutter ist das Urmeer, aus dem alles stammt und in das auch alles zurücksinken kann. Die Sonne steigt am Morgen aus dem Meer auf und sinkt am Abend in das Meer zurück. Damit die Sonne aber am nächsten Morgen wieder aufsteigt, muß sie in der Nacht den verschlingenden Drachen »Urmeer« besiegen. Aus dieser Phantasie stammt der Grundtypus des Märchens, das Drachentötermärchen, sowie die Grundgegebenheiten der östlichen Lichtmetaphysik. Oidipus ist also, um dieses Thema abzuschließen, der Kampf »Delphi gegen Theben«.

Konsultieren wir einen antiken Philosophen. Der als dunkel und schwerverständlich geltende griechische Denker Heraklit sagt über das Orakel von Delphi: »Der Herr, dem das MANTEIÓN (Orakel) von Delphi gehört, spricht nicht und verbirgt nicht, sondern gibt ein Zeichen« (Fragment B 93). Der Gott Apoll setzt Zeichen. Die Tragödie von König Oidipus in der Dichtung von Sophokles ist ein solches Zeichen. Und diese Zeichen, die vom Lichtgott Apoll gesetzt sind, werden von uns Menschen nicht unmittelbar verstanden; sie bedürfen der Deutung. Die Bedeutung muß ausgesprochen werden, und das ist in einem solchen heiligen Weissagungsorte wie Delphi die Sache der dazu Berufenen. Doch auch wir müssen heutzutage in irgendeiner Weise »inauguriert« sein, um dieses Zeichen verstehen und zum Beispiel das eindrücklich mahnende Zeichen der König-Oidipus-Geschichte deuten zu können.

Im Oidipus-Mythos herrscht der Kampf zwischen Feuer und Wasser/Erde, und der Mensch steht als Ausgelieferter mitten darin. Es ist der Mythos eines gigantischen Kampfes der Götter untereinander. Die Oidipus-Geschichte ist das Markenzeichen eines dualen und polaren Bewußtseins, innerhalb dessen der Mensch sich noch so gottesfürchtig benehmen kann: Er entrinnt der Gebundenheit und der Unfreiheit nicht. Wir können auch sagen: Innerhalb des dualen Denkens gibt es keine Souveränität. Aus derselben Wurzel, aus demselben Denken stammt die Religion, nämlich aus dem Bruch des Menschen mit Gott, und dieser Bruch ist die Dualität, das Denken der Zweiteilung. Entsprechend ist Religion das Symptom des

Bruches mit Gott, für dessen Heilung sie sich hält. Religion steht immer für Angst. Und sie heilt sie nicht, sie verfestigt sie.

Oidipus, das mahnende Zeichen, verstehen wir nicht unmittelbar. Auch enthält die Geschichte viele Deutungsebenen.

Lesen auf der Bewußtseinshöhe der wahren und recht verstandenen Divination oder Mantik wendet sich an ein entsprechend hohes Niveau von Zeichen, und diese Höhe entscheidet alles. Wenn wir so sprechen, räumen wir Höhenunterschiede ein. Auf jeder Höhe gibt es eigene Zeichen und ein eigenes Lesen. Wenn es Höhenunterschiede gibt, so gibt es Stufen. Die Lehre der Stufen ist altes esoterisches Wissensgut. Es gibt Religionen auf allen Stufen. Verstehen wir jetzt Religion als menschlichen Versuch, den Bruch mit Gott zu heilen und gleichzeitig im zweiteilenden Denken zu verharren. Es gibt verschiedene Bewußtseinsstufen, sieben an der Zahl nach alter Belehrung. Doch können gewisse Inhalte für alle Stufen gelten, es gibt dann die siebenfache Auslegung desselben. Jedes Wort aus dem Munde eines wahren Gottessohnes ist auf diesen sieben Stufen anders zu deuten, ist auf siebenfache Weise verstehbar.

Stufungen verweisen also auf Bewußtseinsunterschiede. Wissen wir um diese und nehmen wir dieses Wissen auch ernst, so bleiben nur Toleranz und Bescheidung. Wir wissen ja nicht, auf welcher Stufe wir stehen. Wir wissen nicht, ob in unserer Zeit alle Stufen erreichbar sind oder

Rechte Seite:
Bibliotheksaal, Benediktinerkloster Ulm-Wiblingen.
Die barocke Klosterbibliothek ist das Zeichen für die geschlossene Welt *(claustrum)* der von der Gotteswissenschaft beherrschten und verteidigten Sicht des Lebens.

ob das Erlangen der oberen vielleicht früheren Geschlechtern vorbehalten war. Wenn alles, was ein wahrhaft Wissender sagt, auf siebenfache Weise verstanden werden kann und dies auch so sein soll, dann fällt doch aller ideologischer Streit weg. Für die weltliche Wissenschaft gibt es diese Stufung nicht. Wissenschaftliche Wahrheit muß eindeutig sein. Mehrdeutigkeit widerspricht der Universalität der Universität. »Universität« kommt vom Wort UNIVERSUS, und dieses ist zusammengesetzt aus UNUM und VERSUS, aus den Wörtern »eines« und »gewendet«, was dann heißt »in eines gewendet«. Dies meint nicht nur, alles Wissen sei an einem Orte zu versammeln und dort zu lehren, sondern auch, alles Wissen sei auf eine Ebene zu bringen und jenen zu verabreichen, welche diese Ebene erreichen. Dafür sind gewisse intellektuelle Fähigkeiten Bedingung. Dabei wird aber nie bedacht, wie sehr Intellekt nivelliert. Denn er ist nicht das Instrument, die hierarchische Stufung des Geistes zu erkennen. Intellekt ist nicht das Werkzeug, durch das der Geist, der Spiritus, das Pneuma, das »Wehende« auf uns herunter- und in uns hineinströmt und uns zum Klingen bringt. Weil dem so ist, unterscheiden wir zwischen Wissenschaft und Spiritualität. Und wenn wir hier von Wissen sprechen, bedeutet das, seit unserem Cusanus-Dialog, spirituelles Wissen. Bevor wir aber als Lese-Frucht wirklich wissen, worin spirituelles Wissen wahrhaftig besteht, wollen wir die überlieferten Einsichten weiter erforschen. Unser Thema heißt immer noch: Lesen ist Gottesenträtselung.

Wir sagten, Lesen aus der Bewußtseinsebene der Divination sehe sich auch einer entsprechenden Höhe der Zeichen gegenüber. Diese Höhe der Zeichen nennen wir »das Heilige«. Wir haben am Anfang die Definition von Rudolf Otto aus seinem Buch »Das Heilige« zitiert, die lautet: »Das etwaige Vermögen, das Heilige in der Erscheinung echt zu erkennen und anzuerkennen, wollen wir Divination nennen.« Aufgrund seiner Vorbemerkungen denkt Rudolf Otto zunächst an Erscheinungen, die nicht Zeichen sind, die man liest – oder die man sogleich und spontan liest, vielmehr kommt das Lesen hier erst viel später, sozusagen erst im nachhinein. Er sagt:

> Es ist zweierlei, an ein Übersinnliches nur glauben oder es auch erleben, vom Heiligen Ideen haben oder es als ein Wirkendes, Waltendes, wirkend in Erscheinung Tretendes auch gewahr werden und vernehmen. Daß auch das zweite möglich sei, daß nicht nur die innere Stimme, das religiöse Gewissen, der leise raunende Geist im Herzen, die Ahnung und Sehnsucht von ihm zeuge sondern daß man ihm begegnen könne in besonderen Vorkommnissen Begebenheiten Personen (Zitation ohne Satzzeichen wie im Originaltext), in Taterweisungen der Selbstoffenbarung, daß es also neben innerer Offenbarung aus dem Geiste eine äußere Offenbarung des Göttlichen gebe das ist eine Grundüberzeugung aller Religionen und der Religion selbst.

Beachten wir die Unterscheidung zwischen »alle Religionen« und »der Religion selbst«. Rudolf Otto fährt fort:

> Solche Taterweisungen, solche Erscheinungen des Heiligen in spürbarer Selbstoffenbarung nennt die Sprache der Religion »Zeichen«. Als Zeichen hat von der Zeit der primitivsten Religion an immer alles das gegolten was imstande war das Gefühl des Heiligen im Menschen zu reizen, es zu erregen und zum Ausbruch zu bringen ... das Fürchterliche das Erhabene das Übermächtige das Auffallend-Frappierende und ganz besonders das Unverstanden-Geheimnisvolle ... (S. 172).

Dem Religionsforscher geht es in seinen weiteren Überlegungen um die echte ANÁMNESIS, um das echte Wiedererkennen des Heiligen selbst in seiner Erscheinung, welches er den sogenannten primitiven Religionen abspricht.

Das Heilige als MYSTERIUM TREMENDUM ET FASZINANS: Ist das in »der« Religion – Rudolf Otto meint damit das Christentum – noch gültig, noch erlebbar, oder ist das »Schreckliche und das Faszinierende« hier aufgehoben? Christentum ist wesentlich Verkündigung, und christliches Leben ist zentral Sakrament. Was ist der Inhalt der Verkündigung? Nach Otto: »Zum Inhalte seiner Verkündigung und seiner Aussagen macht Jesus das ›Reich‹ und dessen Seligkeit und Gerechtigkeit.« Erinnern wir uns (ANÁMNESIS) des Anfangs der christlichen Frohbotschaft (EUANGÉLION) mit der mitternächtlichen Ansprache des Engels an die Hirten, die lautet: »Fürchtet euch nicht.«

Und der Inhalt der Verkündigung soll also sein: das Reich und dessen Seligkeit und Gerechtigkeit. Das ist etwas überaus Freudiges und Großartiges. Was für Wirkungen hat denn diese Botschaft auf uns gehabt? Wir bewahren für unsere weiteren Überlegungen die beiden Begriffe im Gedächtnis auf: das Reich (griechisch HE BASILÉIA) und Erinnerung (HE ANÁMNESIS).

Aufgrund der Aussagen von Rudolf Otto stellt sich jetzt für uns die Frage, ob denn im Christentum das Zentrale der Divination wegfalle, das doch in einer wahrhaftigen, »eigenen« Erfahrung besteht? Der heutige Predigt- und Messebesucher mag sicherlich seelische Erregungszustände erleben, die an divinatorische Momente gemahnen, wie Begeisterung, Ergriffenheit. Aber ist das nicht alles heutzutage sehr indirekt? Der christliche Kultus ist Ansprache an die Gläubigen und Zelebration von Riten »vor« den Gläubigen. Der Gläubige ist in geringem Maße einbezogen als aktiv Erlebender, am meisten als laut

Betender und Singender und in Messe und Abendmahl als Kommunizierender. Gilt das Motto, das Otto an den Anfang seines Buches stellt, hier überhaupt noch, das heißt: »Das Schaudern ist der Menschheit bestes Teil. Wie auch die Welt ihm das Gefühl verteuere, ergriffen fühlt er tief das Ungeheuere«? (Faust) Ist den Christen ihr Gott »geheuer« geworden? Gibt es für sie keine Zeichen mehr zu lesen, an denen sie es ermessen könnten, wenn sie wirklich dem Heiligen begegnet sind?

Unser Thema ist hier die Divination, mit der zentralen Aussage: *Lesen stammt ursprünglich aus dem Bereiche des Lesens heiliger oder göttlicher Zeichen, die den Willen der übergeordneten Mächte bekunden.* Wir haben daraus gefolgert: Lesen ist also in seinem Ursprunge die Suche danach, mit einer überlegenen Ordnung im Einklang zu sein.

Wir haben dann die Divination in der Verdeutschung als Gottenenträtselung mit der Mantik verbunden. Wir haben jetzt in diesem Zusammenhange – und da wir ja hier vor allem mit Wortklärungen beschäftigt sind – das Wort »Mantik« noch einmal zu betrachten. Der altgriechische Mantis ist ein Seher. Also nicht ein Leser. Da das zugrundeliegende Tätigkeitswort MÁINESTHAI, MÁINOMAI rasen, toben, wüten, von Sinnen sein, verrückt sein bedeutet (nach Frisk, Bd. 2, von MAINÁS, MAINÁDOS, die Rasenden, die Mänaden kommend, womit das Wort Manie = Raserei, Wahnsinn im Zusammenhang steht), handelt es sich also hier um ein Sehen in einer Ekstase, das in einem Außer-sich-Geraten geschieht. Und in diesem ekstatischen Sehen kommt der Mantis in die Lage, Dinge zu verkündigen, die außerhalb des normalen Erkenntnisbereiches liegen. Der Seher wird dann zum Medium für die Mitteilung höherer Wesen. Wird Mantik im Sinne der medialen Divination verstanden, ist sie jedenfalls ein Teil der Religion. Die Religionsgeschichte belehrt uns hinreichend darüber, die Vermittlung als die Aufgabe der Priesterschaft zu verstehen. Natürlich ist das nicht die einzige Funktion der Priester, vor allem nicht die häufigste. An erster Stelle steht der Gottesdienst, das Dienen der Gottheit, welches sich in Anbetung und Opfer vollzieht. Eine zweite wichtige Funktion der Priester ist die religiöse Belehrung. Der Bereich des Mantischen und des Divinatorischen aber wird heute von vielen Religionen abgelehnt. Das war in der Antike anders. Da war dieser Bereich, von dem wir sagten, heutzutage sei er vorwiegend innerhalb eines billigen Okkultismus inoffiziell und im Untergrunde praktiziert, offiziell in den Tätigkeitsbereich der Priester an den Heiligtümern einbezogen.

Rudolf Otto sprach von »der« Religion. Meinte er damit, bezogen auf das Christentum, die Religion, die keine Mantik braucht, weil die ganze Lehre von Anfang an dargereicht ist? Oder weil es ja im Abendmahl die Verbindung mit Gott gibt? Oder ist das Christentum insgesamt Prophezeiung?

Wir kommen an dieser Stelle noch einmal auf den altgriechischen und römischen Religionsbegriff zurück, der im Wort Achtsamkeit gipfelt. Ist EUSÉBEIA und RELIGIO wahrhaftig Achtsamkeit, so ist das ganze Leben religiös, und wenn das ganze Leben religiös ist und nicht nur das Privatleben oder auch dann nur Teilbereiche davon, sondern vor allem auch das öffentliche Leben, dann ist die Notwendigkeit gegeben, stetig in Übereinstimmung mit den Göttern zu leben. Wir rufen an dieser Stelle das häufig auf griechischen Vasenbildern dargestellte Thema in Erinnerung: Die Menschen sind von den Göttern begleitet. Der Mensch ist sich seiner Ganzheit bewußt, die nur gegeben ist, wenn die höheren Mächte an seinem Handeln beteiligt sind. Oder anders gesagt: Der Mensch ist sich seiner Halbheit bewußt, die nur dann ergänzt und aufgehoben ist, wenn seine höhere Dimension in sein Tun und Handeln einbezogen ist. Wir nannten dies ja die Umformung des alltäglichen Lebens in ein Sakrament.

Nun lehren uns außerdem unsere bisherigen Betrachtungen, die Divination und die Mantik als Ausdruck einer Weltanschauung zu begreifen, in der die Gesamtwirklichkeit als ein einheitlicher und einziger Organismus aufgefaßt wird, in dem alles räumlich und zeitlich zusammenhängt, und zwar selbstverständlich nicht einfach mechanisch, sondern mit einem gewissen Spielraum für Eigenbewegung. Doch auch diese Eigenbewegung steht dann unter dem Einfluß des Ganzen. Und darum – weil die gesamte sichtbare Welt ein organisches und lebendiges Ganzes ist – ist es im Prinzip möglich, verborgene Dinge aus allem und jedem zu erkennen. Die Erklärungen, welche von den Religionshistorikern dafür abgegeben werden, erscheinen oft ungenau oder entspringen einer gewissen Verlegenheit. Demjenigen aber, der mit und in Zeitqualitäten denkt, ist dies alles selbstverständlich. Man muß aber die Zeichen zu lesen verstehen. Und eine bestimmte Zeitthematik ist dann auf allen Ebenen der sichtbaren Welt anhand der Manifestationen ablesbar. Die sichtbare Welt innerhalb unseres Sonnenlaufes untersteht in allen ihren Manifestations- und Betrachtungsebenen einem fortlaufenden und auch sich täglich oder jährlich oder in längeren Perioden wiederholenden Kreislauf von Bedeutungen.

Um diesen Bedeutungen auf die Spur zu kommen, benützt der Mensch die unterschiedlichsten Divinationsverfahren. Uns mögen heute die im Altertum gehegten und gepflegten Zeichensysteme verwundern, doch gilt es eher unser Nichtwissen zu beklagen als Fremdes voreilig zu verwerfen. Ein einheitlicher Organismus erlaubt, irgendwelche Zeichen im Hinblick auf das Geschehen im Ganzen zu deuten. Das Prinzip gilt. Es gibt jedoch heutzutage wenige Denker und wenig Schreibende, welche das bereits erwähnte HÉN ZÓON, das heißt »die sichtbare Welt ist ›ein‹ Lebewesen«, in ihrem Bewußtsein bewahren. Einer davon ist Ernst Jünger. In seinem Buche »An der Zeitmauer«, in welchem sich das großartige Essay »Meßbare und Schicksals-Zeit. Gedanken eines Nichtastrologen zur Astrologie« befindet, beachtet er nicht nur die Astrologie als lesbares Zeichensystem übergeordneter Relevanz, sondern auch ihr Wiederaufleben im zwanzigsten Jahrhundert als ein deutbares Zeichen. Jünger versteht das massenhafte Auftauchen von Horoskopen als Klima- und Zeitzeichen. Das »Erscheinen der Astrologie« wird »als ungewöhnliches und in hohem Maß prognostisches Zeichen« selbst angesehen. Ernst Jünger lehrt uns 1959 (und was würde er heute sagen?):

> Das Wiederaufleben der Astrologie, das uns jetzt, beim Eintritt in ein neues, ungewisses Jahr, wieder durch eine Hochflut überrascht, ist weniger ein Zeichen der Unsicherheit als der Unzufriedenheit, und zwar einer Unzufriedenheit, die mehr empfunden als begriffen wird. Daher wird es auch als Krankheit aufgefaßt. Ist aber ein Fieber eine Krankheit oder ein Krankheitsmerkmal, ein Merkmal dafür, daß der Körper ein verlorengegangenes Gleichgewicht wieder herstellen will? – Das Eindringen der Astrologie, das zur Hauptströmung der Zeit in so erstaunlichem Widerspruch steht, ist ein revolutionäres Vorzeichen. Die Astrologie hat nicht nur eine unwissenschaftliche Struktur, sondern auch eine gegen das Nivellement gerichtete Tendenz, insofern sie auf der schicksalsmäßigen Eigenart, auf der angeborenen Ungleichheit der Menschen besteht. Damit mißachtet sie die beiden Kardinalpunkte der heutigen

Welt. Es ist vorauszusehen, daß sich das Ärgernis, das sie erregt, in Zukunft verstärken wird.

In diesen Aussagen spiegelt sich eine praktisch angewandte Divination. Ich möchte aber ein noch anderes Beispiel erwähnen, das ebenfalls nicht direkt aus dem bisher in den Blick genommenen religiösen Divinationsbereich stammt, nämlich das Buch von Oswald Spengler aus dem Jahre 1917 mit dem Titel »Der Untergang des Abendlandes«. Die Einleitung dieses Buches beginnt mit den Worten:

> In diesem Buche wird zum erstenmal der Versuch gewagt, Geschichte vorauszubestimmen. Es handelt sich darum, das Schicksal einer Kultur, und zwar der einzigen, die heute auf diesem Planeten in Vollendung begriffen ist, der westlich-amerikanischen, in den noch nicht abgelaufenen Stadien zu verfolgen.

Der Autor stellt sich dabei die Frage: »Gibt es eine Logik der Geschichte? Gibt es jenseits von allem Zufälligen und Unberechenbaren der Einzelereignisse eine sozusagen metaphysische Struktur der historischen Menschheit ...?« Und er stellt fest:

> Will man erfahren, in welcher Gestalt sich das Schicksal der abendländischen Kultur erfüllen wird, so muß man zuvor erkannt haben, was Kultur »ist«, in welchem Verhältnis sie zur sichtbaren Geschichte, zum Leben, zur Seele, zur Natur, zum Geiste steht, unter welchen Formen sie in Erscheinung tritt und inwiefern diese Formen ... Symbole und als solche zu deuten sind.

Im Vorwort zur ersten Auflage von 1917 steht:

> Der Titel, seit 1912 feststehend, bezeichnet in strengster Wortbedeutung und im Hinblick auf den Untergang der Antike eine welthistorische Phase vom Umfang mehrerer Jahrhunderte, in deren Anfang wir gegenwärtig stehen. – Die Ereignisse haben vieles bestätigt und nichts widerlegt. Es zeigt sich, daß diese Gedanken eben jetzt und zwar in Deutschland hervortreten mußten, daß der Krieg selbst aber noch zu den Voraussetzungen gehörte, unter welchen die letzten Züge des neuen Weltbildes bestimmt werden konnten.

Oswald Spengler legte den Titel seines Buches 1912 im Jahre des Unterganges der »Titanic« fest! Im Jahre 1987 publizierten unsere Zeitungen zum 75jährigen Gedenken nicht nur die Erinnerung daran, sondern auch die Berichte über den Erfolg einer Tiefseeforschung, welche die Überreste der »Titanic« auf dem Meeresgrunde aufgefunden und fotografiert hatte. Diese Tragödie vom Anfang des 20. Jahrhunderts bleibt als Mahnmal in unserem Gedächtnis. Oswald Spenglers Buch wird im Jahre dieses Unterganges geboren.

Wie sehr aber Oswald Spengler als 37jähriger Deutscher zum Zeitpunkt seiner Publikation trotz seiner übergeordneten Schau der Zeit, trotz seiner Divination sozusagen, ein Gefangener der damaligen Zeit ist, spiegelt sich im Schlußsatz seines Vorwortes von 1917: »Ich habe nur den Wunsch beizufügen, daß dies Buch neben den militärischen Leistungen Deutschlands nicht ganz unwürdig dastehen möge.« – Oder ist dies ironisch gemeint? Soll dieses Buch den »Untergang des Abendlandes« herbeiführen helfen, so wie es die deutschen Armeen unbewußt versucht haben?

Wir bemerkten, dieser Satz sei ein Zeichen der Zeit. Zeichen der Zeit gibt es jedoch in beliebiger Anzahl, und im Rückblick sind wir immer klüger. Spengler aber wagte eine Prognose. Was haben denn die Götter mit dem Abendlande anderes vor, als daß es untergeht? Das Abendland ist von seinem Namen her als das Land des Sonnenunterganges benannt, und darum muß es doch in den Untergang als Thema einbezogen werden. Wir wollen an dieser Stelle hervorheben: Namen bedenken und erforschen, das ist eine eigenständige und enträtselnde Art des Lesens.

Wir erwähnten bereits die Bedeutung des Sonnenlaufes als eine der großen Bewegungen, an welchen wir uns über die Zeichen der Zeit und die grundsätzlichen Merkmale im Leben vergewissern können. Es gibt markante Gegebenheiten, welche helfen, uns zurechtzufinden. Um so erstaunlicher mutet es an, wenn es Zivilisationen gibt, die ihrer nicht mehr inne werden. Oswald Spengler hat im Vorwort von der westlich-amerikanischen Kultur, später nur noch von der Zivilisation gesprochen. Die Bewegung, in der wir heute leben, ist wirklich diejenige von einstigen Kulturen zur bloßen Zivilisation. In solchen herrscht das Bewußtsein des CIVIS, des Bürgers. Das ist eigentlich der Name des Menschen, von dem der andere Name HOMO RELIGIOSOS nicht mehr gilt. Spenglers Buch vom Untergang des Abendlandes endet mit zwei bedeutsamen Kapitelüberschriften, nämlich »Das Geld« und »Die Maschine«. Dies ist nicht von ungefähr, wird doch unsere Zivilisation davon bestimmt.

Fassen wir diese ersten Überlegungen, die fortgesetzt und zu ihrem Höhepunkt gebracht werden müssen, über die anfängliche und tiefste »Bedeutung des Lesens« zusammen. Lesen ist Gottesenträtselung und damit die Notwendigkeit des HOMO RELIGIOSUS, sich im Zustandes des »Aus-der-Einheit-Gestürztseins« der Übereinstimmung mit der Einheit zu vergewissern. Denn in der Entfernung von der Einheit ist das Irren nicht nur eine andauernde Möglichkeit, sondern existentieller Zustand. Doch demjenigen, der in dieser Bewegung aus der Einheit, die wie die von den Astronomen festgestellte Explosion des Weltalls anhält, zur Besinnung gelangt, wird die Notwendigkeit der Reflektion und damit des Rückbezuges oder der Zurückbeugung auf den Anfang, die Ausrichtung auf die ursprüngliche und immerwährende Einheit zu seinem Bewußtsein und seiner Aufgabe. Ist das Universum ein Lebewesen, so können grundsätzlich einzelne Zeichen für das Geschehen im Ganzen genommen werden. Die Auswahl der Zeichen soll zu einem kunstfertigen Lesen führen. In diesem Zusammenhang formulieren wir: *Lesen ist eine Lese.* Wird diese Lese vornehmlich auf die Entschlüsselung übergeordneter Gesetzmäßigkeit ausgerichtet, so nannten wir sie Mantik oder Divination, und wir nahmen zur Kenntnis, wie diese in der Antike gehandhabt wurde, nämlich nicht in erster Linie im Sinne der Voraussage, sondern vor allem im Sinne der Überprüfung regierungsamtlicher Beschlüsse auf ihre Übereinstimmung mit der Zeitqualität oder, wie das Beispiel aus der Tragödie des Königs Oidipus von Sophokles zeigte, im Sinne der Wiederherstellung einer zerstörten Ordnung.

Wir sprachen vom Orakel, das Instanz ist. Ergänzen wir jetzt: Das Orakel ist Wahrheit zweiter Ordnung und damit der Ort, wo die Lösung gegeben ist. Die moderne Innovationsforschung kennt die »wahre Lösung« als solche zweiten Grades. Die Gesetzmäßigkeit gilt immer und überall. Die Ordnung ersten Grades wäre dann unsere »machbare Welt«. Diese ist aber das Betätigungsfeld, auf welchem jede Handlung wieder zum Bisherigen führt, gemäß dem

Sprichwort »Je mehr etwas sich ändert, desto eher bleibt es beim alten.«

Wir sind aufgrund von Rudolf Otto auf die Frage gestoßen, ob die Divination im Christentum gar nicht mehr plausibel aufgezeigt werden könne, es sei denn, jede Art von Gottesfrömmigkeit ermögliche ein Schaudern und eine Begeisterung. Es stelle sich außerdem die Frage, ob die religiöse Praxis, welche sich in einem Teil der Christenheit als KERYGMA abspielt, als ein »die Gemeinde Anpredigen«, nicht die Möglichkeit des individuellen Erfahrens des Göttlichen, das heißt das MYSTÉRION, preisgegeben habe.

Wir haben im Anschluß an das Thema der römischen Zeichendeuter gesagt, es bedürfe weiterhin der Inauguration, um Zeichen deuten zu können. Und wir haben auf zwei Autoren hingewiesen, die das MAINESTHAI oder MÁINOMAI, das Sichhinaufbewegen auf eine Höhe der Schau und das Deuten von Zeichen, gepflegt haben: auf Oswald Spengler und Ernst Jünger. Beide sind einem sehenden und deutenden Vorgänger verbunden, Friedrich Nietzsche. Stellvertretend für alle jene Denker und Schriftsteller, welche in der Gegenwart um eine geistige Schau der Dinge ringen, zitieren wir im Anhang auszugsweise einen divinatorischen Text von Ernst Jünger (Seite 331 ff) und einen weiteren des ihm geistesverwandten Schweizer Schriftstellers Erwin Jaeckle (Seite 347 ff). Wenn wir sagten: Lesen ist eine Lese, so wiederholen wir: *Die Auslese des zu Lesenden gilt einzig und allein der Wiederherstellung der zerbrochenen Einheit, der Heilung des Bruches.*

IV

Weil Lesen Deuten von Zeichen ist, wollen wir uns jetzt mit einer bestimmten Kategorie von Zeichen vertraut machen. Ein Leser muß sich in den Zeichen auskennen. Das innerhalb der esoterischen Literatur am häufigsten behandelte Zeichen ist das »Symbol«. Dieses Wort hat seine mannigfache Anwendung und wird heute oft an Stelle des einfachen und klaren und unmißverständlichen Wortes »Zeichen« gebraucht. Zählen wir zunächst die verschiedenen Ausdrücke für Zeichen auf, welche wir Menschen – nicht immer genau, darum manchmal mißverständlich – benützen. Es handelt sich um die Worte: Zeichen, Symbol, Metapher, Gleichnis, Parabel, Hyperbel, Allegorie. Eine ganze Geschichte, die erzählt oder szenisch aufgeführt wird, kann eine Zeichen sein für etwas anderes. In diesem Falle ist es nicht gleichgültig, ob es sich um ein Gleichnis handelt oder ob sie allegorisch aufzufassen ist. Die Bedeutungen dieser Worte berühren sich an manchen Stellen, weshalb wir auch gerne eines für das andere einsetzen. Nehmen wir zuerst:

Das Zeichen

Zeichen ist der Oberbegriff für alle anderen Wörter, die wir hier erörtern. Die ursprüngliche Bedeutung des Wortes Zeichen folgt aus dem Verbum »zeihen«, das heißt »etwas anzeigen, kundtun«. Entsprechend gibt es viele Arten von Zeichen. Ein Zeichen vertritt eine bestimmte Sache. Es gibt Zeichen, die vorgegeben und nicht dem Willen der Menschen unterworfen sind. Dafür ein Beispiel: Rauch ist das Zeichen für Feuer. Oder: Schneefall zeigt kalte Außentemperatur an. Viele der von uns verwendeten Zeichen sind jedoch Konventionen, Vereinbarungen unter den Menschen. Dazu gehören die Schriftzeichen, die Schriften überhaupt, obgleich manche historisch gewachsen sind und nicht bis zum Ursprung zurückverfolgt werden können; besonders aber alle Zeichen wie unsere Verkehrs-»Signale« oder die Formelzeichen in der Mathematik. Das sind Beispiele für Zeichen aufgrund einer Übereinkunft.

Im Bereiche der Gottesenträtselung jedoch gilt es, von Anfang an die höchste Zeichenebene in Betracht zu ziehen. Schauen wir uns noch einmal den Satz von Heraklit an: »Der Herr, dem das Orakel von Delphi gehört, spricht nicht und verbirgt nicht, sondern er gibt ein Zeichen«, wobei wir für »Zeichen« auch »Befehl« übersetzen können. Im griechischen Text heißt es: »OUTE LÉGEI OUTE KRYPTEI ALLÁ SEMÁINEI, er spricht nicht, er verbirgt nicht, sondern er zeigt an, er befiehlt«. Damit ist die Verbindlichkeit eines solchen Zeichens betont. Das griechische Hauptwort heißt TO SÉMA, das Zeichen. Einen Dreiklang finden wir hier vor: LÓGOS – SÉMA – KRYPTÉ (KRYPHÉ, APOKRYPHÉ, KRYPHÍA). Und das SÉMA steht zwischen LÓGOS und KRYPHÍA, das Zeichen steht zwischen Wort und Versteck. Wir kennen das Wort für Versteck im Wort Krypta, ein unterirdisches oder geheimes Gewölbe bezeichnend. Und auch das Wort Sema mag manchem geläufig sein, zum Beispiel im Begriff Semantik, das ist die Lehre von der Bedeutung der Wörter, der Wortsilben oder die Lehre der innerhalb einer Wissenschaft verwendeten Zeichen. Wir wiederholen: Das Sema steht zwischen Logos und Krypta, zwischen dem Gesprochenen und dem Verschwiegenen.

Hier handelt es sich um etwas, das mit einem anderen verglichen wird, um eine Erzählung, die für sich selbständig und abgeschlossen ist, ihren eigentlichen Sinn jedoch durch einen Vergleich erlangt. Wer kennt nicht die biblische »Parabel vom verlorenen Sohne«, welche ein Gleichnis darstellt für die Rückkehr des Menschen in seinen himmlischen Ursprung.

Im Neuen Testament finden sich Wendungen wie diese: »Das Himmelreich gleicht einem Menschen, der guten Samen auf seinen Acker säte«, und dann folgt eine längere Erzählung. Oder: »Das Himmelreich gleicht einem Senfkorn.« Eine solche Aussage ist wie ein Titel über einer Geschichte, die dann erzählt wird. Eingeleitet wird der Text mit dem Satz (Matth. 13.24): »Er legte ihnen ein anderes Gleichnis vor und sprach ...« An anderer Stelle heißt es: »Und er redete zu ihnen mancherlei in Gleichnissen.« Und dann gibt es bei Matthäus 13 die berühmte Stelle, wo die Jünger Jesus fragten: »Warum redest du zu ihnen (den Menschen des Volkes) in Gleichnissen?« Seine Antwort lautet: »Euch ist es gegeben, daß ihr die Geheimnisse des Himmelreiches verstehet, diesen aber ist's nicht gegeben.« Und ferner: »Denn mit sehenden Augen sehen sie nicht, und mit hörenden Ohren hören sie nicht.« Das Volk versteht also die »Geheimnisse des Himmelreiches« nicht. Heißt dies nun, durch die gleichnishaften Erzählungen sollen »Blinde sehend werden, Taube hörend werden«? Durch diese Gleichnisse sollen wir Menschen alle und grundsätzlich für diese höhere Ordnung, die uns angeht, sehend und hörend werden?

Erinnern wir uns des geflügelten Wortes von Goethe: »Alles Vergängliche ist nur ein Gleichnis« (gesprochen vom Chorus mysticus im zweiten Teil des Faust). Dieser berühmte und vielzitierte Satz enthält den Gedanken, das Vergängliche sei »nur« Gleichnis, habe also eigentlich keinen eigenständigen Charakter, ähnlich etwa der indischen Auffassung betreffend der sichtbaren Welt, Maya genannt, die nur eine Illusion sei. Wenn das Vergängliche – und damit ist die sichtbare Erde gemeint, denn auf ihr ist alles vergänglich, das Menschenleben mit eingeschlossen – »nur« ein Gleichnis ist, wofür dann? Wohl für das Nicht-Vergängliche. Das Vergängliche ist Gleichnis für das Unvergängliche, das Ewige. Wem dieser Satz etwas gilt, dem ist dann »alles« ein Gleichnis.

Wir gelangen hiermit auch wiederum auf das Wort Zeichen zurück, denn alles kann Zeichen sein, zu jeder Zeit, immer wieder auf neue Art und Weise. Wir Menschen können in allem ein Zeichen sehen für irgend etwas, das sich uns damit kündet. Die sichtbare Welt »ist« Zeichen. Sie ist aber »als« Zeichen zugleich mehr, nämlich Zeichen des Himmels, also parabolisch, gleichnishaft. Das griechische Wort HÉ PARABOLÉ ist der Name für den gedanklichen Vorgang, etwas an die Seite von etwas anderem zu werfen, neben (PARÁ) etwas werfen (BÁLLEIN), damit man das eine mit dem anderen vergleicht. Entsprechend dieser Lehre von den Gleichnissen gilt es, das Irdische als Gleichnis für den Himmel zu verstehen. Diese Auffassung kommt mit dem Thema der Divination überein. Wenn alles Vergängliche Gleichnis ist für das Unvergängliche, wenn das Irdische Gleichnis ist für das Himmlische, dann ist alles Sichtbare – wenigstens der Möglichkeit nach – divinatorisch. Ist das nicht die Idee des Laien aus dem Cusanus-Dialog, der textliche Introitus für unsere Betrachtung der esoterischen Bedeutung des Lesens? »Die Weisheit schreit auf den Gassen.« Alles ist Zeichen für die Existenz Gottes. Gott ist der Name für das Einssein von »all dem, was ist«. Der »Laie« sieht in allem dieses Einssein, weil Vielheit nicht für sich stehen kann. Das ist ein gedankliches Sehen, ein Sehen, das durch Denken erzeugt ist.

Zitieren wir abschließend noch aus Matthäus 13.34–35: »Solches alles redete Jesus in Gleichnissen zu dem Volk, und ohne Gleichnisse redete er nicht zu ihnen, auf daß erfüllt würde, was gesagt ist durch den Propheten, der da spricht (Psalm 78.2): ›Ich will meinen Mund auftun in Gleichnissen und will aussprechen, was verborgen war vom Anfang der Welt.‹« (Ähnliche Aussagen finden wir im Markusevangelium 4.10–12.)

Zwischen Gleichnis und Parabel wird auch ein Unterschied gemacht. Gleichnis bezeichnet ein Beispiel, worin eine allgemeingültige Regel zum Ausdruck kommt, während Parabel eher einen prägnanten Einzelfall darstellt, der von der Norm abweicht. So ist das Gleichnis vom verlorenen Sohn eher ein prägnanter Einzelfall, der von der Norm abweicht, denn jener Vater, der seinen mittellos und verludert heimkehrenden Sohn so empfängt, daß er ihm ein Fest in Saus und Braus veranstaltet, ist eben der »himmlische Vater« und kein irdischer Vater. Parabel in diesem prägnanten Sinn ist Ausdruck einer Paradoxie, von etwas für uns Menschen Widersprüchlichem; aber genau dieses Widersprüchliche eröffnet das Transzendieren (das Darüberhinausschreiten) über die Realität. Der Mensch selber ist eine Paradoxie, er lebt zugleich auf Erden wie im Himmel. Obgleich sich einerseits diese Verbindung widerspricht, gilt sie andererseits eben doch im vollen Ausmaß. In diesem Sinne erhält die Parabel ja nur dadurch ihre Bedeutung als Ansprache an den Menschen, als der Mensch selber dieses paradoxe Wesen ist, für das er sich aber nicht hält, solange er nicht die Bewußtseinsstufe des Homo religiosus betreten hat. Parabel heißt »das Nebeneinandergeworfene«. Der Mensch selber ist diese Parabel, ohne es zu wissen. Er selber ist das Gleichnis aus dem Himmelreich.

Das Duden-Herkunftswörterbuch belehrt uns außerdem: Parabel ist ein Fachwort aus dem Kirchenlatein, PARABOLA, die Gleichnisrede. Es muß aber in der Volkssprache ein daraus entstelltes gleichbedeutendes Wort PARAULA bestanden haben, das dem Wort Palaver und dem Wort Parole vorausging. Parole heißt »militärisches Kennwort« oder »Losung«. Auch das französische Tätigkeitswort PARLER, sprechen, reden, soll von PARAULA, urspr. PARABOLA stammen.

In der Rhetorik des griechischen Philosophen Aristoteles ist die Parabel wie die Fabel ein erdichtetes Paradigma, also ein Beispiel. Dieses soll als in die Rede eingelegte Geschichte die Argumentation verstärken. Betrachten wir jetzt kurz für sich allein:

Das Gleichnis

Das Gleichnis veranschaulicht sprachlich durch die Gestaltung einer Vorstellung, eines Vorganges oder eines Zustandes einen entsprechenden Sachverhalt. Die Veranschaulichung erfolgt mittels sinnlich konkreter Bilder. Der Bild- und Sachbereich ist meistens durch die Worte »so ... wie« aufeinander bezogen. Beim Gleichnis (wie bei der Parabel) ist die Verbindung mit Bildern, mit einer Bilderwelt von besonderer Bedeutung. Es ist bei der Verwendung von Bildern auch zu beachten, welche Lebens- oder Arbeitsbereiche Bildlieferanten sind. In den parabolischen Bibelsprüchen »Das Himmelreich gleicht ...« ist die bäuerliche Welt Bildspender, wird gesagt, es gleiche »einem Sämann«, »einem Senfkorn«, »einem Sauerteig« und »einem verborgenen Schatz im Acker« (Matth. 13.44); oder auch der Erlebnisbereich der Fischer tritt als Imaginationsbereich in Erscheinung, wenn es heißt: »Das Himmelreich gleicht einem Netze, das ins Meer geworfen ward und allerlei Gattung fing« (13.47) usw.

Das Gleichnis ist kein bloßer Vergleich. Ein solcher wäre zum Beispiel »klug wie die Schlange« oder »klug wie der Fuchs«. Es unterscheidet sich davon durch die breitere Ausgestaltung und die Eigenständigkeit der Bilder. Die Gleichnisse Jesu sind zum Beispiel keine Allegorien, wie wir noch sehen werden. Sie bringen das Zentrum der Lehre in die bildhafte Sprache, nämlich den mit dem Auftreten seiner Person beginnenden Anbruch der BASILÉIA, des himmlischen Königreiches. Solche Gleichnisse stehen im Zusammenhang mit Forderungen an die Menschen, und diese heißen: Nächstenliebe; Vergebungsbereitschaft, also Versöhnlichkeit; Wachsamkeit; Bindung an die Person Jesu (aus »Meyers Enz. Lex.« Bd. 10, S. 455, und anderen Quellen).

Die Fabel

Das lateinische Wort FABULA, Sage, Erzählung, meint eigentlich – wie das daraus stammende »fabelhaft« – eine unglaubliche und phantastische Geschichte, ein Fabulieren, also ein Waltenlassen der Phantasie über die Grenzen der Realität hinaus. »Fabeln« hieß im Mittelhochdeutschen »Geschichten ersinnen und erzählen«. In diesem Sinne meint die hauptsächliche Anwendung des Wortes Fabel die einer erzählerischen oder dramatischen Dichtung zugrundeliegende Handlung.

Die andere Bedeutung im Sinne von »lehrhaft erdichtete Erzählung« bezieht sich auf die Tierfabeln von Äsop (6. Jahrhundert v. Chr.) und La Fontaine (1621–1695). Die Formulierung »die Fabel lehrt«, das heißt, das ist »die Moral von der Geschichte«, steht damit im Zusammenhang. Die Fabel will allgemeingültige Wahrheiten der Moral und der Lebensklugheit in erzieherischer und sozialkritischer Absicht vermitteln, wobei die handelnden Gestalten nicht nur Tiere, sondern auch Pflanzen, leblose Gegenstände, aber auch Menschen und Götter sind. Die Fabel scheint eine Urform menschlicher Phantasie und geistiger Beschäftigung und damit überall zu Hause zu sein.

Das Verlassen der Grenzen der Realität geschieht bei der »klassischen Fabel« durch den Austausch von redenden und handelnden Menschen durch andere Gestalten. Denken wir gleichzeitig an das Phänomen der Fabeltiere, wie z. B. Basilisk, Chimära, Drache, Einhorn, Greif, sowie an die Mischwesen von Mensch und Tier wie Kentaur, Sirene, Sphinx, Meerweib (Undine) usw., so gilt es, die ganze Fabelthematik als Ausdruck dualer Weltbilder und zweiteilender Denkweise zu sehen. Die Verschleierungstaktik oder die Indirektheit der Aussage durch Verlagerung wichtiger Aussagen in den Mund eines Tieres hat immer mit der menschlichen Angst vor der direkten Konfrontation mit den weltlichen und religiösen Machthabern zu tun.

Erst in demokratischen Zeiten wie heute – und im Zusammenhang mit dem Wegfall der Zensur – erlischt das Interesse an der Fabel, die folglich im 20. Jahrhundert keine Rolle mehr spielt. Esoterisch gesehen ist dies das einzig Beachtenswerte an der Fabel: Die relative Unfreiheit durch gesellschaftliche Konventionen oder hierarchische Verhältnisse gestattet dem darin Gefangenen immerhin die Anwendung der Phantasie, jenes anderen Lichtes, das dem Menschen zur Verfügung steht, wenn er sich im direkten Ausdruck all dessen begrenzt fühlt, was durch das Licht der Sonne beschienen wird. Das Beispiel der Fabeltiere und Mischwesen hingegen zeigt auch, wie die reale Welt durch unsere Phantasie, respektive durch unser duales Denken und Imaginieren gespalten wird.

Die Metapher

Eine Metapher ist ein »übertragener«, bildlicher Ausdruck. Das Wort wurde im Deutschen zuerst »Metaphor« geschrieben, aus dem griechisch-lateinischen METAPHORÁ, das vom Tätigkeitswort METAPHÓREIN stammt und verlegen, herüberbringen, etwas auf etwas übertragen heißt. Metaphorisch heißt »im übertragenen Sinne«. Eine Metapher ist ein uneigentlicher sprachlicher Ausdruck, das eigentlich gemeinte Wort wird ersetzt durch ein anderes, das eine sachliche oder gedankliche Ähnlichkeit oder dieselben Bildkomponenten aufweist, wie zum Beispiel »Quelle« für Ursache oder »Hafen« für Zuflucht oder »kalt« für gefühllos oder »Blütezeit der Dichtung« statt anderer Redeweise wie etwa »Zeit starker Anerkennung und Beachtung oder großer schöpferischer Tätigkeit im Gebiete der Dichtkunst«. Ein anderes Beispiel: »das Gold ihrer Haare«, was ausgeschrieben heißt: »Ihre Haare sind wie Gold.« Die Sprache springt von einem Vorstellungsbereich in einen anderen. Die Vielfalt der Metaphorik wird uns erst bewußt, wenn wir eigens darüber nachsinnen. Unsere Alltagssprache ist voll von unbewußten oder unreflektierten Übertragungen, wie z. B. Flußarm, Fuß des Berges, Stuhlbein, Motorhaube, Glühbirne etc. Vor allem lebt die Mundart geradezu von einem Überfluß an Metaphern aus dem sinnlichen Körperbereich, während die Hochsprachen an sinnlich-körperlichen Metaphern verarmen und ihre Übertragungen aus anderen Erlebnisbereichen beziehen.

Esoterisch bedeutsam am Thema der Metapher ist die »Übertragung«, weil in ihr ebenso wie im Gleichnis oder in der Fabel ein Merkmal des Menschen sichtbar wird, nämlich das »nicht nur in ›einer‹ Welt Leben«. Der Mensch verbindet auch in seiner Sprache deshalb unterschiedliche Bereiche, weil er selber in unterschiedlichen Bereichen lebt. Nur wird dem Menschen dies durch die Sprache wohl am wenigsten bewußt. Wenn wir aber der »tieferen Bedeutung des Lesens« nachspüren, wollen wir auch die Spuren auffinden, welche unser »wahres« Wesen in der Sprache hinterläßt.

Die Metaphorik der Dichtkunst führt uns am schönsten vor Augen und Gehör, wie sehr die sprachliche Ausdrucksübertragung zum Wesen des Menschen gehört, der von seinem irdischen Leben etwas in sein nichtirdisches, von seinem himmlischen Anteil immer etwas in seinen irdischen Daseinsanteil übertragen kann. gleichgültig, ob er es weiß oder nicht. Als dichterisches Beispiel genüge hier ein Spruch von Angelus Silesius:

Mein Herz ist Gottes Herd
Wo Gott ein Feuer ist, so ist mein Herz der Herd,
Auf welchem er das Holz der Eitelkeit verzehrt.

Da die Poesie ganz bewußt und gestaltungsstark mit dem Metaphorischen lebt, ist sie auch ein erhabenes Beispiel für die sprachliche Entfesselung des Menschen aus der Einengung der Inkarnation. Anders gesprochen: Die irdischen Bilder der Sprache werden in der Metaphorik als Gefäße dem höheren Inhalt geweiht.

Die Hyperbel

Das Wort kommt vom griechischen Tätigkeitswort HYPERBÁLLEIN, das übertreffen, über das Ziel hinaus werfen, übersteigen heißt. Gemeint sind Redefiguren mit (oft unglaubwürdigen) Übertreibungen, wie »zahlreich wie der Sand am Meer« oder wie in der hinduistischen Reinkarnationslehre »Millionen von Wiedergeburten«, die ein einzelner Mensch haben soll, um nur diese Beispiele anzuführen.

Die Allegorie

ALLEGORÉO heißt »ich rede anders«, die ALLEGORÍA ist das Andersreden. Damit ist die Darstellung eines abstrakten Begriffes durch ein konkretes Bild gemeint. Teilen wir das griechische Wort auf, so haben wir ÁLLOS gleich »anderer« oder ÁLLO gleich »anderes« und AGORÉUEIN gleich »sagen, sprechen«. Ein häufiges Darstellungsmittel der Allegorie ist die Personifikation. In den Mythologien treten menschliche Eigenschaften und Phänomene der Natur als Götter auf, wie die Gerechtigkeit, die Hoffnung, die Liebe, das Glück (Fortuna), der Tod oder die Morgenröte, die Nacht usw. Die Allegorie gehört der Vergangenheit an, die heutigen Schriftsteller verwenden sie nicht mehr. Da wir aber aus esoterischen Gründen alte Texte lesen, ist sie uns gegenwärtig.

Nach Martin Heideggers Aufsatz »Der Ursprung des Kunstwerkes« in »Holzwege« spricht sich im Wort Allegorie überhaupt ein Wesensmerkmal der Kunst aus, weil das Kunstwerk über das Dinghafte seiner Erscheinung hinaus noch etwas anderes ist.

> Dieses Andere, was daran ist, macht das Künstlerische aus. Das Kunstwerk ist wohl ein angefertigtes Ding, aber es sagt noch etwas anderes, als das bloße Ding selbst, αλλο αγορευει. Das Werk macht mit Anderem öffentlich bekannt, es offenbart Anderes; es ist Allegorie. Mit dem angefertigten Ding wird im Kunstwerk noch etwas anderes zusammengebracht. Zusammenbringen heißt griechisch

συμβαλλειν. Das Werk ist Symbol. Allegorie und Symbol geben die Rahmenvorstellung her, in deren Blickbahn sich seit langem die Kennzeichnung des Kunstwerkes bewegt. (Die griechisch zitierten Worte heißen: ÁLLO AGORÉUEIN und SYMBÁLLEIN.)

Wir wollen die gesamte Bedeutung des Wortes Allegorie auseinanderlegen. Wir sagten, es heißt: anders reden. ÁLLO AGORÉUEIN heißt: »öffentlich auf dem Markt (HE AGORÁ) anders reden«, d. h. »öffentlich davon sprechen, daß es noch etwas anderes gibt als die sichtbare Welt«. Gegen Ende dieses Aufsatzes sagt Heidegger: »Das Wesen der Kunst ist die Dichtung. Das Wesen der Dichtung aber ist die Stiftung der Wahrheit.« Und ferner: »Das Ins-Werk-Setzen der Wahrheit stößt das Ungeheure auf und stößt zugleich das Geheure und das, was man dafür hält, um.« Das Kunstwerk ist, insofern es in Wahrheit ein Kunstwerk ist, nicht – wie im heutigen Kunstbetrieb – nur noch die bloße Behauptung von Kunst, sondern eine Stiftung, ein Überfließen, eine Schenkung aus einer anderen Dimension unseres Seins. Wahre Kunst weist immer auf dieses andere hin.

Wahre Kunst ist also – in herkömmlicher Auffassung ausgedrückt – religiös, oder sie ist – vielleicht immer gültig ausgedrückt – »göttlich«. Wenn nicht, dann ist es keine Kunst; dann handelt es sich um dekoratives Bemühen oder um eine Projektion dessen, was der Mensch in sich selber nicht lösen kann, denken wir etwa an die sozialistische »Kunst«. Mit solchen Aussagen macht man gewiß eine Reihe von Leuten wütend, aber das gilt es in Kauf zu nehmen. Heidegger nennt nun dieses Stiften der Kunst ein Holen, denn alles Schaffen ist ein Schöpfen wie das Wasser holen aus der Quelle. Dazu gilt es nun aus esoterischer Sicht ergänzend zu sagen: Dies gelingt nur dem Menschen, welcher der Quelle nahe ist. Tritt der Mensch in den Vordergrund der Kunst, beschäftigen sich die damit Tätigen nur noch mit der Larve des Göttlichen und nicht mehr mit dem Göttlichen selbst, dann hat ihr Tun keinen Hintergrund mehr, ist das handgefertigte Werk nicht mehr Träger für ein ALLEGORÉUEIN.

Die Allegorese

Das ist die Interpretation von Texten, bei der hinter dem Wortsinn eine nicht unmittelbar offensichtliche Bedeutung aufgezeigt wird. Die älteste bekannte Allegorese war auf die Schriften Homers bezogen (6. Jahrhundert v. Chr.). Die Homer-Allegorese diente der Verteidigung Homers gegen die rationalisierenden Philosophen, die eine Entmythologisierung des Denkens beabsichtigten, wie wir es auch in unserem Jahrhundert innerhalb der protestantischen Theologie kennen. Die Verteidigung der Schriften Homers im Sinne der Allegorese gründet auf der Vorstellung des griechischen religiösen Denkens, die Götter würden sich in Orakeln und Mysterien und in der dichterischen Inspiration zum Ausdruck bringen. Der jüdische Autor Philon übertrug diese Methode im 1. Jahrhundert n. Chr. auf die Interpretation des Alten Testamentes, z. B. des Hohenliedes, worin er die Braut als die menschliche Seele, den Bräutigam als Christus oder die Kirche auslegte. Vom frühen Mittelalter bis zum Barock ist in der Kunstgeschichte die Allegorie ein gewohntes Ausdrucksmittel, zugleich ist in der Religion, Philosophie und Dichtkunst die Allegorese das Mittel der Textinterpretation. Und nun zum wichtigsten Begriff in unserem Zusammenhang:

Durch den zitierten Heideggertext sind wir schon auf das Verbum SYMBÁLLEIN gestoßen, das »zusammenwerfen, zusammenbringen« heißt. Das Symbol ist dann ein Gegenstand, eine Person, ein Ereignis, das als ein Zeichen steht, das vieles in eines zusammenbringt und dessen Zusammenbringen nicht abschließend artikuliert werden kann. So gibt es Symbole von sehr hohem religiösem Rang, wie das Kreuz oder das Ankh, die Rose, das Rosenkreuz, den Kreis mit dem Punkt in der Mitte, Symbol für die Sonne oder für das Lebensrad, usw., oder komplexere Symbole wie die Tabula smaragdina oder andere alchemistisch-hermetische Darstellungen, die allerdings trotz des symbolischen Gehaltes nicht reine Symbole sind, sondern zugleich Allegorien und Handlungsanweisungen für den Alchemisten. Es ist eine zu jeder Zeit auftauchende Frage, mit welchen Symbolen Menschen leben. Das Wort Symbol wird heute vordergründig angewendet, oft in Zusammenhängen, in denen das Wort Zeichen genügen würde. Das Wort »Statussymbol« (z. B. Wohnhaus, Villa, Auto, Segeljacht) meint nichts anderes als ein Status-»Zeichen«, mehr nicht.

Selbstverständlich geht es nicht darum, es zu verurteilen, wenn die Menschen gewisse Worte vielfältig verwenden, wir haben es schlicht hinzunehmen. Ein Esoteriker neigt gerne dazu, manche Worte den Begriffen zu reservieren, die *er* damit verbindet, um dann die andersartige Verwendung zu verspotten. Aber das ist ein Esoteriker, der noch selber Gefangener der Polarisierung ist, ein Gefesselter der Zweiteilung, keiner, der alles als Ausdruck Gottes erkannt hat. Und in diesem Teilen, wonach das eine angenommen, das andere aber verworfen wird, werden zum Beispiel auch die Worte SYMBOLOS und DIÁBO-

LOS verwendet. Der griechische Gott Hermes wird in der homerischen Hymne zu seinen Ehren SYMBOLOS genannt, das ist also derjenige, der alles zusammenbringt, nämlich Himmel und Erde, Erde und Unterwelt. Hermes (römisch Merkur) hat als Gott der Wege und Grenzen überall Zugang, überschreitet die Grenzen, die den Menschen gesetzt sind: Er kann alles vereinen, alles zusammenbringen. Ganz im Gegensatz dazu stehen das Wort und der Name DIÁBOLOS, denn das ist derjenige, der alles durcheinanderwirft (DIÁ und BÁLLEIN). Innerhalb der sichtbaren Welt aber sind SYMBOLOS und DIABOLOS Gegensätze, die letztlich zusammengehören, sie sind Brüder wie Christus und Satan.

Über das Wort und den Begriff Symbol ist viel geschrieben worden. C. G. Jung hat sich innerhalb eines großen schriftstellerischen Lebenswerkes der Symbolik der menschlichen Seele gewidmet, und er verwendete das Wort Symbol auch dort, wo andere lieber von Gleichnis sprechen. Die Psychologie spricht auch von Traumsymbolen. Die Träume der Menschen können mit einer Symbolwelt verbunden werden, die dem Menschen mitgegeben ist. Es gilt dabei, die Macht des Symbols anzuerkennen. Im eigentlichen Sinne Symbol soll das genannt werden, was gewissermaßen das Göttliche sichtbar macht (Creutzer, »Symbolik und Mythologie der alten Völker«, 1819). Es zieht den betrachtenden Menschen mit unwiderstehlicher Gewalt an, wie der Weltgeist selber greift es die Seele an. Das Symbol ist quellende Exuberanz lebendiger Ideen, als höchste Äußerung des bildenden Vermögens, es umschließt das Momentane, das Totale, das Unergründliche seines Ursprungs etc. In ihm erscheint das Göttliche selbst.

Damit ist der hohe Rang des Symbols bestimmt. Woher aber kommt das Wort, aus welchem Erlebnisbereich? In der Geschichte der antiken griechischen Stadtkönigtümer gab es häufig politische Flüchtlinge, es mußte ja nur jemand bei der Wahl eines neuen Königs auf der falschen Seite gestanden haben, und schon mußte er die Stadt verlassen. König Oidipus, den wir zitiert haben, hatte Theben verlassen. Einem solchen, der vielleicht lange seiner Heimat fernbleiben mußte, gab man den einen Teil eines auseinandergebrochenen Tontäfelchens mit, damit er oder einer seiner Nachfahren sich zur gegebenen Zeit damit – als Heimkehrender – als Mitglied der Familie ausweisen konnte. Die Familien bewahrten ihre Bruchstücke sorgsam auf. Paßten die beiden Bruchstücke zusammen, so war die Wiedervereinigung gesichert, der Heimkehrer wurde aufgenommen. Nun müßte man um diese Ausweisangelegenheit niemals so viel Aufhebens machen, wäre nicht damit eine tiefsinnige Analogie verbunden. Denn durch das Symbol oder die Symbole findet der Mensch zurück zur Einheit. Der Mensch ist selber SYMBOLON, er ist selber ein Bruchstück, abgebrochen aus der Einheit mit seinem höheren Selbst. Er ist Fragment. Das Symbol in seinem tiefsten Verständnis weist den Menschen in seiner fragmentarischen Existenz aus. Der Mensch, von dem wir dauernd sprechen und der auch Gegenstand umfassender Wissenschaften geworden ist, ist nur ein Teil von dem, was er in Wahrheit ist. Er ist selber nur der eine Teil des Tontäfelchens. Die Wissenschaften beschäftigen sich immer nur mit diesem einen Bruchstück.

Hier gilt es nun noch einen anderen Aspekt zu beachten: Das Symbol überwindet die Zeit. Es mag noch soviel Zeit verstrichen sein, bis einer mit seinem Bruchstück heimkehrt, er wird erkannt. Das Symbol meint dies in allgemeiner Gültigkeit: Wenn alles in eines zusammenfällt (Symbol), dann sind wir in der Zeitlosigkeit. Haben wir dies richtig begriffen, so lehrt es uns, das Symbol als ein Zeichen der Unsterblichkeit zu erkennen. Demgegenüber aber gilt, wenn wir unser Sprechen innerhalb der Zeit bedenken: Sprache ist zweiteilend, urteilend, ist definierend und also »begrenzend«; Sprache will alles »begreifen«. Darum kann Sprache nur in die Nähe führen, steht ohnmächtig vor dem Nichtsagbaren des Symbols, außer es ist die dichterische Sprache, die sich völlig in den Dienst der Symbole begibt, dann aber nicht mehr erklärt, sondern ahnen läßt.

Die dichterische Sprache allein kann Werkzeug der Symbole sein, weil sie sich der Paradoxie des menschlichen Daseins unterwirft, die das Unvereinbare, nämlich Erde und Himmel, zusammenbringt. Sprache darf dann eben nicht definierend, also begrenzend sein, sondern umkreisend, beschreibend, anklingen-lassend. Sprache im Dienste des Unausssprechlichen ist nicht mehr Mitteilung, sie ist dann Meditation oder wie im Falle der Tragödie »König Oidipus« ein Mysterium. Wie äußert sich der Herr des Orakels von Delphi? Er gibt seine Weisung im SEMA, das zwischen LOGOS und KRYPTON steht, im Zeichen, das weder offenbarendes Sprechen noch Verbergen ist.

Diesen eingeschobenen Abschnitt über die »Zeichen«, derer sich die Sprache bedient, die ein Lesender liest, ein Hörender hört, ein Sprechender spricht und ein Schreibender schreibt, mögen wir als einen Ausflug auffassen, der uns wieder zur Abfolge der Betrachtungen über den Sinn des Lesens zurückführt. Sprache wird heute als Kommunikationsmittel erforscht. Aber Kommunikation heißt »zusammen eins werden«. Sie ist nicht nur so etwas wie Zurechtfindung der Menschen untereinander. Sie ist nicht etwas, das der Mensch beherrscht. Sprache regiert vielmehr ihn, den sie Empfangenden. Sprache ist in einem viel tieferen Bedeutungsgehalt »Zuspruch« der anderen Seite. Im Zustand des Bruches mit seiner wahren Herkunft ist der Mensch zum Deuter der Sprache geworden, und all sein Deuten kann wiederum Zeichen seines Bruches mit der ursprünglichen Einheit sein. Die wahre Bedeutung des Lesens jedoch besteht in der Heilung des Bruches, und die Heilung des Bruches ist das Verbundensein mit dem Ursprung.

V

Der Leser muß Deuter sein, denn Lesen ist Deuten. Und wenn Lesen Deuten ist, dann um der Bedeutung willen, die etwas in sich trägt. Doch wissen wir auch um die Bedeutungsvielfalt! Es gilt nicht, ihr zu entrinnen. Sie zu meistern, nicht sie zu knebeln soll unser Geschäft sein. – So nehmen wir das zuletzt vor unserem Exkurs zu den »Zeichen« bedachte Wort »Abendland« (Seite 93ff) noch einmal in die Betrachtung auf. Es gilt beinahe als veralteter Name für Europa, und es entstand durch den Gebrauch des Wortes Abend für Westen. Als Wort wurde »Abendland« in der Lutherzeit gebildet, und es existiert nur in der deutschen Sprache. Aber der Name scheint erst im 19. Jahrhundert eine ausgeprägte Bedeutung für jenen Teil Europas erhalten zu haben, der sich im Mittelalter in Abhebung von der östlichen Welt des »Morgenlandes« als einheitlicher Kulturkreis zu formieren suchte. Das Römische Reich nahm die Teilung in eine West- und eine Osthälfte aus geschichtlich-geographischen und kulturell-sprachlichen Gründen vor. Die damit einhergehende Teilung des Mittelmeerraumes schlug sich auch in der Spaltung in römisches Papsttum und die Kirche der östlichen Patriarchate nieder. Was eines sein sollte – der Lebensraum der Christenheit – spaltete sich. Auf dieser Erde entzweit sich immer wieder, was eines sein soll.

Morgenland und Abendland spiegeln die Polarität der Orte und der Länder, wo die Sonne am Morgen aufgeht und wo sie am Abend untergeht, daher die lateinischen Begriffe »Orient« und »Okzident«. Von Athen aus gesehen war das Land der aufgehenden Sonne Anatolien, Aufgang heißt HÉ ANATOLÉ. Daraus entstand auch ein Vorname,

Anatolis. Jedes Königreich empfand sich einstmals als Zentrum der Welt, und so nannten die Genueser die östliche Küste »Riviera di Levante« und die westliche Küste »Riviera di Ponente«. Aus dem gleichen Grund nannten die Bologneser das Land beim westlichen Ausgang der Stadt die »Emilia di Ponente« und jenes jenseits der östlichen Pforte die »Emilia di Levante«. LEVARE heißt erheben, PONERE heiß setzen, legen. Die Levante sind die Länder um das östliche Mittelmeer, »östlich« von Italien aus gesehen, der Horizont, wo die Sonne aufgeht. Das »Land der aufgehenden Sonne« prägte sich unserem Sprachgebrauch leitend und führend im Tätigkeitswort »orientieren« ein, was uns belehrt, der Suchende habe sich nach Osten auszurichten. Das Verbum »orientieren« birgt in sich die Maxime EX ORIENTE LUX. Das Licht kommt vom Osten, die Kultur kommt aus dem Osten. Und mehr als das, alles Heil. Ist es doch eine uralte religiöse Handlung, am Morgen den Sonnenaufgang in Andacht und mit erhobenen Armen zu feiern, als erste Handlung des Homo religiosus und als Ausdruck seiner Bereitschaft, die Bewegungsabläufe des Tages nicht dem Zufall zu überlassen, sondern sie als Zeichen übergeordneter Bedeutung zu heiligen.

Das Abendland suggeriert keine Orientierung. Es kennt im Kirchenbau die Ostung oder Westung des Chores (des Altarraumes). Der Name Abendland auferlegt uns, des Abends und seines tiefen Sinnes zu gedenken. Und wir vergessen nicht, wir sind durch den Titel »Der

Folgende Doppelseite:
Der Gott Helios auf dem Sonnenwagen mit den Sonnenpferden. Vase aus Apulien, 5. Jhdt. v. Chr. Das Hauptmotiv für die Lichtmetaphysik und die europäische Sonnenlauf-Mythologie, in Barock-Deckengemälden in Schlössern und fürstlichen Klöstern unzählige Male wiederholt.

Untergang des Abendlandes« darauf gestoßen. Das »Untergängige« des Abends, wenn die Sonne absteigt, muß in seinem wahren Sinn noch entdeckt werden. Ist das Land des Abends denn zu retten? Mitten in unserem Jahrhundert gibt es das Schlagwort vom »christlichen Abendland«, einerseits gefördert durch Oswald Spenglers Buch, andererseits durch katholische Publizisten jeweils nach dem ersten und zweiten Weltkrieg beinahe militant gefordert, als hätte dieses christliche Abendland eine wirkliche Morgenröte vor sich. Abendland bezeichnet historisch eine Kultursynthese zwischen Antike, Christentum und Germanentum.

Hinter dem Entstehen des Begriffes »Abendland« steht, wie erwähnt, Hellas. Von Griechenland aus gesehen ist der Westen gegen Abend liegend, HESPÉRIOS, im Lateinischen heißt dann der Abendstern HESPERUS. Die Hesperiden sind Töchter des Atlas und der Hesperis oder des Erebos und der Nyx, der Finsternis (so heißt der Sohn des Chaos, der zugleich Vater der Hemera, des Tages ist). Die Hesperiden sind also Töchter der Finsternis und der Nacht. Die Finsternis spielt personifiziert eine geringe Rolle. Der Erebos bezeichnet im allgemeinen den Ort der finsteren Tiefen der Unterwelt. Die Eltern der Hesperiden sind Kinder des Meeres. Diese Töchter sind Nymphen mit den Namen Hespere, Aiglis und Erytheis, sie leben in einem Obstgarten im Westen und hüten mit Hilfe des Drachen Ladon die goldenen Früchte eines dort wachsenden Apfelbaumes. Ladon war eine Schlange mit der Gabe der menschlichen Sprache, er bewachte die goldenen Äpfel der Hesperiden, bis Herakles ihn tötete. Dieser erhielt drei goldene Äpfel, die aber der Sage gemäß wieder zurückgegeben wurden, weil der Baum und die goldenen Äpfel der Göttin Hera gehörten. Es gibt in diesem Zusammenhang auch das Motiv, der Eingeweihte oder

der »heilige König« erlange in der Unterwelt, die im Westen betreten wird, die seligen Gefilde, nämlich Elysion, wenn er mit einem Apfelzweig unterwegs sei.

Es gilt für uns jetzt nur so viel aus den verwirrend vielfältigen Bildern der griechischen Mythologie mitzunehmen: Der Westen, der Ort des Sonnenunterganges, ist mit schrecklichen Bildern bestückt, alles Chimärenhafte hat im Westen seinen Ursprung, aber es gibt auch die goldenen Äpfel. Das ist ein Hinweis auf die Wintersonnenwende mit ihrer Mythologie der Lichtgeburt. Mitten im tiefsten Winter und in der Zeit der Unfruchtbarkeit der Erde und Stille und der Melancholie und Depression, da keimt's wieder auf, da beginnt die neue Blüte, da werden die Tage wieder länger, da beginnt das Licht von neuem seine Fahrt. Die Namen der Hesperiden sollen nach Ranke-Graves die Farben des Sonnenunterganges bezeichnen, nämlich Grün und Gelb und Rot. So ist der Himmel gefärbt, wenn die Sonne untergeht, ähnlich wie ein Apfelbaum mit seinen Früchten. »Die Sonne, die vom Horizont in einen tiefroten Halbapfel geschnitten wird, findet ihren dramatischen Tod in den westlichen Wellen« (Ranke-Graves, »Griechische Mythologie«, S. 114). Die dunkle Röte wurde als Blut aufgefaßt, darum »dramatischer« Tod. Nach dem Untertauchen der Sonne erscheint Hesperos, dieser der Göttin Aphrodite geweihte Stern Venus. Der Apfel war die Gabe, mit der die Priesterin den König, den Repräsentanten der Sonne auf Erden, begleitet von Liebesgesängen, in den Tod lockte (a.a.O.). Das erinnert an den Apfelbaum im Paradies, der zur Falle der Sterblichkeit wurde.

So steht der Westen mit dem Tode, mit der Sterblichkeit des Menschen und seiner Frage nach der Unsterblichkeit im Zusammenhang, während der Osten die Wiedergeburt, die Erneuerung, die Überwindung des Todes vergegenwärtigt. Der Osten steht für die Reinkarnation, der Westen für den Tod oder die Unsterblichkeit. Die Göttin Hera, Besitzerin der Apfelbäume mit den goldenen Äpfeln, ist hier noch eine Figuration der »Großen Mutter«. Erst später, als Zeus' Gattin, ist sie die Göttin der Ehe. Das Schreckliche des Sonnenunterganges gehört in die Herrschaft der großen Muttergottheiten. Der von Ranke-Graves erwähnte dramatische Königstod im Sonnenuntergang entspricht einem Fruchtbarkeitsritual, das durch die patriarchalen Götter überwunden wurde. Mit dem Sieg der Lichtgötter (z. B. Apoll: Delphi gegen Theben) tritt eine Wende ein. Den Kampf der beiden Herrschaftsbereiche, der alten und der neuen Götter, haben die Zuschauer in der griechischen Tragödie miterlebt. Die menschlichen Helden sind dabei der Austragungsort. Entsprechend ist die griechische Tragödie keine Theateraufführung, sie ist der Kampf der Götter in der Brust des Zuschauers selber, der davon zutiefst ergriffen ist, indem er sich mit dem jeweiligen Helden identifiziert.

Veranlaßt durch Luthers Übersetzung »Morgenland«, entsteht im 16. Jahrhundert der Gegenausdruck »Abendland«, so stellen die Geschichtsschreiber fest. Schauen wir uns den Gründungsort des »Abendlandes« an: In der Geschichte der Heiligen Familie heißt es bei Matthäus 2.1: »Da kamen Weise vom Morgenland« (Lutherbibel), als Übersetzung des lateinischen ECCE MAGI AB ORIENTE VENERUNT. Griechisch heißt die Stelle: IDÚ MÁGOI APÓ ANATOLÓN PAREGÉNONTO. Das Lateinische AB ORIENTE heißt also griechisch APO ANATOLON, das bedeutet: vom Sonnenaufgang her. Alttestamentarische Stellen im ersten Buch Moses oder im Judithbuch dürften keineswegs dieselbe Rolle gespielt haben wie unsere Belegstelle aus der Jesusgeschichte, denn diese wurde ja im Gottesdienst gelesen.

Das Abendland als Kultureinheit ist das CORPUS CHRISTIA-

NUM, das ist »die« Christenheit. Bei Novalis gibt es einen Titel »Die Christenheit oder Europa«, und zwar zur Umschreibung eines Ideals. Leopold von Ranke spricht von der karolingischen Einheit des Abendlandes und meinte damit die germanisch-romanische Völkerfamilie als Idee. Die verweltlichte Ablösung vom Begriff der Christenheit schafft Jakob Burckhardt mit seinem Europa-Begriff, denn politisch ist diese christliche Einheit nach der Erledigung der Türkengefahr nicht mehr dringlich. Moderne Religionshistoriker bekennen: Auf keinen Fall ist »Abendland« die alleinige Form der Gestaltung des Christlichen im europäischen Raum, noch ist das Christliche die alleinige und maßgebende Gestaltung des Abendländischen.

Konsultieren wir das Lexikon »Die Religion in Geschichte und Gegenwart«. Da sehen wir: Nach dem Stichwort »Abendland« folgt der Artikel »Abendmahl«. Wir wollen später auf diese Nachbarschaft zurückkommen.

Friedrich Heer lehrt in seinem »Abendland«-Aufsatz in »Meyers Enzyklopädischem Lexikon«: »Assyrische Steinmale nennen ASU das Land der aufgehenden Sonne und das dunkle Gegenland EREB, das Land der untergehenden Sonne, der Nacht, der bösen Götter. Diese religiös-politischen Namen kommen wahrscheinlich über die Phöniker zu den Griechen und werden zum Ursprung der Namen ›Asien‹ und ›Europa‹.«

Mit dem Namen Europa verband sich zu unterschiedlichen Zeiten immer wieder neu die Vorstellung der Freiheit gegenüber allem Despotischen, zuallerletzt im westlichen Kapitalismus gegenüber dem russischen Bolschewismus. Wie sehr eine solche Vorstellung als Illusion zusammenbrechen kann, davon haben wir längst eine Ahnung, auch wenn die kürzlich befreiten Oststaaten zunächst unsere westlichen Reichtumsillusionen zu den ihren machen wollen und diese als ihr Heil betrachten.

Es gibt auch noch die geistige Differenz zwischen dem Osten und dem Westen. Große Geister haben immer die Ökumene zwischen Osten und Westen betont. Europa erbte aus dieser Lebensgemeinschaft seinen Kalender, die Buchstaben, die heiligen Urschriften. Unzählige Symptome und Merkmale können angeführt werden, zahllos sind die Gründe, die herbeigeschafft werden können für die Spaltung in Osten und Westen, in das Reich von Konstantinopel und das Reich von Rom. Unübersehbar ist nicht nur die Bewegung der Sonne vom Osten in den Westen, vom Morgen zum Abend, sondern auch die Bewußtseinsverlängerung in den Westen, die mit der Entdeckung Amerikas anfing, deren 500. Jubiläum gerade gefeiert wurde. Und womit kamen die Entdecker zurück? Mit dem Gold der Inkas und Azteken. Die amerikanischen Nachfahren der europäischen Eroberer und Emigranten haben dann Europa im Zweiten Weltkrieg vor dem aus dem eigenen Schatten erwachsenen Untergang gerettet. Karl Kraus nannte die Nazionalsozialisten »die Untergangster des Abendlandes«.

Das Abendland ist das Land der Abendzeit. Jakob Burckhardt war die Stimmung einer Spätkultur, die sich selber als Abgesang erlebt, geläufig. Der deutsche Philosoph Hegel sagte: »Erst in der Dämmerung der Geschichte beginnt die Eule der Minerva ihren Flug.« Und es gibt bei ihm ferner die Aussage: »Die Weltgeschichte geht von Osten nach Westen, denn Europa ist schlechthin das Ende der Weltgeschichte, Asien der Anfang.« Gleichzeitig aber finden wir bei ihm das Bekenntnis: »In Asien geht die äußerliche physische Sonne auf, und im Westen geht sie unter: dafür steigt aber hier die innere Sonne des Selbstbewußtseins auf, die einen höheren Glanz verbreitet« (F. Heer). Es gibt Denker in Europa, welche lange vor Friedrich Nietzsche, Jakob Burckhardt und Oswald Spengler einen Untergang des Abendlandes vorausdenken. Es gibt aber auch heute völlig andere Visionen. Erwin Jaeckle sieht in seinem 1988 veröffentlichten Spätwerk »Die Idee Europa« keinen Untergang, sondern die entelechiale Energie zu einer geistigen Blüte.

Wir wollen die Polarität von Ost und West sowohl als Einheit als auch als Zweiheit denken. Die Entzweiung äußert sich in einer alten Tradition der Ausrichtung nach Osten als ein heiliges Thema der Initiation. Die abendländischen Tempel, die christlichen Kathedralen sind mit dem Chor nach Osten gebaut, damit der Altar am Orte des Sonnenaufganges steht. Was dem nicht entsprach, wurde mit dem Siegeszug der östlichen Lichtmetaphysik von der Westung auf die Ostung gedreht. Ausgehend von Platons Lehre »Was das Gute im Reiche des Intelligiblen, das ist die Sonne im Reiche des Sichtbaren«, haben spätere Denker (Philo von Alexandria, Plotin, Proklus, Augustinus, Bonaventura) Gott als das Urlicht gedacht. Das sinnenhaft wahrnehmbare Licht ist Abbild des Urprinzips Licht, aus dem es durch eine Emanation hervorgeht. Die Idee heißt: Gott ist Licht, und zwar im eigentlichen Sinne. Alles von Gott Geschaffene ist Licht von seinem Lichte. Vom Standpunkt Gottes aus gesprochen, ist alles Licht Emanation der göttlichen Kraft; vom schöpferischen Tun des Menschen aus gesehen (religiöse Malerei, Bau der Kathedralen), ist in analoger Weise davon zu sprechen: In dem Maße, wie jedes Geschaffene Licht ist, hat es teil am göttlichen Sein. Mit dem gotischen Kathedralenbau wird der »Gott-gleich-Licht«-Idee das großartigste Denkmal gesetzt. Bestehende Bauten, die gewestet waren, wurden zu dieser Zeit geostet. Die Orientation wurde unter anderem auch durch Christi Himmelfahrt gegen Osten und seine Wiederkunft aus dem Osten begründet.

In diese Lichtsymbolik wurde die Sonnenmythologie

aus dem Altertum übernommen, Christus galt als SOL INVICTUS oder SOL SALUTIS, als die »unbesiegte Sonne« und »Sonne des Heils«, wobei die Unbesiegtheit nichts anderes als den morgendlichen und östlichen Sonnenaufgang meint, in welchem die Phantasie der Menschen seit eh und je die Überwindung des nächtlichen Todes gesehen hat. Nur die Peterskirche in Rom, »der« abendländische Dom und »der« europäische Tempel par excellence, wurde nach Westen gebaut, gerichtet auf den Sonnenuntergang – gegen alle uralte Tradition, gleichsam als römische Marotte.

Solche Zeichen müssen wir zu lesen verstehen. Oswald Spengler sagt, von Nietzsche habe er die Vision, von Goethe die Methode. Goethes Methode ist die Morphologie, die Lehre von der MORPHE; das ist die Lehre von der Gestalt, von der Welt der Formen. Auch Ernst Jünger und jeder, der an der Divination arbeitet, kennt sie. Denn die Gestalt-Schau verliert sich nicht in die Erforschung von Ursache und Wirkung, die unüberblickbare Sammlungen von Tatsachen herbeibringen muß, sondern führt zu einer Zusammenschau, zu einer Synopse. Eine solche besteht zum Beispiel im Bedenken des Sonnenlaufes und seiner Phänomenologie. Der Weise hält sich daran, denn er ist die älteste Lehre. Aus ihm erwächst grundlegende Kenntnis, an ihm ›orientiert‹ sich, wer die Dinge in ihrem Laufe verstehen will. So heißt es im Psalm 19:

> Die Himmel erzählen die Ehre Gottes
> und die Feste verkündigt das Werk seiner Hände.
> Ein Tag sagt es dem andern,
> und eine Nacht tut es der anderen kund –
> ohne Sprache, ohne Worte,
> mit unhörbarer Stimme.
> Ihr Klingen geht aus durch alle Lande,

ihr Reden bis zum Ende der Welt.
Dort hat er der Sonne ein Zelt gesetzt,
und sie, wie ein Bräutigam geht sie hervor
aus ihrer Kammer,
läuft freudig wie ein Held die Bahn.
Sie geht auf an einem Ende des Himmels
und läuft um bis wieder an das Ende,
nichts bleibt vor ihrer Glut verborgen.
Das Gesetz des Herrn ist vollkommen
und erquickt die Seele;
das Zeugnis des Herrn ist verläßlich
und macht Einfältige weise.
(Zwinglibibel, Ps. 19.1–8)

Auf diesen letzten Satz kommt es uns hier an. In ihm gipfelt der Hymnos der Sonnenlauf-Symbolik. Im Sonnenlauf kommt das Gesetz Gottes zum Ausdruck. Durch ihn ist ein verläßliches, glaubwürdiges Zeugnis gegeben. Wenn man sich daran hält, wird der Einfältige weise, dann ist auch dem »Unmündigen« die Weisheit zugänglich. Er verliert damit seine Abhängigkeit. Er bleibt »einfältig« wie der Laie im Cusanus-Dialog, gewinnt aber gerade dadurch seine Mündigkeit. Leider blieb aber in der Ausbreitung des kirchlichen Christentums der Anhänger der Lehre, der Fromme und Gläubige, in einer kindlichen Abhängigkeit, derer er sich bis heute nicht bewußt geworden ist. Die christliche Lehre ist in ihrem Kern allerhöchste Esoterik. Das praktizierte Christentum aber ist Esoterik auf der Ebene des Unerwachsenseins, was ein Ding der Unmöglichkeit darstellt.

Wie aber kann das anders sein, wenn die Botschaft und die Unterweisung von Jesus Christus, »dessen Reich nicht von dieser Welt ist«, Staatsreligion wurde? Damit ist zumindest die esoterische Dimension der christlichen Lehre dem Untergang geweiht worden. Eine so hochesoterische Religion, wie das Christentum es im Keime darstellt, auf die Ebene der politischen Macht herabgedrückt, muß zerstören. Eine Religion, welche die zentrale Botschaft »Mein Reich ist nicht von dieser Welt« beinhaltet und doch der politischen Macht anheimfällt, führt in den Untergang. Darum ist die Kirche von St. Peter zu Rom nach Westen gebaut.

Oswald Spengler hat in seinem Buch »Der Untergang des Abendlandes« diese zentrale Botschaft bedacht. Dort heißt es:

> »Mein Reich ist nicht von dieser Welt« – das letzte Wort, von dem sich nichts abdeuten läßt und an dem jeder ermessen muß, wohin Geburt und Natur ihn gewiesen haben. Ein Dasein, das sich des Wachseins bedient, oder ein Wachsein, welches das Dasein unterwirft; Takt oder Spannung, Blut oder Geist, Geschichte oder Natur, Politik oder Religion: hier gibt es nur ein Entweder-Oder und keinen ehrlichen Vergleich. Ein Staatsmann kann tief religiös sein, ein Frommer kann für sein Vaterland fallen, aber wir müssen wissen, auf welcher Seite sie wirklich stehen. Der geborene Politiker verachtet die weltfremden Betrachtungsweisen des Ideologen und Ethikers mitten in seiner

Rechte Seite:
Meister von Raigern (südböhmisch). Letztes Abendmahl (1410/20). Galerie des Stiftes Kremsmünster (Österreich). Das Abendmahl als das nicht vollends ausdeutbare Symbol eines neuen Bundes zwischen Gott und dem Menschen, der vom Ursprung abgebrochen ist.

Folgende Doppelseite:
Ausschnitt aus einem Altargemälde (1404) des Malers Luis Borrassa (1380–1424 in Katalonien nachweisbar). Dieses, wie das vorangehende Bild, mit dem Osterlamm auf dem Tisch.

Tatsachenwelt – er hat recht. Für den Gläubigen sind aller Ehrgeiz und Erfolg der geschichtlichen Welt sündhaft und ohne ewigen Wert – er hat auch recht …

Kein Glaube hat je die Welt verändert und keine Tatsache kann je einen Glauben widerlegen. Es gibt keine Brücke zwischen der gerichteten Zeit und dem zeitlos Ewigen, zwischen dem Gang der Geschichte und dem Bestehen einer göttlichen Weltordnung, in deren Bau »Fügung« das Wort für den höchsten Fall von Kausalität ist. Das ist der letzte Sinn jenes Augenblickes, in dem Pilatus und Jesus sich gegenüberstanden …

Religion ist Metaphysik, nichts andres: Credo, quia absurdum … Hier ist »erlebte« Metaphysik gemeint, das Undenkbare als Gewißheit, das Übernatürliche als Ereignis, das Leben in einer nichtwirklichen, aber wahren Welt. Anders hat Jesus auch nicht einen Augenblick gelebt. Er war kein Sittenprediger. In der Sittenlehre das letzte Ziel der Religion sehen, heißt sie nicht kennen. Das ist 19. Jahrhundert, »Aufklärung«, humanes Philistertum. Ihm soziale Absichten zuschreiben, ist eine Lästerung.

Und weiter sagte Spengler von Jesus:

Seine »Lehre« war einzig die Verkündigung der letzten Dinge, deren Bilder ihn beständig erfüllten: der Anbruch des neuen Weltalters, die Herabkunft des himmlischen Gesandten, das letzte Gericht, ein neuer Himmel und eine neue Erde. Einen anderen Begriff von Religion hat er nie

Rechte Seite:
Abendmahl. Ausschnitt aus einem Gemälde von Vicente Juan Masip (ca. 1523–1579). Madrid, Museo del Prado. Hier wird Jesus mit der Hostie in der Hand dargestellt. Die Erinnerung an das Passah-Mahl scheint vergessen.

gehabt, und einen anderen besitzt überhaupt keine wahrhaft innerliche Zeit. Religion ist durch und durch Metaphysik, Jenseitigkeit, Wachsein inmitten einer Welt, in welcher das Zeugnis der Sinne nur den Vordergrund aufhellt; Religion ist das Leben in und mit dem Übersinnlichen, und wo die Kraft zu solchem Wachsein, die Kraft, auch nur daran zu glauben, fehlt, da ist die wirkliche Religion zu Ende. Mein Reich ist *nicht* von dieser Welt – nur wer das ganze Gewicht dieser Einsicht *ermißt, kann seine tiefsten Aussprüche begreifen.*

Wer ist sich solcher Aussagen in Spenglers Buch bewußt gewesen?

Oswald Spenglers Untergangsdeutung erwächst unter anderem aus dem Bewußtsein einer religiösen Fehlentwicklung. Das Charakteristikum der abendländischen Religiösität – so müssen wir aus dem bisher Dargelegten schlußfolgern – ist das falschverstandene Christentum, ist der Irrtum einer Nachfolge Christi, ist das Scheitern der Botschaft Christi, die Bankrott-Diagnose für den vom Nazarener aufgezeigten und geforderten »Weg der Befreiung«. Anstelle dieser esoterischen Einweihung ist eine Kirche und eine Theorie entstanden. Wir bestreiten nicht die bewunderungswürdige Gestaltung in Kunst, Architektur und in der Herstellung sogenannter gotteswissenschaftlicher Bücher. Es entstanden Kirche und Theologie. Es entstanden die staatlich anerkannte Kirche und die vom Staat bezahlte Verkündigung. Und darüber hinaus entstand die Abendmahlskirche. Von der wollen wir sprechen.

Wir werden im Folgenden anhand dieses Gegenstandes auch wieder näher an unser Thema des Lesens herangeführt werden. Nehmen wir all das zur Kenntnis im Sinne einer Lesefrucht. Der Leser weiß nicht im voraus, was er erntet.

Freilich gibt es Leser, die nur um der Zerstreuung willen lesen. Was die Italiener SCACCIAPENSIERI nennen, betrifft auch viele Leser. Durch Lektüre werden »unangenehme Gedanken vertrieben«. Zerstreuung und Zeitvertreib ist häufiger Beweggrund für Lektüre. Aber Lesen kann auch ein Schutz sein. Wer an einem öffentlichen Orte in ein Buch oder in eine Zeitung versunken ist, wird in Ruhe gelassen. Wer in den öffentlichen Verkehrsmitteln bei der An- und Rückreise für die Arbeit sich hinter einer Zeitung verbirgt, ist geschützt. Warum wir uns aber derart schützen müssen? Es gibt viele Gründe für Schutz. All dies gilt es nur festzustellen, nicht zu kritisieren. Wie sollten wir die vielen unterschiedlichen Verhaltensweisen und Beweggründe für das Verhalten kritisieren wollen, wenn wir die Realität der unterschiedlichen Bewußtseinsebenen eingesehen haben? Was dem einen sein SCACCIAPENSIERI, ist dem anderen seine gedankliche Konzentration. Und der Begriff »Zeitvertreib«? Psychologen unserer Zeit ist schon aufgefallen, wie viele zwischenmenschliche Verhaltensmuster und -rituale lediglich dem Vertreiben von Zeit dienen.

Wir müssen wissen, auf welche Seite wir gehören. Gehören wir auf die Seite der Flucht vor uns selber, oder gehören wir auf die Seite der Suche nach uns selbst? Wir haben noch Oswald Spenglers Aussage bezüglich Pilatus und Jesus in Erinnerung ... Wir müssen wissen, auf welche Seite wir gehören. Ja, müssen wir? Wie aber, wenn die Befreiung darin läge, alles miteinander zu verbinden? Konzentration und Zeitvertreib, hohes und niederes Tun, Osten und Westen, Aufgang und Untergang?

VI

Die Abendlandkirche ist eine Abendmahlkirche. Worum geht es da? Das Abendmahl ist das letzte Gemeinschaftsmahl Jesu mit seinen Jüngern am Abend vor seinem Tode. Nach Matthäus, Markus und Lukas feierte Jesus mit seinen Jüngern PESAH, das Passahmahl (entsprechend den Angaben nach dem alten Priester/Sonnenkalender; vgl. Claus Schedel, »Zur Christologie der Evangelien«, Wien 1984, S 252 ff). Das geschächtete Lamm holte man aus der Vorhalle des Tempels, mit Anbruch der Nacht ging man hin, das Passahopfer in den Häusern zu braten. Auch der Ärmste in Israel soll hingelagert essen, den linken Ellbogen auf ein Kissen gestützt, die rechte Hand frei zum Essen. Es sollen nicht mehr als vier Becher gereicht werden. War der erste Becher gefüllt, sprach der Hausvater den Segen über den Tag und den Segen über den Wein. Dann wurden Bitterkräuter (Lattich), ungesäuerte Brote (MASSOT) gereicht, die in ein Essigmus mit Früchten und Gewürzen eingetaucht waren. In Jerusalem, der Tempelstadt, trug man das Passahlamm auf. Nun wurde der zweite Becher gefüllt. Der Hausvater sprach die PESAH-HAGGADAH, den Osterbericht. Die Erfüllung der Osterpflicht heißt: Wer nicht folgende drei Worte an Passah spricht, hat seine Pflicht nicht erfüllt: Passahopfer – ungesäuerte Brote – Bitterkräuter. Diese drei Begriffe werden traditionell den folgenden Tatsachen zugeordnet: daß Gott in Ägypten an den Häusern Israels vorüberging, daß Gott die Väter aus Ägypten erlöste, daß die Ägypter das Leben der Väter in Ägypten verbitterten.

Die Befreiung aus der ägyptischen Knechtschaft ist der geschichtliche Hintergrund, der die Bilder liefert für eine

Befreiung in übertragenem Sinne, die Befreiung des Menschen überhaupt aus dem Gefängnis der irdischen Welt. Die Erinnerung an die Großtaten Gottes in der Geschichte schließt mit einem Dankgebet. Das von Rabbi Akiba stammende hat folgenden Wortlaut: »Laß uns noch andere Feste erleben ... den Wiederaufbau Jerusalems ... dort werden wir dir danken für unsere Erlösung und die Befreiung unserer Seelen. Gepriesen sei Gott, der Israel erlöste.« Nach dem Dankgebet wird der bereits gefüllte zweite Becher getrunken.

Nun erst kann das Sättigungsmahl beginnen, während des Mahles kann jeder nach Durst und Appetit essen und trinken. Nach dem Mahl wird der dritte Becher gefüllt und das Dankgebet gesprochen. Dann bleibt man noch zusammen, in freudiger Stimmung ob der Erlösung Israels. Schließlich wird der vierte Becher gefüllt und der große Hymnus (die Psalmen 114–118) gebetet. Um Mitternacht muß dieser heilige Abend beschlossen sein (a. a. O. S. 254).

Das Abendmahl der christlichen Kirche gründet auf Berichten in den Evangelien und im ersten Korintherbrief des Apostels Paulus. Der dort formulierte Einsetzungsbericht des Heiligen Mahles besteht in den Worten aus der Liturgie der Urkirche, welche sich des Szenariums des jüdischen Festmahles bedient. Dort nahm der Gastgeber nach dem Vormahl einen Brotfladen, sprach ein Gebet, brach das Brot und reichte jedem Gast ein Stück davon. Anschließend folgte das Sättigungsmahl. Danach nahm der Gastgeber den Segensbecher, den dritten Becher in der Abfolge des Mahles, erhob ihn, sprach das Dankgebet und trank daraus. Davon abweichend reichte Jesus als Gastgeber dieses letzten Mahles vor seinem Tode den Becher allen. Das Besondere dieser der christlichen Kirche gestifteten COENA SACRA besteht in der von Jesus gegebenen Deutung der gereichten Gaben in der Voraussage des bevorstehenden Todes des Gastgebers und im Auftrag der Wiederholung. Die Einsetzungsworte lauten nach Matthäus 26.26–28 und 1. Korintherbrief 11.23–26:

> Der Herr Jesus, in der Nacht, da er verraten ward, nahm er das Brot, dankte und brach's und sprach: Nehmet, esset, das ist mein Leib, der für euch gegeben wird; solches tut zu meinem Gedächtnis. Desgleichen nahm er auch den Kelch nach dem Mahl und sprach: Dieser Kelch ist das neue Testament in meinem Blut; solches tut, sooft ihr's trinket, zu meinem Gedächtnis.

Die Priester *lesen* in der katholischen Messe diesen Text täglich. Sie sprechen ihn nicht auswendig, das Meßbuch ist geöffnet, denn die Messe wird gelesen. Und sie wiederholen täglich nach der Wandlung des Brotes in den Leib und nach der Wandlung des Weines in das Blut Christi: »Tut dies, sooft ihr es tut, zu meinem Gedächnis. IN MEI MEMORIAM FACIETIS.« Und weil dies das Zentrum der Messe ist, das eigentliche Kernstück der sakralen rituellen Handlung, der heiligen Feier mit dem heiligen Mahl, ist die Abendlandkirche nicht nur eine Abendmahlkirche, sondern sie ist auch eine Gedächtniskirche.

Nun wollen wir in aller Subtilität untersuchen, was das heißt, wohin uns diese Feststellung als Lesende führt. Wir haben die Worte »Gedächtnis«, COMMEMORATIO und ANÁMNESIS. An der Stelle des Wortes Gedächtnis steht auch das Wort Erinnerung. Wenn wir den deutschen Text der Einsetzung des Abendmahles oder des Altarsakramentes, wie es bei den Katholiken heißt, in der Lutherbibel lesen, so heißt es, wie oben zitiert »Gedächtnis«. Von alters her gab

Rechte Seite:
Der Wandlungstext der Eucharistie im katholischen Meßbuch.

tionábilem, acceptabilémque fácere dignéris: ut nobis Cor ✠ pus, et San ✠ guis fiat dilectíssimi Fílii tui, Dómini nostri Jesu Christi.

genen, ✠ gültigen, geistigen und genehmen, damit sie uns werde ✠ Leib und ✠ Blut Deines vielgeliebten Sohnes, unsres Herrn Jesus Christus.

Wandlung

In der Doppelwandlung vollzieht sich nun das heilige Opfer: der verklärte Christus wird unter den Gestalten von Brot und Wein gegenwärtig als unsere Opfergabe und unser Opferpriester. Die getrennten Gestalten deuten hin auf das blutige Sterben am Kreuze.

Verwandlung des Brotes

Der Priester nimmt beim Worte »accépit — nahm« die Hostie in seine Hände, schaut auf zum Altarkreuz, segnet noch einmal die Hostie, beugt sich über den Altar und spricht leise die Wandlungsworte. (Ebenso nachher bei der Verwandlung des Weines.)

Qui prídie quam paterétur, accépit panem in sanctas ac venerábiles manus suas, et elevátis óculis in cælum ad te Deum, Patrem suum omnipoténtem, tibi grátias agens, bene ✠ díxit, fregit, dedítque discípulis suis, dicens: Accípite, et manducáte ex hoc omnes. **Hoc est enim Corpus meum.**

◇ Er nahm am Abend vor Seinem Leiden Brot in Seine heiligen und ehrwürdigen Hände, erhob die Augen gen Himmel zu Dir, Gott, Seinem allmächtigen Vater, sagte Dir Dank, segnete ✠ es, brach es und gab es Seinen Jüngern mit den Worten: Nehmet hin und esset alle davon: **Das ist Mein Leib.**

Der Priester beugt vor der konsekrierten Hostie anbetend das Knie, zeigt sie hocherhoben dem Volke und legt sie dann wieder auf den Altar zurück. (Dasselbe tut er nachher mit dem Kelche.) Es folgt die

Verwandlung des Weines

Símili modo postquam cœnátum est, accípiens et hunc præclárum Cálicem in sanctas ac venerábiles manus suas: item tibi grátias agens, bene ✠ díxit, dedítque discípulis suis, dicens: Accípite, et bíbite ex eo omnes. **Hic est enim Calix Sángui-**

◇ In gleicher Weise nahm Er nach dem Mahle auch diesen wunderbaren Kelch in Seine heiligen und ehrwürdigen Hände, dankte Dir abermals, segnete ✠ ihn und gab ihn Seinen Jüngern mit den Worten: Nehmet hin und trinket alle daraus: **Das ist der Kelch Meines Blutes, des neuen und ewigen**

es in Israel, wie auch bei anderen religiösen Völkern, feierliche Gedenktage. So war das Passahfest, in dessen Rahmen die Feier des letzten Abendmahles Christi geschah, ein Festtag der Erinnerung an die Befreiung aus der ägyptischen Knechtschaft, in welcher das Volk Israels fast 450 Jahre ausharren mußte. Der Religiöse gedenkt der Taten seines himmlischen Herrn. So heißt es im Psalm 77.12:

> Darum gedenke ich an die Taten des Herrn;
> ja ich gedenke an deine vorigen Wunder
> und rede von allen deinen Werken
> und sage von deinem Tun.

Im Lateinischen ist das Gedenken mit den Tätigkeitswörtern RECORDARE und REMINISCERE wiedergegeben. Im Einsetzungstext selber heißt es MEMORIA oder COMMEMORATIO. Wir werden diese Vokabeln noch genauer prüfen. Zunächst sehen wir: Das Abendmahl ist ein Gedächtnismahl der Gemeinde Jesu, und zwar durchaus in Analogie zum Passahmahl. Wie dem alttestamentlichen Gottesvolk die andauernde Erinnerung an das Passahopfer geboten war, so soll auch die neutestamentliche heilige Festgemeinde sich erinnern, und zwar des Todes ihres Herrn. Jesus setzte diese »heilige Handlung« ein, und die Urgemeinde vollzog sie von Anfang an immer wieder von neuem. Damit ist das Abendmahl Ausdruck der religiösen Gemeinschaft, der KOINONÍA, wie das griechische Wort heißt. Das Wort KOINÓS heißt gemeinsam. Die ursprüngliche Bedeutung von KOINONÍA ist Teilhaberschaft, das ist die Verbundenheit der Mitglieder der Gemeinde und die Teilhabe am Göttlichen. Denn nur Gemeindemitglieder durften an der COENA SACRA teilnehmen. Uns beschäftigt die Frage, was bei der Gedächtnisfeier geschieht. Und da führte das Bedenken des Vorganges zur Feststellung: *Die religiöse, sakrale Handlung ist Anamnese.*

Anamnese aber heißt nicht nur Gedächtnis, Erinnerung, sondern auch Wiedererkennen. Wir kennen die Anamnese des Arztes, das ist die Feststellung und Aufzeichnung der Krankengeschichte. In der griechischen Philosophie hingegen meint Anamnese »die Erinnerung der Seele an ihre vorgeburtlichen Bilder.« ANÁMNESIS steht im Zusammenhang mit Platons Ideenlehre und der Reinkarnation. Mit diesem Stichwort öffnen wir nun eine völlig andere Welt, einen ganz anderen Ausblick auf die Abendland-Abendmahl-Gedächtnis-Thematik. Die Erinnerung bekommt damit eine andere Dimension. Und diese wollen wir nun Schritt für Schritt erkunden.

Wir sind ausgegangen von der Abendmahl-Einsetzungsformel: »Tut dies in meiner Wiedererkenntnis.« Das deutsche Wort »Erinnerung« ist genauer als das Wort Gedächtnis, denn im Gedächtnis geht es nur um ein Denken, hier also um ein »Denken an«, das ist ein Andenken. Die ANÁMNESIS ist viel mehr, als wir üblicherweise mit dem Wort Andenken verbinden. Die Anamnese ist esoterisch und initiatisch ein bedeutsamer Gedanke. Bevor wir das Wort Anamnese in seinem Sinngehalt und Bedeutungsbereich weiter entfalten, wollen wir zuerst die lateinischen Worte untersuchen, die hier eine Rolle spielen.

In der Vulgata steht für Anamnese COMMEMORATIO. Das entsprechende Tätigkeitswort heißt MEMORO, mit der Bedeutung »ich erinnere an, ich erwähne, berichte« oder auch »ich lerne auswendig«. MEMORIA heißt Gedächtnis, Erinnerungskraft, bezeichnet also nicht nur das Resultat, sondern das Vermögen des Erinnerns. Im zitierten Psalm steht auch das Wort REMINISCERE. Im Sprachgebrauch Gebildeter hat das Wort Reminiszenz seinen Platz. Das lateinische REMINISCOR heißt »ich rufe mir wieder in das Gedächtnis, ich besinne mich auf«. Ohne die Vorsilbe »RE« oder »wieder« heißt das Verbum MEMINI, »ich erinnere mich, ich habe im Gedächtnis, ich bin (dessen) eingedenk«. Und dieses Tätigkeitswort verweist auf MENS. Die MENS ist die Denkkraft, die Kraft des denkenden Geistes, ja gar die Gottheit der Besinnungskraft, die Erinnerung. Im weitesten Sinne aufgefaßt, heißt das Wort MENS schon die Erinnerung, also ist Erinnerung ohnehin Eigenschaft des »denkenden Geistes«, oder prägnanter formuliert: *Geist ist Erinnerung.*

Jetzt wollen wir die deutsche Sprache zu Hilfe nehmen, weil sie klar und deutlich das Erinnern als ein Hereinholen von außen nach innen bestimmt. »Tut dies zu meiner Erinnerung.« Denn derjenige, der das sagt, gibt sich selbst zu unserer »Innerung«. Dieses unübliche Wort ist hier am Platz. – Speise und Trank im Abendmahl wird von den Kommunizierenden in ihr Inneres hereingenommen, verinnerlicht. Deshalb ist Geist Erinnerung, weil nur Geist verinnerlicht. Das ist eine leiblich-geistige COMMUNIO. Die COMMEMORATIO ist COMMUNIO. Die Verinnerlichung ist Verheiratung. Es geschieht Alchemie. Und darum wird auch im Umkreis der Einsetzungsworte des Altarsakramentes von einem Bund gesprochen, weil hier Verbindung mit dem Meister, mit dem Gottessohn, mit dem Göttlichen geschieht. Und diese Verbindung bindet die Mitglieder der religiösen Abendmahlsgemeinschaft auch untereinander. Die erinnernde Gemeinschaft will den Menschen wieder in die Kontinuität führen.

Wir sind jetzt bei einem entscheidenden Stichwort an-

Rechte Seite:
Johannes der Täufer, lesend. Lesen im Dienste des Bezuges mit oben. Ausschnitt aus einem Gemälde des 2. Nelkenmeisters: Johannes der Täufer in der Wüste (um 1495).

gelangt: »Kontinuität«. Die religiöse Gedächtnisfeier ist nicht nur Wiedererinnerung, sie ist Wiederherstellung. Betrachten wir das Wort Kontinuität genauer. Das Eigenschaftswort CONTINUUS heißt »räumlich unmittelbar anschließend, fortlaufend, nacheinander, fortwährend«. Die CONTINUATIO bezeichnet die ununterbrochene Fortdauer, wenn wir die Zeit betrachten, nennt die Unmittelbarkeit, also die ununterbrochene Berührung, wenn wir die räumliche Vorstellung berücksichtigen. Das ist das Ununterbrochensein, esoterisch ein herausragendes Thema.

In der Esoterik geht es um ein Bewußtseinsniveau, das die Eigenschaften der Wiedererkenntnis, der Erinnerung und der Ununterbrochenheit aufweist. Die Veräußerung des menschlichen Daseins bis an den Rand der Materialisation, an welchem das Bewußtsein seiner Herkunft verlustig gegangen, wie betäubt, gefangen, gefesselt ist, stellt einen Bruch dar. Der menschliche Geist ist aus seinem göttlichen Ursprung abgebrochen. Damit ist neben der zeitlichen und räumlichen Dimension eines Bruches auch die existentielle angesprochen. Diese Fraktur macht die bruchstückhafte Existenz des Menschen aus. Der Mensch ist ein Fragment. Und hier setzt nun unser Versuch einer tiefgründigen Auffassung des Lesens an: *Lesen dient der Befreiung aus dem fragmentarischen Dasein. Lesend suchen wir den Bruch zu überwinden.*

Lesen im esoterischen Sinne hat das Ziel, die Verbindung wieder herzustellen. Lesen dient der Wiederverbindung. Somit kommen wir zur zentralen Feststellung: *Lesen dient der religio.* Diesen Gedanken werden wir später noch deutlicher zur Sprache bringen. Lesen im esoterischen Sinne steht – nach allem, was wir jetzt herbeigebracht haben – im Dienste desselben wie die COENA SACRA: Lesen ist Handlung im Dienste des Bundes: *Lesen ist Kommunion. Lesen ist Vergemeinschaftung mit Gott.* Und die Esoterik als RELIGIO will nichts anderes, als die UNIO wiederherstellen.

Das Abendmahl in der christlichen Gemeinde dient der Einnahme des Heilmittels wider den Bruch. Und in einer gewissen Analogie sprechen wir vom Lesen – auf dieser hohen Ebene – als Einnahme eines Heilmittels. Dieses Heilmittel sind biblische oder spirituelle Texte oder solche aus den Weisheitslehren, die wir insgesamt die »heiligen Bücher« nennen. Aber jeder Leser muß selber finden, was ihn heilt oder der Heilung näher bringt.

Warum wir uns so lange mit dem Abendmahl beschäftigt haben, wird in den folgenden Abschnitten immer deutlicher. Wir halten uns heraus aus den vielen Interpretationen, die diesen Gegenstand umkreisen. Über das Altarsakrament oder das Abendmahl ist in überreichlichem Maße gedacht, geredet und geschrieben worden. Dabei erweckt die Idee des »Gott-Essens« oder die Umwandlung von Brot und Wein in Fleisch und Blut Christi die auseinanderstrebendsten Gefühle und Gedanken. Das erlösende Verständnis für diese Wandlungsthematik ergibt sich niemals innerhalb eines intellektuellen, auf Unterscheidung eingeübten, begrenzenden und zweiteilenden Denkens. Dieses Sakrament verstehen wir erst, wenn wir das unbegrenzte Denken gelernt haben.

VII

Anamnese dient der Wiederherstellung der Kontinuität. Etwas Unterbrochenes wird wieder zusammengefügt. Etwas zeitlich Abgebrochenes wird wieder fortgesetzt. So wie in der Psychoanalyse durch die Erinnerung an kindliche Verletzungen eine dadurch entstandene Unterbrechung der Bewußtseinskontinuität wieder aufgehoben werden soll, so will die sakramentale Erinnerung die Unterbrechung heilen, vermöge deren wir nicht mehr wissen, wer und woher wir sind. – Zu einer weiteren Erhellung des Wortes Kontinuität bedienen wir uns jetzt der Astrologie. Hier ist das Prinzip der Ununterbrochenheit durch die Sonne, das Prinzip der kurzfristigen und wieder abbrechenden Energie aber durch den Planeten Mars vergegenwärtigt. Weil das, was die Himmelskörper vergegenwärtigen, leicht einsehbar und handhabbar ist, wollen wir damit umgehen. Der Mars ist der Gott des Krieges. Krieg ist immer diskontinuierliche Energie. Und dies zum Glück, sonst hätten wir dauernd Krieg.

Die Sonne geht jeden Morgen wieder auf. Das ist das Erlebnis der Kontinuität. Der Sonnenlauf ist darum die seit Menschengedenken großartigste Symbolik der Kontinuität. Insgesamt aber gibt die Vorstellung von den vorausberechenbaren Planetenbahnen und die darin zum Ausdruck kommende Gesetzmäßigkeit eine Idee der Dauer: die ununterbrochene Bewegung. Und diese ist ein Gleichnis für uns. Wir selbst haben wieder in die ununterbrochene Bewegung zu gelangen. Es gilt: *Der Weg der Selbstfindung zielt auf die Wiederherstellung der Kontinuität.*

Wir brauchen etwas Spielraum, um dies zu veranschaulichen. Es geht auf dem Pfade der Initiation darum, zu einem wirklichen Menschen zu werden. Der esoterisch vorgestellte und angestrebte Mensch ist und lebt nicht in der Unterbrochenheit. Wir Menschen leben, solange wir nicht wirklich Menschen sind, in der Diskontinuität. Wir sind Reaktionsbündel. Wir werden von außen bestimmt, wir werden durch die andauernd vorhandenen und wechselnden Anreize, die von außen kommen, in unserer Aufmerksamkeit, in unserer Verhaltensweise und in unserer Zeitgestaltung beeinflußt und im Eigenen unterbrochen.

Auf dem Wege der Initiation (ein Hineingehen in sich selber, um sich selber im wahren Wesen zu finden) geht es darum, von einem »marsischen« Menschen, der kein inneres Ziel hat, sondern nur ein äußeres, nämlich die äußere Geltung und Bestätigung, das äußere Ansehen, die Durchsetzung, der also – der Leser möge das harte, aber wahre Wort verzeihen – eine Kriegsmaschine ist, zu einem »solaren« Menschen zu werden. Initiation dient dem Ziel der Befreiung vom Krieg. Der Krieg ist das Aushängeschild des reaktiven, vordergründigen Ichs, des verfälschten Ichs, das wir »Ego« nennen. Dieses sucht sich selber zu heiligen und ruft dann zum heiligen Krieg auf (auch im privaten Bereich). Das kriegerische Ich ist aus der Zeit der kindlichen Abhängigkeit schwer verletzt (Trauma) und sinnt unterschwellig, uneingestandenermaßen auf Rache, ist hoch verletzlich, darum andauernd in Abwehrhaltung. Es ist eine Existenz im Schützengraben, immer bereit, sofort zurückzuschießen. Im Falle der chronischen Unterlegenheit aber zieht es sich, die Aggression gegen sich selber richtend, in depressiver Reaktion zurück.

Das Thema ist der Wandel vom marsischen zum solaren Menschen; davon erzählen alle mythologischen Jenseitsfahrten.Es ist uns aufgegeben, ein solarer Mensch zu werden. Das ist der wahre Mensch, der aus sich selber heraus in der Ununterbrochenheit lebt. Darum ist der initiatische Mensch Repräsentant der Sonne und die Sonne Symbol des Helden auf dem Wege der Einweihung und der Befreiung. Der initiatische Mensch bleibt im Inhalt seines Wollens konstant, unbeeinflußt und nicht unterbrechbar von außen, so wie der Lauf der Sonne und der Planeten durch nichts unterbrochen wird.

Nur das solare Ich überlebt den physischen Tod. Der rein »marsische« Mensch, die Kriegsmaschine, hat dem Tode nichts Eigenes entgegenzusetzen. Er steht im Dienste des Todes, auch wenn er sich initiatischen Wissens bemächtigt (wie der Nationalsozialismus). Nur der solare Mensch ist stärker als der Tod, nur das solare Ich gewährt Unsterblichkeit. Der »marsische« Mensch hat keine wahre Identität, er ist nicht er selbst. Weil er sein schöpferisches Ich nicht lebt, ist dieses von anderen Kräften besetzbar. Man weiß bei einem solchen Menschen nie klar, wen man vor sich hat, dies ist die Diskontinuität. *Doch der Mensch auf dem Wege der Befreiung lebt in der Kontinuität.*

Besinnen wir uns darauf, wo wir im Gange der Überlegungen stehen. – Wir wollen die wahre Bedeutung des Lesens entdecken. Und da gibt es das Bild des katholischen Priesters, der »die Messe liest«. Das Zentrum der Messe ist die Umwandlung der Speise für das Altarsakrament oder für das Abendmahl. Das Abendmahl ist Erinnerungsmahl, und die Erinnerung ist die Hereinholung des Göttlichen in unser Inneres. Diese Konsumation erzeugt von neuem die Kontinuität, die einst verlorenging. Genauer: Kontinuität wird erzeugt durch den auf diese Weise entstandenen Bund. Und dieser Bund ist – nach dem biblischen Gründungsdokument – Auftrag des »göttlichen Vaters«. Es ist wohl schwer für den in die materielle

Welt verfangenen Menschen, den Rückweg zum Ursprung selber wieder zu finden. *Kontinuität durch Erinnerung* ist der Titel unserer jetzigen Überlegung. Durch den Bund soll der Mensch wieder in die unmittelbare Berührung mit dem gelangen, was er wirklich ist. Noch mehr: Er soll durch die Verinnerlichung der »göttlichen Speise und des göttlichen Trankes« wieder zu dem werden, was er ursprünglich ist, nämlich göttlich.

Wenn der Priester die Messe liest, vergegenwärtigt er eine aus allem übrigen Lesen des Menschen herausragende Art des Lesens. Das ist das Lesen, das dem Heile dient, das ist das Lesen, das heiligt. Das Abendmahl hat seine Bedeutung auf mehreren Ebenen. Der Glaube des in der Messe Kommunizierenden sei hier in keiner Weise angetastet. Jeder setzt durch seine Wahrheit das, was ist. Uns aber gilt hier das Abendmahl als ein großartiges Gleichnis. Das gedankliche Bezugsgeflecht, welches im Abendmahl zu einem einheitlichen Ganzen zusammenfindet, ist für uns eine Quelle der Weisheit. Das Gesamtkunstwerk der »Missa Solemnis« steigert die Abendmahlsfeier zu himmlischem Jubel. In ihm gipfelt bildlich, was allgemeine Gültigkeit hat. Nicht nur Fleisch und Blut Christi in der Gestalt von Brot und Wein, die Welt überhaupt gilt es zu essen. Es gilt die Welt zu konsumieren. Wie anders können wir eins werden mit ihr? Denn in allem drückt sich das Göttliche aus, und alles ist von Gott.

Mit anderen Worten: Durch die Umwandlung von Brot und Wein in Christi Fleisch und Blut wird die Welt geheiligt, wird sie uns zum Heil. Brot und Wein vertreten alles andere Eßbare. Fleisch und Blut verkörpern das inkarnierte Leben. Fleisch und Blut Christi »sind« höheres Leben. Sie sind die uns ernährende Verbindung mit dem himmlischen Teil von uns selbst.

Es muß aber ein jeder zu seiner eigenen Konsumation

kommen. Und diese Konsumation soll eine Konsu*mm*a-tion werden. Das lateinische CONSUMERE heißt zusammennehmen, und dies im Sinne von »in mich hinein zusammennehmen und verzehren«. CONSUMMARE aber heißt »vollbringen, zur Vollendung bringen«. Das Werk der eigenen Initiation ist dann vollbracht, wenn das Göttliche so konsumiert ist, daß es von mir Besitz nimmt. Das heißt mit anderen Worten: Die leuchtende Sonne der strahlenden Lebenskraft soll den Kriegsgott in mir vom Throne stoßen. Denn dieser weiß nichts davon. Er ist ja Repräsentant des Daseins, das abgebrochen ist vom Göttlichen. Er verteidigt mit Vehemenz das inselhafte Territorium, das einem jeden übrigbleibt, wenn er nicht mehr um seine göttliche Verbundenheit und Lebenskraft weiß. So seien die Sätze wiederholt: *Die sakrale Handlung der religio ist Anamnese.* Und: *Anamnese und Kontinuität sind eins.*

Nun gehen wir ein Stück weiter in der Besinnung darauf, was mit Erinnerung und Kontinuität gemeint ist. Wir wollen das Thema aus der griechischen Mythologie ergänzen:

Die erste Region des Tartaros (das ist der tiefste Teil der Unterwelt) umfaßt die trostlosen Asphodelischen Felder. Die Seelen der Heroen wandeln hier zwecklos im Gedränge unbedeutender Toter umher. Diese schreien wie Fledermäuse, und nur Orion hat noch den Mut, geisterhaftes Wild zu jagen. Sie alle würden lieber als Sklaven eines landlosen Bauern leben als über den Tartarus herrschen. Ihre einzige Freude besteht in einem Schluck Blut, das sie gelegentlich von Lebenden erhaschen; wenn sie davon trinken, fühlen sie sich fast wieder wie Menschen. Jenseits dieser Wiesen des ASPHÓDELOS, der weiß bis rosa blühenden Liliaceae, der besonders Demeter und Persephone geweihten Wurzelknollen, liegen Erebos, das ist die Finsternis, und der Palast des Hades und eben der

Persephone. Zur Linken des Palastes beschattet eine weiße Zypresse den »Lauf des Lethe« (der Fluß heißt HÓ LÉTHE). Dahin ziehen die Geister der gewöhnlichen Toten, um zu trinken. Das Entscheidende hier besteht darin, daß die weibliche Form dieses Namens, HÉ LÉTHE, nichts anderes bedeutet als »das Vergessen«.

Es geht nun darum: Eingeweihte Seelen vermeiden das Wasser des Lethe und ziehen es vor, vom »Teiche der Erinnerung«, das ist griechisch die MNEMOSYNE, zu trinken. Der Teich der MNEMOSYNE ist von einer weißen Pappel beschattet. Die Pappel hat eine andere Symbolik als die Zypresse: Die Zypresse ist der Totenbaum, die Silberpappel aber ist Lichtsymbol. – Mit einem Ährenkranz auf dem Haupt, dem Kranz der Göttin Demeter, oder mit einem Zweig in der Hand tritt der Eingeweihte – wie dies unteritalienische Vasenbilder darstellen – vor die Götter Hades und Persephone, die inmitten der Toten in einem offenen kleinen Palast thronen. Wenn er ihnen begegnet, so mußte er nach der Unterweisung der »Orphischen Befreiungslehre« schon aus der Quelle des rechtsfließenden Mnemosyne getrunken und das Wasser der Vergessenheit mit der Zypresse daneben vermieden haben.

»Elysion« ist dem Hades benachbart und wird vom Gott Kronos regiert. Der Eingang liegt am Teich der Erinnerung. Es ist das glückliche Land ewigen Tages, ohne Kälte und ohne Schnee, wo Spiele, Musik und Fest nie enden. Seinen Bewohnern steht es frei, wieder geboren zu werden (!). Daran anschließend liegen die Glücklichen Inseln, bestimmt für jene, die dreimal geboren wurden und dreimal nach Elysion zurückkehrten. Doch sagen manche, es gäbe noch eine andere glückliche Insel, die Leuke genannt wird. Sie liegt neben der Mündung der Donau im Schwarzen Meer, ist bewaldet, voll von Tieren, wilden und zahmen. Hier feierten die Geister der Helena und des

Achilleus ständig hohe Feste und deklamierten den Heroen, die an den Ereignissen teilgenommen haben, die Verse Homers. (Wir folgten bei dieser Darstellung zum Teil den Ausführungen von Ranke-Graves, »Griechische Mythologie«, S. 106, ergänzten aber auch aus der »Mythologie der Griechen« von Karl Kerenyi.)

Der Lethe ist der Fluß des Vergessens, ein Nebenfluß des Styx, dieses grausamen Flusses, der den Tartaros auf seiner westlichen Seite begrenzt. Wiederholen wir: *Bei den Griechen ist das Vergessen nicht Sache der Eingeweihten.* Das Dasein der Eingeweihten ist von der Erinnerung bestimmt. Für uns hat diese mythologische Überlieferung hohe Bedeutung insofern, als der altgriechische Begriff für die Wahrheit HÉ ALÉTHEIA heißt. Diesem Begriff der Wahrheit wollen wir jetzt auf die Spur kommen.

VIII

Der griechische Wahrheitsbegriff ist der esoterische Wahrheitsbegriff, und dieser ist im griechischen Wort für Wahrheit verankert. Das sind zwei Behauptungen, die ausgewiesen werden sollen. Der deutsche Philosoph Martin Heidegger hat in unserem Jahrhundert inständig und unentwegt auf den Begriff ALÉTHEIA aufmerksam gemacht. Zwar hat er den griechischen Wahrheitsbegriff nicht in einen esoterischen Verständnisrahmen gestellt. Das konnte er gar nicht, denn Esoterik ist keine universitäre oder fachphilosophische Disziplin. Es mutet uns an, als sei doch – in einem übertragenen Sinne – Heideggers jahrelanges Denken im Licht der griechischen ALÉTHEIA innerhalb der Fachphilosophie eine »esoterische« Sache gewesen, ein Kleinod der Denkintensität, das nur von wenigen Schülern wirklich erkannt werden konnte. Und über diesen »inneren Kreis« hinaus: Was für eine Wirkung hat dieses Denkers Bemühen für das Denken der Menschen gehabt? Sprechen wir lieber nicht von Wirkung, nehmen wir dieses Denkers Denken als Zeichen. Martin Heidegger (1889–1976) kann vielleicht nur von jenen Menschen wirklich verstanden werden, die auf der Suche nach dem Einssein sind.

Das griechische Wort für Wahrheit heißt also ALÉTHEIA. Es beinhaltet das Wort HÉ LÉTHE und kommt vom Verbum LANTHÁNEIN, das »verborgen sein, verborgen bleiben« heißt. HÉ LÉTHE ist das griechische Wort für »das Vergessen« und »die Vergessenheit«. Damit ist die deutsche Übersetzung von ALÉTHEIA bereits vorbereitet. Wahrheit heißt dann unter der Anleitung und Führung der griechischen Sprache »die Unvergessenheit«. LANTHÁNEIN heißt nicht nur

»verborgen sein«, es heißt auch »vergessen«. Dieses Vergessen sah der Denker in dem von ihm geprägten und zum geflügelten Wort gewordenen Begriff der »Seinsvergessenheit«. Seine große Leistung ist die »Entbergung« der seit den griechischen Denkern Platon und Aristoteles einsetzenden Vergessenheit und Verbergung dessen, was das »wahre Sein« ist. Und dieses Vergessen ging nach Heidegger gleichzeitig einher mit der philosophischen Grundlegung und Begründung der modernen Wissenschaften.

Die Frage lautet: Was ist das für ein Denken, das uns zu den modernen Wissenschaften geführt hat? Dabei handelt es sich nicht darum, die modernen Wissenschaften zu kritisieren. Die eigentliche Frage fragt danach, was im Denken dadurch verlorenging. Die modernen Wissenschaften fangen bei den zwei erwähnten Denkern an. Was den Denker Platon betrifft, so ist damit nur der exoterische Platon betroffen, denn auch bei im existierte noch eine Lehre für einen inneren Kreis. Bei Aristoteles gibt es die Trennung in eine innere und äußere Lehre nicht. Grundlegend für die moderne Wissenschaft ist vor allem das Prinzip vom auszuschließenden Widerspruch. Denn dieses Basisprinzip begründet eine Denkgeschichte, die dem wahren Wesen des Menschen, welches Widerspruch ist, nicht mehr gerecht wird und sich folglich vom Menschen als dem (hier gegebenen) Maß aller Dinge und dem Ort, wo alles Bedenkenswerte zu bedenken ist, mehr und mehr entfernte.

Für Heidegger gipfelt diese Geschichte der Entfernung vom wahren Sein in der Technik. Die gesamte Seinsvergessenheits-Philosophie von Heidegger können wir esoterisch übernehmen und anwenden, sie ist unserem Anliegen in hohem Maße dienlich. Denn der griechische Wahrheitsbegriff im Worte ALÉTHEIA und in der Bedeutung von Unverborgenheit weist uns auf den Wahrheitswillen als Entbergung hin. Was wahr ist, muß der Verborgenheit entrissen werden. Heidegger nennt diese Entbergung »Lichtung«. Wahrheit liegt nicht am hellichten Tag. Sie muß aus dem Vergessen und dem Verbergen befreit werden. Und wenn dem so ist, dürfen wir vermuten, daß im griechischen Wort für Wahrheit und damit überhaupt im griechischen Wahrheitsbegriff ein altes Wissen angezeigt ist: Unwahrheit ist Verborgenheit, Wahrheit aber ist Unverborgenheit. Dieses Wissen weiß um den Menschen, der auf seinem Wege der Fortzeugung vergessen und verbergen kann.

Der griechische Wahrheitsbegriff birgt in sich nicht den Auftrag, zu forschen und die Welt machend und verändernd in Besitz zu nehmen, sondern etwas ans Licht zu holen, was vergessen ist und in die Verborgenheit fiel. Der Wahrheitsbegriff der Technik aber ist der aus der Philosophiegeschichte bekannte Begriff der ADAEQUATIO REI ET INTELLECTUS, der im mittelalterlichen Denken so formulierten »Übereinstimmung von Gegenstand und Intellekt«. Und diese Übereinstimmung steht unter der Obhut des Prinzips vom zu vermeidenen Widerspruch. In diesem Lichte ist Wahrheit nichts anderes als Richtigkeit. Denn unter dem Gesichtspunkt der Übereinstimmung zwischen Gegenstand oder Sache und Intellekt geht es nur um wahr oder falsch. Dem in zwei Bereichen angesiedelten Menschen, der auf Erden zu Hause ist, aber im Himmel wohnt, wird der Wahrheitsbegriff in dem abendländischen Verständnis einer Unterscheidung zwischen richtig und falsch niemals gerecht. Der griechische Wahrheitsbegriff dagegen hat die Größe, den Menschen in der ganzen Schöpfung zu umfassen – und die Schöpfung umfaßt Himmel und Erde. Der Mensch ist in beiden Bereichen zugleich.

Das ist die esoterische Lehre, das uralte tradierte Wissen, und diese Bereiche des Sichtbaren und des Unsichtbaren, Erde und Himmel, widersprechen sich, gehören aber zusammen. Wird dieser Widerspruch eliminiert und nicht auf einer höheren Ebene der Einsicht und des Wissens »aufgehoben«, verfällt der Mensch in seinem Denken und Wissen allein der sichtbaren Welt, und seine Religiosität wird dann auch von dorther bestimmt. Die Religiosität des abendländischen Menschen wird vom Sichtbaren bestimmt. Das beste Zeugnis davon ist die Bilderwelt der christlichen Kirchen mit den Darstellungen von Gottvater. In der indischen Welt wird das höchste göttliche Wesen nie dargestellt. Im Abendland verfällt der Mensch der sichtbaren Welt. Und selbst der religiöse Abendländer ist davon völlig erfaßt. Die der Materie gewidmete Wissenschaft heißt Physik. Diese wird nun heute von einer bildlosen abstrakten (mathematischen) Symbolsprache beherrscht, die einige Denker zu metaphysischem Überlegen geführt hat. Aber nur einige wenige, die meisten Wissenschaftler ziehen daraus keine weiteren Schlüsse. Irgendeinmal wird die Zeit wieder kommen, da die Ideen, welche die Zeiten bestimmen, wechseln, und die Wissenschaftler wechseln auf die andere Seite, sie sind dann keine Physiker mehr in erster Linie, sie werden dann zuerst Metaphysiker sein. Das heißt, die Machtposition wechselt einfach den Pol.

Die Metaphysik ist die Lehre von den die sichtbaren Dinge bestimmenden Gesetzen und Grundgegebenheiten des Seins. Das Hauptproblem der Metaphysik – wie wir sie aus der Tradition kennen – liegt aber im urteilenden und zweiteilenden Denken, womit das Eine oder Ur-Eine nicht gedacht werden kann. Das ist der Grund, warum Martin Heidegger sich immer mehr den Dichtern und ihren Gedanken gewidmet hat; weil das rationale Denken das Denken des Einen verfehlt. Wenn nun die

Machtposition wechselt, dann üben die Metaphysiker über die Physiker Macht aus. Das kann aber nicht die Lösung sein; sie kann nur darin gefunden werden, eine Denkfähigkeit und eine Erlebnisfähigkeit zu erlangen, die den Bereichen der menschlichen Existenz, der sichtbaren und der unsichtbaren, gerecht wird. Der Widerspruch muß berücksichtigt, gelebt und überwunden werden. Dies geschieht nur durch ein höheres Wissen.

Der Mensch ist gleichzeitig im Himmel und auf Erden, und dieser Wahrheit muß auch der Begriff der Wahrheit entsprechen. Die Philosophen kennen die Kluft, welche das unterscheidende, trennende, urteilende Denken erzeugt hat, in der sogenannten »Subjekt-Objekt-Spaltung«, und sie können diese innerhalb des urteilenden, differenzierenden und intellektuellen Denkens niemals überwinden. Es geht um den Punkt, an dem das Denken der Menschen in die Irre gegangen ist.

Vielleicht erinnern sich einige an den bereits zitierten Buchtitel von Heidegger, nämlich »Holzwege«, den wir verallgemeinernd hier zur Besinnung verwenden können. Der abendländische Mensch ist durch sein Denken auf dem Holzweg. Ein solcher verliert sich im Dickicht des Unterholzes. Die einzige Lösung besteht darin, umzukehren.

Der griechische Wahrheitsbegriff lehrt uns die Rückwendung und erstaunte Besinnung auf Vergessenes. Denn das Vergessen und Verbergen wird unter der Fuchtel der empirischen Wahrheitsfindung und innerhalb des Glaubens an den Fortschritt vermutlich nur immer deutlicher vorankommen.

Wir reden von zwei verschiedenen Welten. Ein Zusammenkommen ist hier nicht möglich. Denn im griechischen Wort ALÉTHEIA ist eine ganz andere Haltung zur Welt verborgen. Dieses Wort bestürzt uns, weil es unsere

Gangart ändert, sobald wir es begriffen haben. Begreifen wir ALÉTHEIA, so wendet es sogar unseren Gang. Denn das Vergessene liegt immer zurück. Letztlich bezieht sich die Rückwendung auf den Ursprung. Ursprung und Anfang sind vergessen. Die Wahrheit liegt also nicht vorne und somit zeitlich gesehen in der Zukunft, sondern im Verborgenen, und die Vergangenheit verwischt die Spuren.

Es gibt von Heraklit einen Ausspruch (Fragment 123, aus Porphyrios entnommen): »PHYSIS KRYPTESTHAI PHILÉI. Das hervorgebrachte Sein liebt es, sich zu verbergen.« Das griechische Wort PHYSIS heißt im Grunde genommen »das Unverborgene«. Damit denkt Heraklit das Sein als das Unverborgene, das sich zu verbergen liebt. Nur das, was sich seinem Wesen nach entbergen muß, liebt es auch, sich zu verbergen. Wir haben hier die vollständige Paradoxie der Wirklichkeit, wie sie uns Menschen innerhalb der sichtbaren Welt betrachtend zugänglich ist: Nur was seinem Wesen nach Entbergung ist, kann Verbergung sein. Das Sein ist Entbergung. Wie können wir dies verstehen? Das göttliche Sein entbirgt sich in der Schöpfung, in ihr tritt das göttliche Sein in die Sichtbarkeit, aber in dieser Sichtbarkeit mit seiner unendlichen Vielheit verbirgt es sich zugleich, denn das göttliche Sein ist ein völliges Einssein, und dieses Einssein, die »wahre« Eins und die Einheit, bleibt in der Vielheit verborgen.

Der griechische Wahrheitsbegriff im Kleide der ALÉTHEIA entspricht dem Entbergen des Verborgenen, ist der paradoxen Wahrheit der Wirklichkeit angemessen und gewachsen.

In esoterische Sprache übersetzt, heißt dies: In allem Sichtbaren ist sein Anfang und Ursprung verborgen, alles Zeitliche und Vergängliche birgt diesen Anfang. Wir sprechen damit die Rückbesinnung auf den Anfang an, die esoterisches Wissen und Denken bestimmt. Gleichzeitig haben wir – indem wir den Faktor Zeit weglassen und uns ganz auf den Augenblick konzentrieren – auch den Anfang vollständig in der Gegenwart, denn die zugrundeliegende Einheit von allem ist allgegenwärtig, wie wir am Anfang dieser Betrachtung bei Nikolaus von Kues gesehen haben. Dort erfuhren wir die Weisheit des Laien, »die auf den Gassen schreit« und nicht in den Büchern vorhanden ist, als jene bedeutende Weisheit, die in aller Vielheit die Einheit sieht. Besinnung auf die Einheit ist dabei nicht nur Rückbesinnung, sondern auch ein Gewärtigen, ein unmittelbares Gewahrwerden. Das griechische Wort ARCHÉ wie auch das lateinische Wort PRINCIPIUM bedeuten sowohl Grund oder Prinzip als auch (zeitlich verstanden) Anfang. Wir haben das Thema auch im berühmten Prolog des Johannesevangeliums:

> En arché én hó lógos.
> In principio erat verbum.
> Im Anfang war das Wort.

Das Grundsätzliche ist immer zugleich auch Anfang. Und darum, weil der Grund gleichzeitig auch Anfang ist, gerät er in die Verborgenheit. Aber nicht nur darum. Denn Heraklit sagt: Das Sein liebt es, sich zu verbergen. Wir kennen diese Thematik aus dem Unterschied zwischen wahrer Wirklichkeit und Schein, von welchem die Esoterik immer spricht. Dieser Unterschied läßt sich einfach aufweisen: Wir können Dinge und Menschen als einzelne Erscheinungen sehen; aber wir sehen sie nicht in ihrer Einheit. Wir betrachten einen einzelnen Menschen, »diesen da«. Er ist in seiner Erscheinung »eins«, aber wir sehen ihn nicht in seiner Einheit. Diese ist unsichtbar. Auch in diesem Sinne gilt es also das Wort von Heraklit zu verstehen, PHYSIS KRYPTESTHAI PHILÉI, das, was in Erscheinung tritt, verbirgt zugleich. Darum sprechen wir auch zum Beispiel von den Masken der Menschen. Die Wahrheit ist uns in mancher Hinsicht schon bewußt, aber wir nehmen sie nicht wirklich ernst.

ALÉTHEIA, der griechische Wahrheitsbegriff, ist nicht der abendländische. Der okzidentale Wahrheitsbegriff ist auf Vergessen gestimmt, enthält die Verbindung mit der Morgenröte des gegenwärtigen Lebenszyklus nicht mehr. Wenn es im Anfang des Johannesevangeliums heißt: »Im Anfang war das Wort«, bedeutet das auch: »Das Wort war immer schon der Grund von all dem, was ist.«

Darum heißt es im Talmud, Traktat Sila 20a: »Mein Sohn, was ist deine Beschäftigung?« – »Ich bin Torah-Schreiber«. – »Mein Sohn, sei achtsam bei deiner Arbeit, denn es ist Gottesarbeit. Wenn du einen einzigen Buchstaben ausläßt oder einen Buchstaben zuviel schreibst, zerstörst du die ganze Welt.« Nun aber heißt das griechische Wort LÓGOS, wie wir später noch sehen werden, insofern es vom Tätigkeitswort LÉGEIN herkommt, auch »Gedanke«. Gedanken sind der Grund von allem. Doch kommen wir zurück zu unserem Zitat. ARCHÉ und PRINCIPIUM sind Worte, die Grund und Anfang ausdrücken. Nachdem wir dies festgestellt haben, bleiben wir noch einmal eine Weile innerhalb der zeitlichen Betrachtung.

Wir sagten, der abendländische Wahrheitsbegriff mit seiner Übereinstimmung von Gegenstand und Intellekt und der Frage nach der Richtigkeit dieser, beinhalte das Vergessen des Anfanges, des Ursprunges und des Eigent-

Rechte Seite:
Tarot von Oswald Wirth. Symbol Nr. 2 des großen Arkanums »La Papesse« oder die Hohepriesterin. Nr. 1 ist der Magus = der Wille, Nr. 2 die göttliche Idea, die in die Tat umzusetzende göttliche Weisheit *(sophia).*

lichen, weil hier nur noch die Sichtbarkeit Region der Wahrheitsfrage ist. Denn im Bereiche des Sichtbaren ist ständig Entscheidung gefordert. Die sichtbare Welt ist unter die Herrschaft der Wahrnehmung geraten, und die Wahrnehmung wird intellektuell regiert durch das Prinzip der Meßbarkeit und der Berechenbarkeit. Alles Wissen wird auf diese Weise »hergestellt«. Der intuitive und inspirative Zugang zur Welt aber ist in die Randgebiete des Lebens verdrängt. Anstelle eines Wissens von innen her, also aus der Region des Herzens, und damit aus der schöpferischen Lebenskraft, dem Gestalten und dem Erzeugen, ist das gängige abendländische Wissen nur ein Für-wahr-»Nehmen«, wahrhaftig nur ein Nehmen, nicht Erzeugen.

Gleichgültig, wie viele Erzeugungen in der Technik uns überzeugen wollen, wie kreativ wir seien, und wie sehr wir auch den Glauben an unsere Vorstellung des Menschseins gigantisch hinaufstapeln, müssen wir doch einsehen, in welchem Ausmaß wir unsere ganze Kraft veräußern und uns innerlich entleeren. Und darum ist Besinnung notwendigerweise Rückbesinnung, ist Besinnung auf den Grund des Menschseins Erinnerung des Anfangs. Die goldene Dämmerung liegt weit zurück, das Goldene Zeitalter (siehe Text von Ernst Jünger im Anhang) ist höchstens noch mythisch-schleierhafte Ahnung des Anfangs, liegt nicht in der Zukunft, außer es werde vielleicht völlig neu verstanden. Für jeden einzelnen Menschen nämlich, auf seinem eigenen Wege, kann das Goldene Zeitalter in der Zukunft stehen, wenn er den Fluß überquert zum Elysion, zum Gefilde der Seligen. Rein seelisch gesehen, kann es vor uns liegen. Rein seelisch und geistig gesehen, muß es vor uns liegen. Denn die Rückbesinnung soll der Rückkehr zum Eigentlichen dienen, und diese liegt in der Zukunft.

Der griechische Wahrheitsbegriff ist nicht der Wahrheitsbegriff der Entäußerung und der Veräußerlichung, er ist der Wahrheitsbegriff der Erinnerung, genauer müßten wir eigentlich sagen, der »Innerung«, der »Innerlichung«, wenn wir die Vorsilbe weglassen. Die Vorsilbe »ver-« enthält bei vielen Wörtern eine Art Geheimcode und belehrt uns über eine Sinnverdrehung. Aus dem Herkunftswörterbuch erfahren wir, daß zum Beispiel zu dem Wort »vergessen« als Grundwort ein einfaches Verb gehört, englisch »to get«; dieses geht mit verwandten Wörtern in anderen Sprachen auf die indogermanische Wurzel GHED-, fassen, ergreifen, zurück. Die Grundbedeutung von »vergessen« ist also, da die Vorsilbe »ver-...« die Bedeutung des Verbs in ihr Gegenteil verkehrt, »aus dem (geistigen) Besitz verlieren«. Wenden wir diese Belehrung auf andere Worte an, die wir ständig benützen, nämlich »verstehen« und »Verstand«, so entsteht die Frage, ob wir bei allem, was wir verstehen, verdreht stehen. Ist unser Verstand ein verkehrter Stand? Ist die Sprache, wenn wir auf sie hören, von sich selber her entlarvend? *Ist die Sprache in sich selbst divinatorisch? Enthält die Sprache, die wir sprechen, in sich selber den Erwecker aus dem Dornröschenschlaf?* – Gibt die Sprache Heidegger recht, wenn er von der Seinsvergessenheit spricht? Ist er nicht vielleicht doch der große deutsche Lehrer in unserem zu Ende gehenden Jahrhundert, wenn es gilt, auf die Sprache zu achten?

Mit Unvergessenheit als Wahrheit, mit dem Worte Erinnerung und der damit angedeuteten Wendung nach innen, auch Hereinholung nach innen, mit der Abwendung vom Hirnwissen zum Wissen aus der Region des Herzens ist schließlich eindringlich eine Verbindung angezeigt, die im Innern besteht, auch wenn sie außen unsichtbar ist, die im Innen erinnert werden muß, auch wenn alles Äußere widerständig entgegensteht. ALÉTHEIA will die Bindung zur Wiedererkenntnis bringen, will die Bindung wiederherstellen, steht also, was damit völlig klar geworden ist, im Dienste der RELIGIO (wir verwenden die Worte RELIGIO und Esoterik gleichbedeutend, nämlich für den Bereich eines ursprünglichen Wissens, auch wenn wir vielleicht durch unsere Betrachtungen dahin gelangen werden, beide Worte aufzugeben). ALÉTHEIA steht dem entgegen, was Hölderlin in einem Entwurf zu einer Hymne, zitiert nach Heidegger (»Was heißt Denken?«), so formulierte:

> Ein Zeichen sind wir, deutungslos,
> Schmerzlos sind wir und haben fast
> Die Sprache in der Fremde verloren.

Wir folgen eine Weile den Nachforschungen von Heidegger. Hölderlin hat unter den Titelentwürfen für diese Hymne auch das Wort »Mnemosyne«, Erinnerung, Gedächtnis, notiert. Die Mnemosyne ist eine Titanide, Tochter von Himmel und Erde. Und dies ist in unserem Zusammenhange doch recht bedeutsam. Die Titaniden sind Abkömmlinge einer alten Göttergruppe, zu der die Götter Gaia (Erde) und Uranos (Himmel) gehören; sie repräsentieren Zeugungen der Urpotenzen Erde und Himmel, entstammen thalassischen und siderischen Kräften, also dem Meere und der Sternenwelt.

»Ein Zeichen sind wir, deutungslos« und haben »die Sprache in der Fremde verloren«. Der in der Fremde Weilende hat kein Davonkommen, es sei denn, er erinnere sich, woher er kommt und wohin er gehört. Die Göttertochter Mnemosyne bietet ihre Hilfe dafür an. Denn Mnemosyne wird als Geliebte und Braut des Zeus Mutter der Musen. Spiel und Tanz, Gesang und Gedicht gehören dem Schoß der Mnemosyne, der Göttertochter »Gedächtnis, Wiedererkenntnis«, und wir entsinnen uns, wohin die Eingeweihten ziehen, nachdem sie vermieden haben, aus den Wassern des Lethe zu trinken, »um ein Zeichen zu bleiben«. ALÉTHEIA als Wahrheitsbegriff will den Menschen vom »deutungslosen Zeichen« zu seiner Bedeutung zurückführen.

Der Mensch ist selber ein Zeichen. Aber lange ist der Mensch schon ein »deutungsloses Zeichen«, heißt es in dem erwähnten Hölderlin-Hymnus. Und deutungslos deshalb, weil das Zeichen nicht verstanden, weil es nicht als solches gedeutet wird. Denn der Mensch ist das Zeichen seines göttlichen Ursprunges, der sich in ihm zugleich auch verbirgt.

Wir haben den griechischen Denker Heraklit erwähnt, der das Sein oder, anders gesagt, das eigentliche Wesen dessen, was ist, als ein Offenbaren und zugleich als ein Verbergen erkannt hat. Als Beleg dafür seien an dieser Stelle noch einmal drei seiner Fragmente erwähnt, welche in unterschiedlicher Weise davon sprechen, auch wenn wir nicht weiter darauf eingehen werden. Sie heißen:

> Verborgene Harmonie ist besser als sichtbare. (Fr. B 54)
> Der Herr, dessen das Orakel zu Delphi ist, spricht nicht aus und verbirgt nicht, sondern gibt ein Zeichen. (Fr. B 93)
> Wie denn könnte irgendwer verborgen bleiben dem niemals Untergehenden? (Fr. B 165)

Darum muß völlig klar und unverlierbar und unvergessen in unser Bewußtsein aufgenommen werden, daß Wahrheit nichts anderes ist und sein kann als Enthüllung aus dem Verborgenen. Und das, was verbirgt, die ganze sichtbare Schöpfung, das ist zugleich auch nichts anderes als die »Enthüllung des Göttlichen«. Diese Doppeltheit, die Polarität, diese Gegensätzlichkeit und Widersprüchlichkeit ist zusammen das Ganze, ist zusammen letztlich das wahre Eine und die Einheit. Der griechische Wahrheitsbegriff ALÉTHEIA ist Hinführung zu der in der Vielheit verborgenen Einheit und zur Erkenntnis, in der verbergenden Vielheit die Einheit sich gleichzeitig entbergend und entschleiernd zu sehen. Beenden wir diese Betrachtung über die ALÉTHEIA mit der Wiederholung dessen, was denkwürdig bleibt: *Der Eingeweihte vergißt nicht.*

Nachtrag: Leopold Ziegler schreibt 1958 in seinem Vorwort zu René Guénons Büchlein »Der König der Welt« (deutsche Neuauflage 1987) von einem »Hoffnungsschimmer für das mit dem Tode ringende Abendland« und fügt hinzu:

> Allzu lange hat Europa aus dem stygischen Lethe Vergessenheit getrunken und darum mehr und mehr vergessen, was nie hätte vergessen werden dürfen. Nun wird Anamnesis gegen Lethe aufgeboten, falls es nicht bereits zu spät ist.

IX

Religion und Philosophie lehren die ANÁMNESIS. Um ein anderes Wort als Erinnerung haben wir uns noch zu kümmern, um das Wort »Gedächtnis«. Wir sprachen von einer abendländischen Abendmahl- und Gedächtniskirche (»Tut dies zu meinem Gedächtnis«). Als Zeichenlesende achten wir auf Worte, nämlich auf epochemachende und enthüllende Worte. Gottesenträtselung ist unser Geschäft, und die griechische Göttin Mnemosyne begleitet uns dabei. Ihr Name ist auf deutsch *»die* Gedächtnis« (Heidegger). Wir wollen uns nun durch Heideggers Denken in seinem Buch »Was heißt Denken?« führen lassen. Die Ansprache des Denkers an uns heißt, »das Bedenklichste in unserer bedenklichen Zeit« sei, »daß wir noch nicht denken«. Und auch die Philosophen, die berufsmäßigen Denker, seien von dem »Noch-nicht-Denken« betroffen. Wir wissen, das zu Denkende ist das Sein. Als Denkende aber leben wir in der Seinsvergessenheit, also denken wir nicht. Was wir denken nennen, das ist vernehmen, steht unter der Herrschaft der Vernunft, einem »verdrehten« Nehmen, wie wir annehmen müssen.

Zum wahren Denken führt uns nun das Wort »Gedächtnis« zurück, die Göttin Mnemosyne, die Anamnese, womit wir religiöses Gebiet, mythologisches Territorium, mythisches Gelände betreten haben. Und hier gelangen wir auch in den Konflikt zwischen Mythos und Logos, der bereits vor Platon durch die griechischen Philosophen heraufbeschworen wurde, in den ungelösten Kampf zwischen der Poesie und der Logik. Aber Mythos und Logos waren einmal noch eins, zum Beispiel bei Parmenides. Und da sagt Heidegger ein bedenkenswertes Wort:

Es ist ein auf dem Grunde des Platonismus vom neuzeitlichen Rationalismus übernommenes Vorurteil der Historie und der Philologie, zu meinen, der MYTHOS sei durch den LOGOS zerstört worden. Das Religiöse wird niemals durch die Logik zerstört, sondern immer nur dadurch, daß der Gott sich entzieht.

Wir Menschen sind eine Entzugserscheinung.

Gedächtnis ist das Heilmittel, damit der Gott sich nicht entzieht. »Tut dies zu meinem Gedächtnis.« Gedächtnis meint etwas anderes, als die psychologisch interessante und in unserem Alltagsleben notwendige und für uns wichtige Fähigkeit, Vergangenes in der Vorstellung zu behalten. Die Göttin Mnemosyne steht nicht für ein beliebiges Denken vor irgendwelchem Denkbaren. Gedächtnis meint die Versammlung des Denkens auf das, was allein und immer und im voraus bedacht sein will. Gedächtnis ist »Andenken« an das zu Denkende. Gedächtnis, die Mutter der Musen, das Andenken, ist der Grundquell des Dichtens. Alles Gedichtete entspringt aus der Andacht des Andenkens.

Der nächste Baustein wird gefunden durch die Frage, was mit den Worten Denken, Gedachtes, Gedanke genannt werde. Unter Anleitung der Sprache, die nach Heidegger »Zuspruch an die Menschen« ist, sagt er: »Zum Gedachten und seinen Gedanken, zum ›Gedanc‹ gehört der Dank« und stellt die Frage: »Ist das Denken ein Danken?« Ziehen wir das Herkunftswörterbuch zu Rate, werden wir folgendermaßen belehrt: Das gemeingermanische Verb »denken« gehört zu der indogermanischen Wurzel TENG, empfinden, denken, vergleiche zum Beispiel das altlateinische TONGÉRE, kennen, wissen. Die alten Bildungen Dank und Gedanke zeigen noch den germanischen Stammvokal. Mittelhochdeutsch DAHT »Denken« ist nur noch in Zusammensetzungen wie »Andacht« usw. erhalten. Damit ist der Umkreis des Wortes »denken« erschlossen.

Das heutige Verständnis des Wortes Gedanke meint eine Idee, eine Vorstellung, eine Meinung oder einen Einfall. Nach Heideggers Deutung aber umschließt das ursprüngliche Wort »Gedanc« das gesammelte, alles versammelnde Gedenken. »Der Gedanc sagt soviel wie das Gemüt, der MUOT, das Herz.« Und dieses Gedenken ist sowohl Dank wie Andacht. »Als das so verstandene Gedächtnis ist der Gedanc auch schon das, was das Wort ›Dank‹ nennt. Im Dank gedenkt das Gemüt dessen, was es hat und ist. Also gedenkend und somit als das Gedächtnis denkt das Gemüt sich jenem zu, dem es gehört.« Aus dem zuvor Zusammengebrachten eröffnet sich das Denken als ein Denken des Menschen an das, dem er gehört, nämlich Gott. Und Gott entzieht sich, wenn wir Menschen seiner nicht gedenken. Heideggers Titel »Was heißt Denken?« möge also im eigentlichen Sinne aufgenommen werden, denn die eigentliche Frage lautet: »Was heißt uns denken?« In unserem Suchen, das wir Gottesenträtselung nannten, gelangen wir nun zur vorläufigen Antwort: Das Göttliche, der Gott in uns heißt uns denken. *Das einzig zu Denkende ist Gott.*

Die beiden griechischen Worte ANÁMNESIS und ALÉTHEIA führten uns in das Wesen dessen, was in Wahrheit Denken heißt. Sie sind Formel und Titel dafür. Das Wort ANÁMNESIS führte uns zur MNEMOSYNE, zum Gedächtnis, und dieses erschloß uns das Denken als Andacht und Dank. Solchermaßen überrascht und beschenkt, schließen wir den Kreis zurück zum Abendmahl. Das abendländische Abendmahl steht im Dienste und ist Zeichen des wahren Denkens im Sinne von ANÁMNESIS KAI ALÉTHEIA, der Erinnerung und der Unvergessenheit. Alle Weisheitslehren sprechen vom Zurückführen auf Anfang und Ursprung. Anfang und Ursprung aber ist das Einssein. Zurückführung ist Heimkehr aus der Gespaltenheit, aus dem Abgebrochensein, aus der Polarität, aus der Dualität, aus der Entzweiung in allem Wahrnehmen und Denken, ist das Hintersichzurücklassen all dessen, was auf der Zahl Zwei beruht und deshalb teilt, ist Rückkehr aus dem Dickicht der Holzwege. Im Abendmahl ißt der Mensch, der sich in die Vielheit verlor, die Speise, die ihn wieder eins werden läßt.

Und nun heißt dieses heilsame (heilige) Geschehen in der religiösen Handlung des Altarsakramentes der katholischen Kirche »Eucharistie«. Wir achten auf die Sprache, die hier spricht. Das griechische Wort EUCHARISTÍA heißt Dankbarkeit, Danksagung, Dank. EUCHÁRISTOS heißt dann sogar glücklich, EUCHÁRIS anmutig, liebenswürdig. Danksagung pflegt der Beschenkte. Und CHÁRIS ist das Geschenk (siehe Seite 72), was wir schon auffanden, als wir vom charismatischen Menschen sprachen, der die Götter durch das Orakel befragt und sein Dasein auf dieser Welt enträtseln will. So gelangen wir nunmehr zur Einsicht, daß der charismatische Mensch, jener also, der sich vom Zuspruch der Götter beschenken läßt, jener Gottesenträtseler, auf eine ganz andere Weise denkt, als das Wort Denken heute gebraucht wird. Er denkt in der Weise, wie das Wort Denken ursprünglich gemeint ist, nämlich »Denken heißt Danken«. Erweitern wir diese Kurzform, so heißt dies ausgeschrieben: *Denken ist ein Andenken und damit ein Danken* (siehe Heidegger-Text im Anhang).

Auch dieses Andenken kennen wir aus der religiösen Praxis im Worte Andacht. Die entscheidenden Worte sind uns alle schon geschenkt. Was wir in der Realität tun, wenn wir Andacht üben, ist eine andere Frage. Mit Andacht im umfassenden Sinne ist nicht das Knien in einer

Kirchenbank gemeint und dann noch in einem zerknirschten Gedenken unserer Sündhaftigkeit. Mit Andacht im Sinne des »Denkens als Danken« ist wohl die Freude am Dasein und die Dankbarkeit gegenüber der göttlichen Schöpferkraft für unser Dasein genannt. Bedenken wir noch, mit welch schönem Wort das Abendmahlsgeschenk benannt ist, mit Eucharistie. Die Vorsilbe »EU« heißt gut, wohl, ja auch glücklich; und nicht nur im Wort Eucharistie, sondern in der weihnachtlichen Frohbotschaft (EUANGÉLION, Freuden- und Heilsbotschaft) spricht uns das Freudige an, dem wir in unseren Betrachtungen immer näher kommen wollen. Ignatius von Antiochia, ein Märtyrer aus dem zweiten Jahrhundert, gab der Speise des Abendmahles den Namen PHÁRMAKON ATHANASÍAS, Heilmittel der Unsterblichkeit, oder auch ANTÍDOTON, Gegengift gegen den Tod.

In diesem Zusammenhang denkt Martin Heidegger immer wieder von neuem an den Gedanken von Friedrich Nietzsche, der in der Lehre von der »ewigen Wiederkehr des Gleichen« das Heilmittel gegen die Rachsucht des Menschen gesehen hat und dabei auch sagt, ein großer Denker habe immer nur »einen« Gedanken. Bewahren wir für den Fortgang unseres »gottenträtselnden Lesens« diesen Gedanken auf, des Menschen Rachsucht könne nur durch das Wissen um das »ewige Leben« geheilt werden. Von Rachsucht ist die Rede, weil der verletzte Mensch sich immer rächen will. Und er trägt auf und an sich die Verletzung des Abgebrochenseins vom Ursprung, des Vergessens dessen, wer er ist. Zwar sprach die christliche Lehre vom Menschen als Ebenbild Gottes, IMAGO DEI, doch wer von uns glaubt wirklich daran? Wen brachte das in die Freude? Oder: Wer von uns »weiß« das wahrhaftig?

Oder reicht der Abbildgedanke nicht aus, um in die andächtig-dankbare Heiterkeit zu gelangen?

Am Ende dieses Abschnittes »über das Denken als Danken« sei noch einmal darauf aufmerksam gemacht: Wir rufen nicht zum kirchlichen Abendmahl auf, wir bedenken, was es uns zuspricht. Wir sprechen ihm auch niemals den Charakter oder die Wirklichkeit des Heilmittels ab. Wir wollen an seinem Beispiel und Sinnbild entdecken, was grundsätzlich für den Menschen in seiner Seinsvergessenheit und in seiner Gottesvergessenheit Heilmittel ist. Und in diesem Versuch, auf den Grund zu gehen, entdeckten wir als Heilmittel: Erinnerung, Unvergessenheit, Gedächtnis. Wir entdeckten als Pharmakon *das wahre Denken als Erinnerung an den Ursprung und als Dank für unser Dasein und seine Größe.*

Der Mensch als IMAGO DEI, Ebenbild Gottes? Ist das ein bloßer Name? Ist es nicht gleichgültig, wie Denker und Dichter und Propheten den Menschen mit Namen bekränzen, wenn er sich doch in seiner »Geworfenheit« dem entsetzlichen Leiden in der Welt völlig ausgeliefert erlebt? Wo ist da Größe sichtbar? Schauen wir uns die Gegenseite an.

X

Wie weit reicht die Erinnerung, wie weit zurück soll sie denn führen? Oder anders gefragt: Wenn wir in die Unvergessenheit eintreten wollen, was haben wir alles vergessen? Oder: Was ist dem abendländischen Menschen auch noch abhanden gekommen?

Die Psychoanalyse arbeitet mit dem Rückgang in die Kindheit und in die dort erlebten Verletzungen. Solche Verletzungen sind Unterbrechungen der Kontinuität. Kontinuität ist die Haupteigenschaft des solaren Bewußtseins; sie ist Vitalität und Leben. Das marsische Bewußtsein aber ist Diskontinuität. Alles Marsische, Kriegerische wird aus dem Unterbrochen- oder Abgebrochensein ernährt. Muß also die Rückerinnerung bis zum Bruch zurückgehen? Oder zurück bis zu welchem anderen Verlust? Zurück zu welchem Verlust, der seither Wut und Haß, Auflehnung gegen das Dasein und jeglichen Streit unter uns entfacht?

Wenn der griechische Wahrheitsbegriff, wie wir gesehen haben, das Reinkarnationsbewußtsein beinhaltet, insofern also der antike griechische Kenner der Mysterien weiß, es gilt, nicht von dem Wasser des Lethe zu trinken, wo liegt dann die Quelle der Vergessenheit? Wenn ALÉTHEIA für die europäische Zivilisation ohne Wirkung war, wo wurzelt die Seinsvergessenheit?

Gilt es weiter in den Osten zu gehen? Knüpfen wir an eine Quelle unseres Erinnerungs-Themas an, an das jüdische Passahfest, das zur ständigen Erinnerung an die Befreiung aus der ägyptischen Gefangenschaft gesetzlich angeordnet wurde und jährlich gefeiert wird. Rufen wir uns ins Gedächtnis, was damit religiös gemeint ist: Das

Volk erinnert sich der grundlegenden Heilshandlung Gottes an Israel. Durch viele Psalmen auch, welche der gläubige Jude und der gläubige Christ in seinem Gottesdienst hört, wird über die historische Tatsache hinaus das Exil des jüdischen Volkes als Symbol genommen für unser Exil, in welchem wir im irdischen Dasein leben, und für die Befreiung daraus, die künftig geschehen soll. Außerdem greifen wir sinngerecht auf das Alte Testament zurück, weil dort der Reinkarnationsgedanke lebendig ist. Die Juden fragen immer wieder danach, wessen Wiedergeburt Jesus sei. Darüber hinaus wird Jerusalem symbolisch erhöht zur Stadt Gottes, es wird zum »himmlischen Jerusalem«, wo Gottes Volk ewig in Gemeinschaft mit ihm und Christus leben soll (Offb. 21.3,4).

Das himmlische Jerusalem steht in der biblischen und später christlichen Bilderwelt im Gegensatz zum irdischen Babylon, dem Sinnbild der widergöttlichen Weltmacht, auch wenn später Rom damit gemeint war. Solche Sinnbilder prägen mehr als historische Tatsachen. Die Bürger des himmlischen Jerusalems (SALEM heißt Friede, griechisch HIEROSOLYMA, die heilige Stadt des Friedens) sind der rechte Same Abrahams, die auf das verheißene Erbe warten. Abraham stammt ursprünglich aus Ur, aus dem Süden von Mesopotamien, von dort wanderte er aus, den Euphrat aufwärts nach Haran und von dort schließlich, bereits betagt, Richtung Kanaan. Die Bibellektüre macht vertraut mit dem unüberbrückbaren Zwiespalt zwischen Jerusalem und Babylon. Das jüdische Volk war durch zwei Gefangenschaften schwer verletzt. Die erste Völkerumsiedlung vollzog Nebukadnezar II. im 7. Jahrhundert. Im religiösen Denken waren Verbannungen oder die gigantischen Volksumsiedlungen durch Eroberer Symbole für die Verbannung aus dem Garten Eden.

Es bietet sich also aus verschiedenen Motiven an, zur

Beantwortung der Frage nach der Seinsvergessenheit oder nach dem Verlust bis nach Babylon oder besser bis nach Ur, dem Herkunftsland Abrahams, zurückzugehen. Von hier haben die Israeliten auch ihre alttestamentarische Sintflutgeschichte. Wir sind hier am Orte des sagenhaften Turmbaues, Sinnbild der Auflehnung gegen die göttliche Ordnung in der Welt.

Und da gibt es doch in der babylonischen Mythologie die berühmte Gilgamesch-Geschichte, die uns Menschen seither unverdaulich im Magen liegt. Da war doch immer dieses beklemmende Gefühl wegen des Gilgamesch-Epos. Wir versuchen jetzt seine Anamnese.

Der Bezug der Menschen zu den Göttern ist in der Religion der Babylonier und Assyrer durch eine ungewöhnliche Kluft gekennzeichnet. In der pessimistischen Stimmung der akkadischen Version des Gilgamesch-Epos finden wir deren Niederschlag. Aus dem 12. vorchristlichen Jahrhundert stammend, geht die Heldensage auf sumerische Zeiten zurück. Gilgamesch, der frühgeschichtliche Herrscher von Uruk in Südmesopotamien (also in dem Zweistromland Euphrat und Tigris), der die neun Kilometer lange Mauer dieser Stadt gebaut haben soll, ist wie andere Könige der Frühzeit durch die Phantasie der religiösen Menschen auf eine mythische Höhe gehoben, er wurde zu einem Helden in der Göttersage. Wollen wir uns eine erste Übersicht verschaffen, handelt es sich im Gilgamesch-Epos um folgendes:

G. unterdrückt seine Stadt Uruk. Die Götter erschaffen die Tarzan-Gestalt Enkidu, der die menschliche Kultur kennenlernt und in Uruk sich G. gewachsen zeigt. Aus dem Kampf der Heroen entsteht eine feste Freundschaft. Zusammen besiegen die Freunde im Libanon das Ungeheuer Chuwawa. Darauf bewirbt sich die Stadtgöttin Ischtar um G., der sie jedoch ablehnt. Der Himmelsstier, den sie darauf G. angreifen läßt, wird von G. und Enkidu getötet. Damit verwirkt Enkidu sein Leben, und er stirbt. Die Erkenntnis des Todes bricht in G. auf, und in seiner Erschütterung darüber macht er sich auf die Suche nach der Unsterblichkeit. Aus der Angst, die ihn ergreift, unternimmt er eine Weltreise, um über die Wasser des Todes auf die Insel der Seligen zu gelangen. Er findet zu Utnapischtim, dem babylonischen Noah, einem weisen Greis, dem zur Zeit der Sintflut von den Göttern die Unsterblichkeit verliehen wurde. Utnapischtim spricht zu G. auf dessen Bitten von dem Lebenskraut, das auf dem Grunde des Meeres wächst. Und nun lesen wir aus der deutschen Übersetzung (Tafel 11, 264):

Utnapischtim sprach zu ihm, zu Gilgamesch:
»Du, Gilgamesch, kamst, hast dich abgemüht,
abgeschleppt –
Was geb ich dir, daß du kehrst in die Heimat?
Ein Verborgenes, Gilgamesch, will ich dir enthüllen,
Und ein ›Unbekanntes‹ will ich dir enthüllen,
Es ist ein Gewächs, dem Stechdorn ähnlich,
Wie die Rose sticht dich sein Dorn in die Hand.
Wenn dies Gewächs deine Hände erlangen,
Wirst das Leben du finden!«
Kaum hatte Gilgamesch dieses gehört ...,
Da band er schwere Steine an die Füße,
Und als zum Apsû sie ihn niederzogen,
Da nahm er's Gewächs, ob's auch stach in die Hand,
Schnitt ab von den Füßen die schweren Steine,
Daß ihn die Flut ans Ufer warf.

Rechte Seite:
Gilgamesch mit dem Unsterblichkeitskraut. Relief aus dem Palast von Ashur-nasier-apal II. (885–860) in Kalhu (Assyrien).

Gilgamesch sprach zu ihm, zum Schiffer Urschanabi,
»Urschanabi, dieses Gewächs ist das Gewächs gegen die Unruhe,
Durch welches der Mensch sein Leben erlangt!
Ich will's bringen nach Uruk-Gart, es dort zu essen
geben und dadurch das Gewächs erproben!
Sein Name ist ›Jung wird der Mensch als Greis‹;
Ich will davon essen, daß mir wiederkehre die Jugend«.
Nach zwanzig Doppelstunden nahm er einen Imbiß ein,
Nach dreißig Doppelstunden schickten sie sich zur Abendrast.
Da Gilgamesch einen Brunnen sah, dessen Wasser kalt war,
Stieg er hinunter, sich mit dem Wasser zu waschen.
Eine Schlange roch den Duft des Gewächses.
Verstohlen kam sie herauf und nahm das Gewächs;
Bei ihrer Rückkehr warf sie die Haut ab!
[Anmerkung: Sie hat sich also sogleich verjüngt]
Zu der Frist setzte Gilgamesch weinend sich nieder,
Und über sein Antlitz flossen die Tränen,
Er sprach zum Schiffer Urschanabi:
»Für wen, Urschanabi, mühten sich meine Arme?
Für wen verströmt mein Herzblut?
Nicht schaff' ich Gutes mir selbst ...«

Doch bevor Gilgamesch zu Utnapischtim gelangte, also bereits auf der zehnten Tafel, sprach der akkadische Sonnengott »Schamasch«, der auf seinem täglichen Weg über das Himmelsgewölbe alles sieht und deshalb Schützer von Wahrheit, Recht und Gerechtigkeit (das ist Helios in der griechischen Mythologie) ist, zu ihm (Tafel 10, I, 5):

Schamasch betrübt sich, machte sich auf zu ihm
Und sprach zu Gilgamesch:
»Gilgamesch, wohin läufst du?
Das Leben, das du suchst, wirst du nicht finden!«

Und die Schenkin Siduri-Sabitu, die verkleidete Göttin Ischtar, die in des Meeres Abgeschiedenheit wohnt und die von Gilgamesch nach dem Weg zu Utnapischtim gefragt wird, sprach (Tafel 10, III, 1):

Die Schenkin sprach zu ihm, zu Gilgamesch:
»Gilgamesch, wohin läufst du?
Das Leben, das du suchst, wirst du nicht finden!
Als die Götter die Menschheit erschufen,
Teilten den Tod sie der Menschheit zu,
Nahmen das Leben für sich in die Hand.«

Das ist die tragische Botschaft des Gilgamesch-Epos. Der Zuspruch der Götter zu den Menschen ist jener der Sterblichkeit, der Chancenlosigkeit. Hier ging das Wissen um die Unsterblichkeit endgültig verloren. Hier ist die Wiege für spätere Religion, daraus einen Glauben und eine Hoffnung zu machen.

Hier ist gleichzeitig der anderen Möglichkeit einer Versöhnung die Türe zugeschlagen, der Wiedergeburt. Statt Wiedergeburt und Unsterblichkeit kennt das Epos nur mehr die Totengeister. Seitheit sind der arme beklagenswerte Gilgamesch wir selbst. König Gilgamesch sind wir selbst, genauso wie auch König Oidipus wir selbst sind. Diese beiden erschütternden und scheiternden Heroen sind wir selbst. Ihr Scheitern ist der tiefe Grund für unsere totale Diesseits-Lebenshaltung. Und das Christentum war dafür – was unsere öffentliche Mentalität betrifft – kein Heilmittel. Die Seinsvergessenheit hat sich durchgesetzt. Das Gilgamesch-Epos ist ein Gleichnis für uns selber.

Wir könnten an dieser Stelle den ausschnitthaften Anblick des Gilgamesch-Epos abbrechen. Um diese Textstellen geht es uns als Leser. Gleichzeitig erscheint es uns reizvoll, bei diesem Epos noch ein wenig zu verweilen und daran noch einiges mehr zu lernen. Wir werden aber zu diesem Zwecke einen umfassenderen und zugleich auch detaillierteren Überblick suchen müssen. Wenn wir die Abweisung durch die Götter wieder in die Betrachtung aufnehmen, so verweist die Schenkin Gilgamesch zurück in den für die Menschen vorgesehenen Teil der Freude (Tafel 10, III, 6):

> »Du, Gilgamesch – dein Bauch sei voll,
> Ergötzen magst du dich Tag und Nacht!
> Feiere täglich ein Freudenfest!
> Tanz und Spiel bei Tag und Nacht!
> Deine Kleidung sei rein, gewaschen dein Haupt,
> Mit Wasser sollst du gebadet sein!
> Schau den Kleinen an deiner Hand,
> Die Gattin freu' sich auf deinem Schoß!«
> Solcher Art sei das Werk der Menschen.

Dies ist der Trost der Sterblichen. Die Sterblichen sollen sich den Bauch vollschlagen, sich an ihrem Jahrmarkt ergötzen. Rührend ist jedoch gleichzeitig die Anweisung der zärtlichen Liebe zu den Kindern und der eigenen Gattin. Am Ende des Epos verkündet der Totengeist von Enkidu, des verstorbenen Freundes von Gilgamesch, seinem geistigen Bruder »die Ordnung der Erde« (Tafel 12, I, 87):

»Sage mir, Freund, sage mir, Freund,
Sage mir die Ordnung der Erde, die du schautest!«
»Ich sag sie dir nicht, Freund, ich sag sie dir nicht!
Sag ich dir die Ordnung der Erde, die ich schaute –
Du müßtest dich setzen und weinen!«

Gilgamesch sagt ihm, er wolle sich hinsetzen und weinen, und er kauert im Staube und fragt den Totengeist seines Freundes und Bruders nach den Verstorbenen, die er kannte. So endet die Heldensage. Dem ewigen Leben der Götter gegenüber setzte der Glaube der Babylonier nur ein schattenhaftes Dasein der Verstorbenen in einer trostlosen Umwelt. So war Religion in den gigantischen Tempeln, war das Gebet und das Einhalten von Vorschriften im Sinne von ethischen Handlungen einzig auf das Diesseits gerichtet. Die Chancenlosigkeit, die vom Jenseits über die Menschen verhängt wurde, prägte die babylonische Religion zu einer reinen Diesseitsreligion. Die Unterwelt oder das Reich der Toten hat den Namen »Ort ohne Rückkehr«. Es gab keine Reinkarnation.

Ist das Diesseits das ganze Glück, so blüht das Orakelwesen. Chaldäa, wie die Israeliten das Zwischenstromland auch nannten, wurde vielleicht gerade deshalb eine Wiege der Astrologie, wenngleich nicht deren Geburtsort, denn die Astrologie ist viel älter. Es existiert die Zahl von 30 000 Jahren, die Geschichtsforschung aber kennt nur Mesopotamien als Ursprungsland. Darauf wollen wir nicht weiter eingehen, es sei hier einzig die Bedeutung einer vordergründigen Divination in Erinnerung gerufen, die mit Gewißheit wächst, wenn der Mensch wenig Raum für seine seelische Entfaltung hat. Ist es das Diesseits, als ein einmaliges Ereignis, was dem Menschen bleibt, und was danach kommt ein Schattendasein, ein Gefängnis freudloser Art, so muß alles herbeigeholt werden, was wenigstens das Diesseits zu einem Bereich der Expansion macht. Entsprechend wird eine oberflächliche Magie zu einem Hauptthema des religiösen Lebens. Das Orakel hat magischen Sinn, und Magie meint dann, das Leben in den Griff zu bekommen oder die Götter zu beeinflussen, damit das Leben kein Jammer sein wird.

Schauen wir uns die herrschenden Bilder noch etwas genauer an. Das sumerisch-babylonische Unterweltsbild geht von der geographischen Umwelt aus, denn zur Sphäre der Todesmacht gehören Steppe, Wüste, Gebirge, die chthonischen Götter heißen »Herren der Steppe«; daher heißt die Unterwelt »Ort ohne Rückkehr« (KUR-NU-GI), liegt im Westen, jenseits der syrischen Wüste. Dann aber kommt das Meer; das ist der eigentliche Ort des Sonnenunterganges. Das Meer ist ein Unterweltstrom. Durchquert oder überquert wird es mit dem Unterweltsfährmann Urschanabi. Utnapischtim residiert im Westen. Er weiß den Weg zur Quelle des Lebens, diese ist zu finden tief unten im Meer. Dort findet Gilgamesch das Lebenskraut, das Heilmittel für das ewige Leben, aber er verliert es wieder.

Europäische Kultur nimmt hier ihren Anfang. Die spätere kirchlich sanktionierte Wiedergeburtsvergessenheit nimmt hier ihren Anfang. Wenn angenommen wird, die Zweistromlandbewohner stammen ihrerseits aus dem Osten, seien indische Einwanderer, Indien aber bis heute den Reinkarnationsglauben besitzt, so gilt wohl zu Recht, der Beginn der Reduktion des irdischen Lebens auf ein einziges Leben sei an diesen Ort gebunden.

Die Reinkarnationsvergessenheit, die immer noch in Europa und in der westlichen Zivilisation im öffentlichen Bewußtsein und in den Religionen und in den Theologien als vernünftige Tatsache gilt, muß für einen Menschen, der sich aus dieser Wissensbetäubung herausbegeben hat, unverständlich sein, muß überraschen, muß Erstaunen erwecken. Wie kann dies in der Geschichte der Menschen nur möglich sein? Wie kann etwas so Entscheidendes für das Lebensgefühl, für das Lebensbewußtsein und die Version vom menschlichen Leben verlorengehen?

König Gilgamesch verliert das Lebenskraut. Die listige Schlange muß wohl mit der Göttin Ischtar zusammenhängen, wie zu vermuten ist. Wenn wir von Weltschöpfungsmythen sprechen, erwähnen wir den babylonischen Kampf zwischen Marduk und Tiamat als eines der ersten Beispiele. Hier tritt die Schlange als Meeresungeheuer auf, das alles verschlingen will. Wir kennen das gewaltige Bild vom Meer als Muttergottheit, aus dem alles Leben entsteht, in das aber alles Leben wieder zurücksinken kann, so wie die Sonne am Morgen aus dem Meer geboren, am Abend aber wieder von diesem verschlungen wird. Der Meeresdrache ist Urbild dessen, was Leben wieder verschlingt, wiewohl es zuvor aus diesem heraus geschenkt wurde.

C. G. Jung hat in seinem Buch »Symbole der Wandlung« auf den doppelten Charakter der Muttergottheit oder der Großen Mutter hingewiesen. Die zweifache Mutter ist in der prähistorischen Mythologie das große Thema: die gebärende Mutter, das Urmeer, aus dem alles Leben ensteht, oder das Meer, das täglich die Sonne im Osten gebiert, und die verschlingende Mutter, die täglich die Sonne wieder im Westen verschluckt. Die gebärende Mutter ist aber auch jene der Wiedergeburt. Es ist in diesem Zusammenhang deutlich zu machen, wie der Wiedergeburtsgedanke in der Religionsgeschichte des Abendlandes nur noch als seelisches Wandlungsthema auftritt, nicht mehr im Sinne der Reinkarnation.

Wiedergeburt ist ein initiatisches Thema. Wir finden es als Szenarium in den Initiationsriten der Naturvölker wie auch in den Mysterienkulturen, wobei die Wandlung von einem Daseins- oder Bewußtseinszustand zu einem andern, zum Beispiel von der Kindheit zum Erwachsenendasein, symbolisch oder gleichnishaft mit einer REGRESSIO IN UTERUM (Rückkehr in den Mutterleib) und einer Neugeburt oder einer Wiedergeburt verglichen wird. Wenn wir uns so ausdrücken, dann will der existentielle Charakter der Wandlung in diesen Mysterien, die bezweckte seinsmäßige Umwandlung, betont sein. Für den außenstehenden Betrachter und Beschreiber eines solchen Vorganges ist es ein Gleichnis. Die Schwelle von einem Alter zum andern oder von einem Daseinszustand zum andern ist nicht einfach eine Grenzüberschreitung, das Verlassen eines Raumes und das Betreten eines andern, sondern es geschieht ein Kreislauf. Bevor das Neue sich ereignen kann, das einem Sonnenaufgang gleichkommt, muß die Sonne zuerst untergehen und ihren nächtlichen Lauf antreten.

Der nächtliche Lauf der Sonne ist die Rückkehr in den Mutterleib, in welchen sie regrediert, in welchem sie sich regeneriert und aus dem sie regelmäßig wiedergeboren wird.

Der religiöse Wiedergeburtsgedanke besteht in der christlichen Welt in der Taufe und der Priesterweihe, aber auch bei der sakralen Aufnahme in eine Klostergemeinschaft, wobei der Novize einen neuen Namen erhält. Auch der Neophyt in einer okkulten Bruderschaft erhält einen neuen Namen, wenn er einen bestimmten Einweihungsgrad erreicht hat. Wandlung im Sinne von Erreichen einer höheren Bewußtseinsstufe oder einer höheren Seinsart steht immer im Zeichen der Polarität von Tod und Auferstehung (Wiedergeburt) oder von Sonnenuntergang und Sonnenaufgang. Das Neue setzt im Denken der Zweiheit den Tod des Alten voraus. Wandlung ist stets an den Kreislauf der Sonne gebunden, dieser ist der Bildlieferant. Wandlung setzt Sterben und Wiedergeborenwerden voraus. Wandlung geschieht zwischen Westen und Osten, während des Nachtlaufes der Sonne.

In der Phantasie des Menschen geschieht die tägliche Wiedergeburt nicht fraglos und ohne Mühe, im Gegenteil, der untere Lauf der Sonne ist ein Kampf, dem Tode durch Wiedergeburt zu entrinnen, ist ein nächtliches Ringen (ähnlich wie im Alten Testament Jakobs Ringen mit dem Engel, bis er ihn am Morgen segnete) oder ein Bestehen härtester Prüfungen. Der untere Lauf der Sonne ist Bildspender für alle Jenseitsfahrten, die Gegenstand der Mythologien sind. Die Nachtfahrt der Sonne ist auch der Drachenkampf. In den Schöpfungsmythen wird von der ersten Entstehung aus dem Urmeer erzählt. Damit das Entstandene bewahrt bleibt, muß es gegen das Zurücksinken ins Meer ankämpfen, das ist dann der ursprüngliche Drachenkampf, wie wir ihn in der babylonischen Entstehungsgeschichte »Enuma elisch« kennen. Das ist dort der Kampf zwischen dem Sonnengott Marduk und dem Urwasser Tiamat. Und so ist der Drachenkampf, den der Sonnengott gewinnt, die Urform aller Drachenkampfgeschichten und aller Märchen.

Die menschliche Phantasie hat den Eintritt in die materielle Welt, beruhend auf der Zahl Zwei, mit dieser Dynamik der Entzweiung und der Zweiteilung und des Bruches zwischen zwei Welten versehen. Es kam zum gewaltigen Kampf zwischen Mutter- und Vatergottheiten. Der Sieg der männlichen Lichtgötter – in der griechischen Mythologie der Sieg von Zeus und Apoll – führte zu unserem heutigen einseitigen rationalen Denken. Im Bewußtsein der Philosophen wurde dann überhaupt die ganze Götterwelt abgeschafft. Der Logos siegte über den Mythos. Damit ist nicht der Begriff Logos im Neuen Testament gemeint, sondern der Logos, der zu unserem »logischen Denken« führte.

Wenn wir auch dieses zivilisatorische Ereignis der Vorherrschaft des rationalen Denkens auf die Sonnenlaufsymbolik beziehen, dann wird unser Bewußtsein und unser Denken nur noch durch den oberen Lauf der Sonne bestimmt. Nur der Tageslauf der Sonne ist noch Gleichnis für unser Bewußtsein. Der Nachtlauf der Sonne als Erfahrungsbereich ist abgedrängt in die Psychologie, die sich mit den Träumen der Menschen beschäftigt, in die okkulten Wissenschaften und in die Geheimbünde, die jenes andere Wissen hegen. Er lebt als Quelle der Inspiration in der Dichtkunst unangefochten weiter. Aber auch alles Irrationale mit seinen Bildern ist dort beheimatet: Geisterglaube, Aberglaube, alle angstmachenden Gruselfiguren, alles Chimärische, viele Gestalten, die wir nur mehr aus den Sagen und Märchen kennen, haben dort ihren Aufenthalt und künden sich uns von dort her immer wieder von neuem an. Im Buchhandel findet diese Welt am Ende dieses Jahrtausends eine wahre Auferstehung.

Und so verstehen wir nun auch, warum in der griechischen Götterwelt die Göttin der Nacht die Gebärerin einiger der verhängnisvollsten und mächtigsten personifizierten Wesen ist, nämlich des Thanatos (Tod), des Hypnos (Schlaf), des Moros (Geschick), der weiblichen Todesgeister mit dem Namen Keren (Verderben, Verhängnis), der Oneroi (Träume), des Momos (Spott und Tadel), der Nemesis (Vergeltung, Rächerin) und darüber hinaus von Weh, Zwist und Alter, aber auch der drei Parzen. Alle diese Gestalten gebar die Göttin Nyx (Nacht) ohne männliche Mitwirkung. Darum ist die Ratio des Tagesbewußtseins ihnen gegenüber vollständig machtlos. Es gibt die Erzählung, Zeus habe Hypnos (den Schlaf) entmachten und aus der Ordnung der Götter stürzen wollen, aber die Göttin Nyx schützte ihren Sohn, und der Göttervater Zeus mußte es geschehen lassen. Der Lichtgott mag den Schlafzustand der Menschen nicht. Das ist verständlich, denn der Schlaf entzieht den Menschen täglich der Macht der Tagessonne. Die Göttin Nyx behauptet folglich jenen Teil des Ganzen, den wir den Nachtlauf der Sonne nannten. Durch ihn erfährt die Potenz des Lichtgottes ihre Grenze.

Im Grunde genommen setzt sich dieser Streit um die Macht – ohne daß wir es wissen – seither zwischen den Männern und den Frauen fort. Die bedrängende Frage klopft da heute an die Türe, ob und wann wir diese Spaltung und den Kampf, der daraus entstand, aufzuheben fähig sein werden.

Der aus dem Bewußtsein der westlichen Zivilisation verdrängte Lebens- und Erfahrungsbereich des Nachtlaufes der Sonne meldet sich aber in noch ganz anderer Weise und bekundet damit, er könne nicht wirklich unberücksichtigt bleiben. Ja, dieser Bereich meldet sich auf beängstigende Weise in allem Irrationalen, welches das rationale Denken bekämpfen will und seiner doch nicht Herr werden kann, nämlich im Rassenhaß, in der Aggression gegen alles Fremde, in der Drogensucht, die weltweit Grauen erweckt, in der Umweltverschmutzung, im Sterben der Bäume und der Fischgründe und der Zerstörung der fruchtbaren Erde, also in allen Katastrophen, die wir so gerne vermeiden oder ungeschehen machen würden, die wir aber in unserem industriellen Produzieren von Wohlstand und Wonne selber erzeugen.

Die verdrängte Nachtseite meldet sich im seelischen Schatten, wie die Psychologen sagen. Sie kommt auf uns zu in den neuen Krankheiten und Epidemien, die der Siegesgewißheit der Medizin widersprechen. Aus dem Bereich der Mitternachtsonne, der vom Mond regiert wird, aus dem Bereich der Mondgöttinnen oder der Großen Mutter (oder aus dem Astralbereich, wie die Theosophen sagen) kommt jenen Menschen, welche die Tageshälfte des Lebens zum Ganzen machen wollen, regelmäßig die Peitsche entgegen und schlägt ihnen das selbstfabrizierte Glück aus den Händen (kaum haben die Menschen das faszinierende Spielzeug Automobil erfunden, beginnen sie an dessen Abgasen und an seiner Vielzahl zu ersticken!).

Die aus dem Bewußtsein der Menschen verdrängte Nachtseite des Sonnenlaufes stört von Zeit zu Zeit gewaltig das Streben unserer Zivilisation, aus der Erde ein Paradies zu machen. An dem Orte, den wir im Sinne einer Hypothese als den Ort der Unterweltvergessenheit bezeichnen, den wir als die Region der Verdrängung der Nachtseite des menschlichen Lebens ansehen dürfen, wo der Mythos der ausschließlich trostlosen Welt der Abgeschiedenheit entstand, da steigt das Verhaßte und Verdrängte und das seelisch und geistig Nichtberücksichtigte in Form der Ölpest auf und bedroht unsere Welt (Golfkrieg 1991). Die Energiequelle »Erdöl« – dem Besitz der exilierten Erdgeister entrissen – wird uns zum Verderben. Es steht all unser Trachten im Dienste der Idee, aus der Erde ein Paradies zu machen. Das heißt aber auch, aus der Hälfte das Ganze zu machen.

Und vielleicht ist es letztlich gar nicht falsch, aus der Erde ein Paradies machen zu wollen (wir werden später darauf zurückkommen), aber wir haben das wahre Mittel dafür aus den Augen verloren und suchen seit Jahrtausenden in der falschen Richtung.

König Gilgamesch, der das Lebenskraut (PHÁRMAKON ATHANASÍAS) verlor, sind wir.

Das Gilgamesch-Epos ist in der Zeit des gigantischen Kampfes zwischen der Herrschaft der Muttergöttinnen und des Patriarchates angesiedelt. Die in einem heutigen Leser Widerwillen und Abscheu erweckenden Fruchtbarkeitsrituale der prähistorischen Menschen, jährlich den König zu töten und sein Blut über den Acker zu vergießen oder ihn mit Pferden über die Erde zu Tode zu schleifen, damit sein Blut in ihr zur Gewährleistung der Fruchtbarkeit versickere, mußten abgelöst werden. Diese Rituale verschwanden innerhalb des Patriarchates. Und dies ist wohl im Sinne der Befreiung von der Großen Mutter auch notwendig gewesen. Die Philosophie des »männlichen Zeitalters« versuchte die Ernährung des Menschen durch Unternehmungsgeist (Vernunft anstelle Opferritual) sicherzustellen. Obwohl die Kirche das Opfer liturgisch immer noch praktiziert, verschwand der Opfergedanke aus dem Oberbewußtsein des unternehmerischen Menschen. Im zukunftsoptimistischen Industriezeitalter hat das Opfer keinen Platz mehr. Und doch wird es weiterhin gefordert. Der Wohlstandsglaube produziert seine Opfer, ob er will oder nicht. Im Oberbewußtsein hat der entmythologisierte Logos (die Vernunft) gesiegt, aber die unteren Mächte schicken immer wieder von neuem Chaos, Unordnung, Unruhe (Rebellion der jungen Menschen gegen die etablierten Väter) und fürchterliche Hungersnöte. In diesem Zusammenhange lesen wir im Einleitungskapitel zu C. G. Jungs »Psychologie und Alchemie«:

> Die großen Ereignisse unserer Welt, die von Menschen beabsichtigt und hervorgebracht sind, atmen nicht den Geist des Christentums, sondern des ungeschminkten Heidentums. Diese Dinge stammen aus einer archaisch gebliebenen seelischen Verfassung, welche vom Christentum auch nicht von ferne berührt worden ist ... Die christliche Kultur hat sich in erschreckendem Ausmaß als hohl erwiesen: sie ist äußerliche Politur; der innere

Mensch ist (davon) unberührt und unverändert geblieben. Der Zustand der Seele entspricht nicht dem äußerlich Geglaubten.

Dieser Psychologe, der sich mit den tiefliegenden Bildern der Klienten beschäftigte, weiß es aus lebenslanger Erfahrung. So sagte er:

> Im Innern regieren archaische Götter, wie nur (eh und) je; das heißt, die innere Entsprechung des äußeren Gottesbildes ist aus Mangel an seelischer Kultur unentwickelt und darum im Heidentum steckengeblieben. Die christliche Erziehung hat zwar das Menschenmögliche geleistet; aber es genügte nicht. Zu wenige haben es erfahren, daß die göttliche Gestalt innerstes Eigentum der eigenen Seele ist. Ein Christus ist ihnen nur außen begegnet, aber nie aus der eigenen Seele entgegengetreten. (S. 24 f)

Der Kampf der alten und der neuen Götter dauert bis heute an. Er wird aber heute nicht mehr in einer im Theater erlebten Tragödien-Inszenierung, sondern politisch ausgefochten: Die Frauen als Fürsprecherinnen des Vergessenen treten in die Auflehnung. Damit wird der Streit zwischen den Geschlechtern nur sichtbarer. Er besteht verleugneterweise seit Jahrtausenden.

Die Gilgamesch-Heldengeschichte enthält nämlich einen tragischen Wendepunkt, den wir bisher nicht erwähnt haben. Unser Held lehnt das Liebesangebot der Göttin Ischtar ab. Die zentrale irdische Begegnung ist ihm der Männerbund mit Enkidu. Ischtar ist die akkadische Venusgöttin, sie ist die Göttin des Abend- und Morgensterns, hat also einen Doppelcharakter, sie ist Himmels- und Unterweltsgöttin, Mutter- und Liebesgöttin, Göttin der

Die Sonnenbarke im ägyptischen Pfortenbuch. Symbol und Beispiel für die glückliche Nachtfahrt der Sonne, für die gelingende Jenseitsfahrt (im Gegensatz zu jener von Gilgamesch).

Fruchtbarkeit und der Wollust, sie bildet mit Sin und Schamasch zusammen eine Dreieinigkeit. Mit der Zeit wurden alle anderen babylonischen Göttinnen mit ihr gleichgesetzt und galten nur noch als Erscheinungen von ihr. Ähnlich wie die Oidipus-Tragödie den Kampf zwischen den alten und den neuen Göttern erleben läßt, fällt auch das Gilgamesch-Epos in die Zeit der Ablösung der Muttergottheiten durch die patriarchalen Götter. Und auch die Herakles-Sage gehört hierher, beachten wir doch, welchen Namen Herakles trägt, nämlich »der Ruhm der Göttin Hera«, und doch wird er von ihr verfolgt oder von Aufgabe zu Aufgabe gehetzt. Denn Hera verfolgt die Vorherrschaft der Männer. Herakles aber wird schließlich, im Unterschied zu Gilgamesch, unter die Unsterblichen aufgenommen.

Wir sprachen von der Wanderung des Sonnenhelden durch zwölf Entwicklungsbereiche. Die Wanderung des Sonnenhelden durch die zwölf Tagesphasen erhält zusätzlich noch das Thema der Überwindung der Großen Mutter. Die Heldenepen gründen auf dem Phänomen des

Sonnenlaufes. Ähnlich wie der griechische Held Herakles den Weg durch die zwölf Tierkreiszeichen zur Erlangung der Unsterblichkeit wandert, wobei dieser Weg zugleich die Bewältigung von zwölf sagenhaft schwierigen Aufgaben darstellt, so wird auch die Reise des Gilgamesch als eine Wanderung durch die zwölf Zeichen des Zodiaks gesehen. Es kann nicht genug darauf hingewiesen werden, wie kraftvoll in der uns bekannten Menschheitsgeschichte der Sonnenlauf die Phantasie angeregt hat, wie stark dieses tägliche Geschehen von Sonnenaufgang und Sonnenuntergang Grundlage und Anreiz für das Imaginieren war, wie wesentlich dieser Bewegungsablauf Bildlieferant geworden ist. Die Mythen sind sozusagen insgesamt auf ihn zurückführbar. Die Teilung in zwölf Tierkreiszeichen ergibt die zwölf Monate im Jahr, erzeugt durch den zwölfmaligen Mondwechsel, und bei jedem Mondwechsel wird für den Sonnenlauf eine neue Thematik und eine neue Prüfungssituation erzeugt.

Der Sonnenlauf im Jahr ist durch die Tierkreiszeichen eine Steigerung, eine Entwicklung, umfaßt die Spannweite des Inkarnierens (Widder) bis zur Unsterblichkeit (Fische). Analog durchläuft aber die Sonne auch täglich den Zodiak, der 24-stündige Tag gezwölftelt ergibt zwei Stunden für jedes Thema, weshalb im Gilgamesch-Epos von Doppelstunden die Rede ist. Eine solche ist jeweils eine thematische Einheit. Der Sonnenlauf im Jahr und im Tag kann uns zu einer Besinnung führen – er zwingt nicht dazu –, wodurch wir fast alle wesentlichen Auskünfte erhalten, die Grundlage unserer Spiritualität sein kön-

Rechte Seite:
Rheinischer Meister, Detail aus einem Altarblatt der Stauffenberg (um 1460). Aus dem Museum Unterlinden in Colmar (Elsaß). Mariä Verkündigung. Maria wird vom Engel beim Lesen überrascht.

ΕΓΩΕΙΜΙ
ΤΟΦΩСΤΟΥ
ΚΟСΜΟΥ·ΟΑ
ΚΟΛΟΥΘΩΝΕ
ΜΟΙ·ΟΥΜΗ
ΠΕΡΙΠΑΤΗС
ΗΕΝΤΗСΚΟ
ΤΙΑΑΛΛΕΞ
ΕΙΤΟΦΩС
ΤΗСΖΩ
ΗС+
PARIT·SOLEM·ROSA·FLOREM·FORMA·DEC

nen. Wie der Tag in zwei Hälften geteilt wird, in die von der Sonne beschienene Hälfte und in die Nacht, so ist auch der Jahreslauf der Sonne in zwei Hälften geteilt, nämlich in die beiden Hälften zwischen den Tag- und Nachtgleichen. Und genauso wie der tägliche Sonnenlauf in Tageszeiten geteilt ist, so ist auch der jährliche Sonnenlauf in die vier Jahreszeiten geteilt.

Die Wanderung des Gilgamesch durch den Jahreslauf der Sonne, also nicht des historischen Königs, sondern seiner zum Mythos erhobenen Figur als Sonnenheld, geschah zwischen 4300 und 2150 Jahren v. Chr. mit den Tag- und Nachtgleichen im Zeichen Stier und Skorpion (statt Widder und Waage wie heute). Entsprechend war der Höhepunkt des Jahres das Zeichen Löwe (und nicht null Grad Krebs wie heute). Im Epos wird dies so erzählt (10. Tafel, Siduri fragt Gilgamesch nach seinen Taten, I, 34):

Gilgamesch sprach zu ihr, zur Schenkin:
»Ich packte den Stier, der vom Himmel herabkam, erschlug ihn;
Ich habe den Wächter des Forstes erschlagen,
Chumbaba umgebracht, der im Zedernwald wohnt,
in den Pässen der Berge Löwen getötet.«

In der vorangehenden 9. Tafel begegnet Gilgamesch den Skorpionmenschen. Die wollen wissen, weshalb er so ferne Wege ziehe und worum es ihm gehe. Und Gilgamesch antwortet (9. Tafel, III, 3):

Linke Seite:
Kapelle des Stauffischen Kaiserpalastes in Palermo.
Mosaik. Der Pantokrator. Christus mit dem Buch mit dem Text:
Ich bin das Licht der Welt usw.

»Um Utnapischtim, meines Ahnen willen ...!
Der trat in die Götterschar, nachging dem Leben –
Nach Tod und Leben will ich ihn fragen!«

Dem astrologisch bekannten Thema des Tierkreiszeichens Skorpion »Stirb und werde« begegnen wir hier. Die Skorpionmenschen sind auf einem Berge, dessen Inneres durchschritten werden muß, damit Gilgamesch zu Utnapischtim gelangen kann. Da heißt es (9, III, 6) weiter:

Der Skorpionmensch tat den Mund auf
Und sprach zu Gilgamesch:
»Nicht gab es, Gilgamesch, Menschen, die's konnten!
Des Berges Inneres hat niemand durchschritten,
Auf zwölf Doppelstunden ist finster sein Inneres!
Dicht ist die Finsternis, kein Licht ist da!
Zum Sonnenaufgang lenkt sich der Weg,
Zum Sonnenuntergang gleichermaßen.«

Gilgamesch fordert trotz Furcht vor den Skorpionmenschen, wegen deren ungeheuerlichem Aussehen, Durchgang und bekommt ihn dann auch.

Diesen Teil des Epos nehmen wir des Ganges durch die Tierkreiszeichen wegen in den Blick. Es handelt sich um das Wegstück von der Verwurzelung (Stier) bis zur Metamorphose (Skorpion). Wir können auch sagen: von der Erdgebundenheit bis zu deren Umwandlung; oder: vom Bodennehmen der Inkarnation bis zum Sterben und Wiedergeborenwerden in einer höheren Seinsform. Hier ließen sich noch viele Überlegungen anstellen, wie zum Beispiel die Überwindung der irdischen Verwurzelung oder auch der sinnlichen Verfallenheit an die Welt und so weiter. Die vielfältigsten Interpretationen sind hier möglich. Es ging uns hier nur um den Beleg für die Wanderung durch die Tierkreiszeichen, welche wir in unserem Epos finden.

Der zwölfteilige Weg hat eine obere und eine untere Hälfte wie der Sonnenlauf. Wird die »von den Göttern« den Menschen wahrhaftig gegebene Lehre, die im Sonnenlauf phänomenal vorliegt, auch wirklich gesehen und beherzigt, gibt es keine trostlose Unterwelt. Die Nachtwelt ist vielmehr die ständige Regeneration der Tageswelt. Sie gehört zur Tageswelt wie die Wurzel zum Baum, die in der dunklen Erde die Kraft für alles Wachsen und Blühen über der Erde erhält. Also ist die Nachtwelt der Nährboden für den lichten Tageslauf.

Es gibt Pflanzen, die im Herbst absterben, ihr Körper über der Erde fällt zur Erde zurück, nur die Wurzel lebt weiter und bringt im Frühjahr wieder einen neuen Körper ans Licht. Frühere Menschengeschlechter haben aus diesem Vorgang alles Wissen um die reale Wiedergeburt des Menschen abgeleitet, oder sie haben hierin das Gleichnis gesehen dafür, was sie ohnehin wußten. Wie die Nachtwelt zur Tageswelt oder wie Herbst und Winter zu Frühjahr und Sommer, so steht Tod oder die Unterwelt zum sichtbaren Leben, nämlich als Regeneration, als Vorbereitung für die Wiederkunft.

Da diese Hälften kontrapunktisch und polar zusammengehören wie Mann und Weib, wie Sonnengott und Mondgöttin, wirkt sich die Teilung des Zusammengehörigen auf die Dauer zerstörend aus. Die andere Hälfte ist immer die Erlösung der einen. Da die Tageswelt den Tod kennt, vergegenwärtigt die Nachtwelt dessen Gegenteil, nämlich die Unsterblichkeit. Zwar sagten die Griechen, der Schlaf sei der kleine Bruder des Todes. Sie sind beide Söhne der Mondgöttin. Da kein Mensch gegen den nächtlichen Schlaf etwas einzuwenden hat, ihn im Gegenteil als wunderbare Erholung und Erneuerung der Kräfte erlebt, müßten wir folglich auch nichts gegen den Tod einzuwenden haben. Denn wie aus der Nacht, so gehen wir aus dem Tod erneuert wieder hervor in ein neues irdisches Leben.

Wir haben das Lesen in der Natur verlernt. Wie sagte der Laie im Cusanus-Dialog? Die Weisheit schreit auf den Gassen. Das ist der Ausspruch eines Städters. Wenn sie auf den Gassen des Stadtmenschen schreit, so ertönt sie um so mehr noch in der Natur. Doch wir haben das Lesen der Zeichen und Symbole verlernt. Die Welt um uns herum gilt es zu lesen. In ihr lesend, enträtseln wir das Leben in seinem Kreislauf, in seiner Wiederkunft, in seiner verborgenen und verdeckten, ja maskierten Unsterblichkeit. Alles um uns herum bietet sich an als Gottesenträtselung. Alles! Lesen wir nicht nur in Büchern, sondern in allem was ist, enträtselt es sich. Die Divination bietet sich an durch die (heiligen) Bücher, durch die Natur (und die kosmische Ordnung) und durch die Sprache selbst, die wir sprechen. Dies letztere werden wir immer deutlicher sehen. Die Sprache ist selbst gottenträtselnd.

Doch wir haben das Lebenskraut verloren, wie Gilgamesch. Und so verstehen wir des Lebens Zeichen und Sprache nicht mehr zu lesen.

Das wahre Lesen der grundlegenden Erscheinungen unserer Erlebniswelt aber ist ein PHÁRMAKON ATHANASÍAS!

Wir haben dieses Gilgamesch-Thema wegen der Wiedergeburts- und Unsterblichkeitsvergessenheit angeschaut. Die existentielle Wiedergeburt, die Reinkarnation, führt den Menschen durch die beiden Reiche. Die Vielzahl der Inkarnationen eröffnet die ganze Palette der Rollenspiele und Abschattungen menschlicher Experimente. Reinkarnations-Erinnerung ist wie ein Durchgang durch die Unterwelt. Es scheint für den Menschen unmöglich zu sein, ohne die Reinkarnation die äußere kriegerische Ich-Hülle abzulegen. So verstehen wir Nietzsches Botschaft, die er durch den Mund von Zarathustra, der »also sprach«, als er vom Berge herunterkam, uns kündete, nämlich die Botschaft von der »ewigen Wiederkehr des Gleichen«, weil diese Botschaft mit der Unterweisung der Götter in Verbindung steht, welche wir aus dem Kreislauf der Sonne lernen sollen. Nur wenn das Leben erhalten bleibt, nur wenn der Tod überwunden werden kann und der Mensch nicht in einem traurigen Land ohne Rückkehr endet, findet er Frieden, wird er zum solaren Bewußtsein aufzusteigen befähigt sein und die kriegerisch-mörderische Rachsucht aufgeben. Nur Unsterblichkeit gibt dem Menschen Frieden. Wenn auch der Körper jeweils stirbt, die Seele lebt weiter. Die seelische Unsterblichkeit ist das Mindeste, was der Mensch braucht. Ohne ihre Gewißheit, verbannt auf diese Erde und ohne Ausblick auf ein ewiges Leben, muß er mörderisch ein. Ohne die Gewißheit der Erfüllung seiner Sehnsucht muß er voller Rachsucht sein, muß er wie ein Gefangener aufbegehren, muß er sogar in rasender Wut sich aufbäumen. Ja, die Rache spricht für ihn, ist selber Zeichen für sein verborgenes wahres Wesen.

Kommen wir noch einmal zurück zur Symptomatik in unserem Epos. Wie wird der Tierkreis durchlaufen? Wie schreitet der Heros durch die Bereiche der Entwicklung? Wie löst er seine Aufgaben? Aufgabenbewältigung besteht im Töten. Gemeint ist damit, ein Thema erledigen und hinter sich bringen, wie die Sonne ein Tierkreiszeichen um das andere hinter sich bringt. Dieses Bewältigen als Töten haben wir aber von Anfang an im Drachentötermotiv. Was gilt es daraus zu lernen?

Innerhalb des trennenden, polarisierenden, teilenden und urteilenden Denkens, welches wir fast ausschließlich praktizieren, ist die Lösung von Aufgaben immer ein Bewältigen, ein Erledigen (ein Gewalttätigsein und ein Töten), ein Teilen, ein Hälften, ein Eliminieren, ein Versuch, etwas aus der Welt zu schaffen. Innerhalb des zweiteilenden Denkens neigt die Ichentfaltung zum Mißbrauch des andern Menschen. Innerhalb des Denkens des äußeren, verfälschten, marsischen Ichs herrscht nur das Teilen, das Urteilen, das Verurteilen. Die Maxime heißt hier: DIVIDE ET IMPERA, auf deutsch »Teile und herrsche« oder »Entzweie und gebiete«. Das ist das Rezept aller, die Macht über die Menschen wollen. Es heißt: Entzweie den Menschen mit sich selber und herrsche über ihn!

Wir sprachen von der Aufgabenbewältigung durch Gewalt. Und diese Haltung finden wir in unseren Religions- und Mythenprojektionen wieder. Nirgends ist hier die Lösung durch Integration auffindbar. Lösung durch Integration aber ist Liebe, und diese ist die christliche Botschaft. Wir aber, die wir durch die christliche Schule gegangen sind, halten in unseren Herzen die alten mörderischen Mythen lebendig. Wie C. G. Jung sagte: Nach außen tun wir, als wären wir Christen (wahre Christen leben die allumfassende Liebe = Widerstandslosigkeit = Integration von allem = Einssein »mit alldem, was ist« = Nichtzweiheit). Die christliche Lehre von der Spaltung des Seins in Gott und Teufel widerspricht der Lehre von der Liebe. Die Liebesbotschaft verfiel dem zweiteilenden Denken. Die Liebesbotschaft kann jedoch nur im nichtentzweienden Denken leben. Liebe ist das Nicht-entzweiende, das Einende. Gelangt die Liebesbotschaft in das Reich des dia-bolischen (entzweienden, durcheinanderbringenden) Denkens, ist es um sie geschehen. Wollte sie überleben, forderte sie eine vollständig neue Denkweise.

Unsere Frage zu Beginn dieses Abschnittes hieß: Wie weit soll denn die Erinnerung reichen? Die Antwort darauf ist durch unseren Anfangstext von Nikolaus von Kues vorgegeben. Sie soll zurückreichen bis zur Einheit, bis zum Einssein. Und wenn wir das Wort Erinnerung nicht nur als historische Rückblendung, sondern auch im Sinne des Innewerdens dessen auffassen, was von Anfang an war und immer noch ist, in der Bedeutung also des In-uns-Hereinholens des Verlorenen, so dürften wir dem auf der Spur sein, worum es geht.

In der Reinkarnationstherapie können wir dem Klienten grundsätzlich Bilder bis (zurück) zum Sturz aus dem Paradies abrufen. Der Austritt aus der Einheit und der Eintritt in die Polarität der verfestigten Energie, der materiellen Welt, ist vom Verlust und Vergessen begleitet. Dies geschieht in ähnlicher Weise wiederum bei jeder Geburt, indem vorgeburtliches Wissen verlorengeht. Grundsätzlich muß die Anamnese bis zu diesem Punkte vorangetrieben werden. Auch wenn Babylon nur als Beispiel dient für diesen Verlust, so ist die Wahl des Beispiels, das als Zeichen für etwas eingesetzt wird, sinnträchtig. Dies gilt bis heute.

XI

Friedrich Dürrenmatt erzählte uns sowohl auf der Schauspiel- wie auch auf der Opernbühne die Geschichte von dem Engel, der für den ärmsten Menschen in Babylon (das ist das Zentrum der Welt) ein Mädchen namens Kurrubi als Geschenk des Himmels bringen, zu diesem Zwecke den Bettler Akki ausfindig machen will, diesen aber verfehlt, weil sich an diesem Morgen König Nebukadnezar als Bettler verkleidet am Ufer des Euphrat aufhält. Das Mädchen Kurrubi begegnet dem König als erstem, den es für den Bettler hält, verliebt sich in ihn, ist damit aus seiner Unschuld – als eben erst vor wenigen Minuten von Gott erschaffen und auf die Erde gebracht – unvermittelt eingetreten in die Verwirrung dieser Welt.

Dürrenmatts eigene Anmerkungen zu seiner »Fragmentarischen Komödie« mit dem Titel »Ein Engel kommt nach Babylon« lautet:

> Meine Komödie versucht den Grund anzugeben, weshalb es in Babylon zum Turmbau kam, der Sage nach zu einem der grandiosesten, wenn auch unsinnigsten Unternehmungen der Menschheit; um so wichtiger, da wir uns heute in ähnliche Unternehmungen verstrickt sehen.
>
> Es geht um eine Welt, die am Ende tragisch verunglückt, ins Gigantische rennt, versteint, durchaus aus eigener Schuld, um eine Welt, die wir hier zwar auf die Bühne bauen, die wir hier zusammenflunkern, die aber erst nicht viel anders war als alle andern menschlichen Welten und Reiche, die ihre Könige, ihre Minister, ihre Theologen, ihre Bankiers, ihre Arbeiter, ihre Dichter und Bettler aufwies und schließlich doch etwas Unsinniges, Auswegloses wur-

de. Sie verspielte ihre Gnade, die ein Engel brachte. Wie sie ihr Glück, ihre Möglichkeit verspielte, ist der Inhalt der Komödie; nur eines Teiles der Komödie, sei hier verbessert, denn dem gnadenlosen Menschen steht ja stets auch der begnadete gegenüber. Vergessen wir das nie. Immer noch hat der Engel recht, immer noch ist die Erde das Wunder. Der Engel mag uns weltfremd scheinen, ich glaube jedoch, daß jene weltfremder, blinder sind, welche die Welt nur als Verzweiflung sehen. Die Erde hängt nicht im Nichts, sie ist ein Teil der Schöpfung. Das ist ein Unterschied.

Meine Gedanken, meine Träume kreisten jahrelang um dieses Motiv, ich beschäftigte mich schon in meiner Jugend damit, stand doch in der Bibliothek meines Vaters ein blau-weißer Band der Monographien zur Weltgeschichte, Ninive und Babylon. Es ist schwer, Träume zu gestalten. Ich hatte nie im Sinn, eine versunkene Welt zu beschwören, es lockte mich, aus Eindrücken eine eigene Welt zu bauen. (Neufassung 1980)

Zu Beginn der Komödie sind der Engel und der König als Bettler verkleidet, der Engel, um dem ärmsten Bettler begegnen und ihm das Geschenk des Himmels, Kurrubi, übergeben zu können, der König aber, um ebendiesen zum Staatsdienst zu überreden, denn Nebukadnezar duldete in seinem Wohlstandsreich keine Bettler mehr. Dann tritt der wahre Bettler Akki auf, gegen den der verkleidete König in einem Wettbewerb der Bettlerei antreten muß, dabei verliert, und weil er verliert, steht er schießlich als der ärmste Mensch da. Der als Bettler verkleidete König Nebukadnezar ist zutiefst beleidigt, vom Himmel als der geringste Mensch auf Erden auserkoren zu sein. Das ist der nichts Gutes verheißende Anfang. In den maskierten König verliebt sich das Mädchen Kurrubi, nachdem der

Engel entschieden hat, wer der ärmste Mensch auf Erden ist. Der Engel enthüllt Kurrubi, und zum ersten Male wird ihre Schönheit sichtbar. Der verkleidete Bettler wähnt sich ihrer nicht würdig und sagt, nur der König verdiene dieses wunderbare Geschöpf. Nachdem der Engel seinen Auftrag erfüllt, auf diese Weise das Geschenk des Himmels den Menschen gebracht hat, entschwindet er, um die Erde zu untersuchen. Kurrubi bittet ihn, zu bleiben. Er sagt:

> Unmöglich. Ich habe schließlich noch einen Beruf. Ich muß die Erde untersuchen. Ich eile zu messen, zu schürfen, zu sammeln, neue Wunder zu entdecken in der Erhabenheit des Alls, denn die Materie, mein Kind, habe ich bis jetzt nur im gasförmigen Zustand kennengelernt.

Trotz inständiger Bitten von Kurrubi, sie nicht allein zu lassen, entschwebt der Engel. Der verkleidete König wehrt sich gegen die Liebe des Mädchens, das ihn küßt, und spricht, nachdem er das Mädchen zu Boden geschlagen und mit Füßen getreten hat:

> So schlage ich zu Boden, was ich mehr liebe denn je einen Menschen, so trete ich mit Füßen, Du Gnade Gottes, von der meine Seligkeit abhängt. Da! Da! Dies sind die Küsse, die ich gebe, die Antwort auf Deine Liebe. Der Himmel soll sehen, wie ein Bettler sein Geschenk behandelt, wie der geringste der Menschen mit dem verfährt, was König Nebukadnezar mit seiner Liebe und mit dem Gelde Babylons überhäuft hätte!

Wo nun das Mädchen auch hinkommt, ganz Babylon verliebt sich in es, jeder und alle wollen es haben, nicht nur die Dichter, alle Verliebten besingen und bedichten es, aber die Folge davon ist nur Unruhe, Streit, Palastrevolution, Aufstand des Volkes, Umsturz der bekannten theologischen und landeskirchlichen Ordnung – denn das Erscheinen von Engeln ist darin nicht vorgesehen –, so daß es schließlich aus dem Lande vertrieben werden muß. Der ehemalige Bettler Akki, inzwischen in den Staatsdienst eingetreten und mit dem Amt des Henkers bekleidet, begleitet das Mädchen Kurrubi auf der Flucht. Das Mädchen erfährt, wer der Bettler ist, in den es sich verliebte, nämlich der König selber, es liebte einen Menschen, den es nicht gibt.

Dürrenmatt bedient sich teilweise der Figuren, die wir aus dem Gilgamesch-Epos kennen, der Weise Utnapischtim ist hier der Obertheologe. Der Name des Mädchens erinnert an das Wort Cherubim wie auch an Korruption, ein Geschenk des Himmels korrumpiert diese Welt, sie kann damit nichts anfangen. In übertragenem Sinne verstanden, heißt dies, was immer vom Himmel kommt, unsere Welt kann es nicht aufnehmen. Dürrenmatt spricht von Gnade, welche hienieden verspielt wird.

Wenn einer der ideenreichsten Theaterdichter deutscher Sprache im 20. Jahrhundert das Thema setzt »Ein Engel kommt nach Babylon«, an den Ort, von dem wir im vorangegangenen Abschnitt sagten, hier beginne die Seinsvergessenheit, ist dies als Symptom zu verstehen. Der Dichter schrieb dieses Stück als Vorgeschichte für das geplante Theaterstück vom Turmbau zu Babel. In ihm greift die Welt gegen den Himmel, weil sie von sich aus die Gabe, die von oben stammt, nicht ergreifen kann. Der Engel bringt ein Geschenk. Die Welt weiß nichts damit anzufangen. Das Geschenk ist Gnade, und Gnade korrumpiert.

Das ist die eine These; sagen wir: Das ist die babylonische These, auf die uns das Gilgamesch-Epos führte.

Dürrenmatt ließ der Turmbau keine Ruhe. Ob wir das verlorene Lebenskraut betrauern oder den menschlichen Gigantismus, der aus diesem Verlust heraus aufbegehrt und sich im Auftürmen gegen den Himmel auswirkt, es ist die Seite der Gnadenlosigkeit, der wir gedachten. Das ist die Seite der Seinsvergessenheit. Doch es gibt die andere Seite. Und diese ist unser Anliegen.

Und so gibt es auch noch eine andere Engelgeschichte.

Rechte Seite:
Antonello da Messina, Mariae Verkündigung (1473).
Die Jungfrau Maria ist in der christlichen Welt die Vergegenwärtigung der Sophia, das ist der Bewußtseinszustand der Empfänglichkeit für das göttliche Wissen.

XII

Wir wiederholen Dürrenmatts Aussage im Sinne eines leitenden Motives: *Denn dem gnadenlosen Menschen steht ja stets auch der begnadete gegenüber. Vergessen wir das nie.* Und so zitieren wir aus dem Neuen Testament:

(Lukas 1.26) Im sechsten Monat (der Schwangerschaft Elisabeths, der Gattin des Priesters Zacharias, muß hier ergänzt werden) wurde der Engel Gabriel von Gott in eine Stadt in Galiläa namens Nazaret zu einer Jungfrau gesandt. Sie war mit einem Mann namens Josef verlobt, der aus dem Haus David stammte. Der Name der Jungfrau war Maria. Der Engel trat bei ihr ein und sagte: Sei gegrüßt, du Begnadete, der Herr ist mit dir. Sie erschrak über die Anrede und überlegte, was dieser Gruß zu bedeuten habe. Da sagte der Engel zu ihr: Fürchte dich nicht, Maria; denn du hast bei Gott Gnade gefunden. Du wirst ein Kind empfangen, einen Sohn wirst du gebären: dem sollst du den Namen Jesus geben. Er wird groß sein und Sohn des Höchsten genannt werden. Gott, der Herr, wird ihm den Thron seines Vaters David geben. Er wird über das Haus Jakob in Ewigkeit herrschen und seine Herrschaft wird kein Ende haben.

(Lukas 1.34) Maria sagte zu dem Engel: Wie soll das geschehen, da ich keinen Mann erkenne? Der Engel antwortete ihr: Der Heilige Geist wird über dich kommen, und die Kraft des Höchsten wird dich überschatten. Deshalb wird auch das Kind heilig und Sohn Gottes genannt werden. Auch Elisabeth, deine Verwandte, hat noch in ihrem Alter einen Sohn empfangen, obwohl sie als unfruchtbar galt, ist sie jetzt schon im sechsten Monat. Denn für Gott ist nichts unmöglich. Da sagte Maria: Ich bin die Magd des Herrn; mir geschehe, wie du es gesagt hast. Danach verließ sie der Engel. *(Zitiert nach der Übersetzung der Neuen Jerusalemer Bibel.)*

Im lateinischen Text heißt der Gruß des Engels »AVE GRATIA PLENA«, deutsch »Gegrüßt seist du voll der Gnade«. Das Ave-Maria singt seit Jahrhunderten die ganze Christenheit.

Nun aber kommt uns für unser Thema der esoterischen Bedeutung des Lesens hier nicht aus der Literatur, sondern vielmehr aus der Malerei das eigentlich bedeutsame Bild entgegen. Es handelt sich um dies: Die Jungfrau Maria wird bei der Begrüßung durch den Engel immer mit einem offenen Buch gezeigt (siehe die Bildbeispiele in diesem Buch). Der in der Malerei geliebte und verehrte Gegenstand heißt »Mariae Verkündigung« oder lateinisch ANNUNTIO BEATAE MARIAE VIRGINIS, im römischen Kirchenkalender am 25. März gefeiert. Maria mit dem offenen Buch in der Hand oder auf einem Lesepult wird beim Lesen vom Eintritt des Engels überrascht. Maria als Lesende ist hier Thema, und wir wollen zu verstehen versuchen, was dies heißt. Warum hat Maria ein Buch in der Hand? Dies wird nicht irgendein Buch sein. Wir verbessern die Frage: Warum hat Maria ein heiliges Buch in der Hand?

Im Messetext des 25. März heißt es in der »Oratio«, dem Gebet der Vormesse, das nach dem »Gloria« gelesen wird: »Gott, Du wolltest, daß Dein Wort auf die Botschaft des Engels hin im Schoße der seligen Jungfrau Maria Fleisch annehme.« Dies ist der Inhalt der Verkündigung: Das Wort soll Fleisch werden. Es geht um die Inkarnation des Wortes, und es geht gleichzeitig um den begnadeten Menschen. Im Bibel- respektive im Messetext wird die lesende Maria mit keinem Wort erwähnt. Das Buch in der Hand oder auf dem Schoß stammt aus einer anderen Quelle. Wir kennen das Thema auch im zweiten Tarotsäulenbild des großen Arkanums, die Hohepriesterin mit dem Buch oder mit einer Schriftrolle (siehe Illustration S. 161). Die Frau mit dem Buch versinnbildlicht den weiblichen Aspekt der Gottheit, und dieser ist die Sophia, die Weisheit. Das Buch in der Hand weist auf Wissen hin, und eine bestimmte Höhe des Wissens nennen wir Weisheit. Es sei an dieser Stelle an unser Anfangsthema erinnert, wo es heißt, es gehe nicht darum, Bücher der Menschen zu lesen, sondern das wahre Wissen aus jenen Büchern zu entnehmen, die von Gottes Hand geschrieben wurden, nämlich aus der Schöpfung. Das Buch wird sinnbildlich nicht nur als Erzeugnis des Menschen verwendet, es wird in den symbolischen und allegorischen Darstellungen auch eingesetzt im Sinn des göttlichen Allwissens. Wir können ja nicht anders, als unsere Bilderwelt auf das Bildlose zu übertragen, denn vom göttlichen Wissen oder vom Göttlichen überhaupt gibt es keine Bilder. Die Metaphorik, die Übertragung menschlicher Bilder auf das Göttliche, geschieht immer mit dem Versuch der Steigerung. Die Analogie im Tarot zum Marienbild soll hier, obwohl reizvoll, nicht weiterverfolgt werden. Für uns steht die christliche Esoterik im Zentrum.

Nun wollen wir das Thema etwas ordnen: In Verbindung mit dem Engel, der die Gnade bringen konnte, Gabriel, und dem Menschen, der sie aufnahm, gelangten wir auf das christliche Bild der Jungfrau Maria (dieser Name ist die griechische Form des hebräischen Namens Mirjam), die in der Bilderwelt der Christen zur Mutter von Jesus von Nazareth, zur Gottesgebärerin, zur Muttergottes, ja zur Miterlöserin und schließlich zur Himmelskönigin und Schutzpatronin wird. Das unübersehbare Gewicht dieses Themas zeigt sich nicht nur in einer theologischen Lehre über Maria, in der Mariologie, sondern in den religiösen Marienbildern. Wir wollen uns nun diesen beiden Gegenständen widmen: Jungfrauengeburt und Marienbild.

Konsultieren wir das Lexikon »Religion in Geschichte und Gegenwart« (RGG, Bd. 4, S. 1068) zum ersten Thema: »Die Jungfrauengeburt eines Gottes oder Heros oder Heilsbringers ist außerhalb des Christentums überraschend weit verbreitet. Es handelt sich dabei um einen ›Vorstellungskomplex‹, der mehrere Aspekte hat, a) Ursprungs- und Anfangsmythen beantworten die Frage nach einer außergewöhnlichen Entstehung von Göttern, mythischen Wesen und Menschen durch die Erzählung von einer ›wunderbaren Geburt‹.« Unter b) wird in diesem Lexikonartikel die konkrete menschliche Zeugung ohne menschlichen Vater und ohne Zeugungsorgane angesprochen, eine Idee, die mit einer bestimmten Bewertung der Sexualität zusammenhängt.

»Der persische Weltheiland Saoshyant entsteht aus dem Samen Zarathustras in einer Jungfrau. Buddha geht als weißer Elephant in den Leib der Maya ein, aus ihrer Seite wieder aus. Danae empfängt im Goldregen von Zeus den Perseus, Alkmene von Zeus den Herakles ... Oder ein Gott zeugt, wie Amon-Re in der Gestalt des ägyptischen Königs, mit dem Menschenweib das Gottwesen des Thronfolgers. Zeugung und Geburt des Gottesherrschers oder des Sakralkönigs nehmen einen besonderen Platz ein.«

Diese Hinweise sollen uns hier genügen. Wir wollen ja von der Annahme ausgehen, die jungfräuliche Empfängnis (kirchlich die IMMACULATA CONCEPTIO) und die jungfräuliche Geburt seien im esoterischen Sinne noch ganz anders zu verstehen, in einem Sinne nämlich, der alle historische oder ideologische oder dogmatische Erörterung übersteigt.

Das literarische Zeugnis scheint aber hier weniger hilfreich zu sein als die Betrachtung der Bilder. Das »Marienbild« ist einer der beliebtesten Gegenstände im christlichen Kunstschaffen. In der frühen Kirche noch von geringer Ausbeute, wird durch die Erhebung der Maria zur Gottesgebärerin im Konzil von Ephesus im Jahre 431 der Boden gelegt für eine weltweit sich ausdehnende Marienfrömmigkeit. Die bildliche Darstellung findet Varianten, die durch die Theologie gar nicht vorgesehen waren. Das Marienbild hat seinen Platz an hervorragender Stelle im Gotteshaus, in der Apsis, im Triumphbogen, als Mosaik oder Fresko.

Die Ostkirche bleibt bei zwei Bildtypen, Maria sitzend oder stehend mit dem Kind auf dem Arm, die Westkirche oder die westliche Frömmigkeit aber schwelgt in einer Bilderfülle. Die Motive stammen ursprünglich aus der Bibel selber, wie: Verkündigung, Heimsuchung, Geburt, Anbetung, Darbringung im Tempel, Flucht nach Ägypten, Jesus unter den Schriftgelehrten, Jugend in Nazareth, Hochzeit zu Kanaa, Maria unter dem Kreuz, Kreuzabnahme, Himmelfahrt Christi, Pfingsten. Der Volksfrömmigkeit verdanken wir: Geburt der Maria, Vermählung der Maria, Marientod, Himmelfahrt Marias, Marienkrönung, die Schutzmantel-Madonna. Im späten Mittelalter wird die Fülle unübersehbar. Dazu gehören die Pietà (Maria mit dem Leichnam Jesu) und die unzählbaren Gnadenbilder in den Wallfahrtskirchen. Unter dem Einfluß der scholastischen Theologie entstehen die marianischen Symbole des brennenden Busches, des verschlossenen Gartens, des blühenden Aaronstabes, des elfenbeinernen Turmes – das apokalyptische Weib mit Zepter und Krone auf der Mondsichel sei nicht vergessen –, alles Zeugnisse der gotischen Vielfalt der Marienbildergestaltung, während die Romanik noch vorwiegend nur Maria mit dem Kinde darstellte. In der Renaissancekunst wird Maria aus einer gewissen Distanz herausgeholt, das Konterfei adeliger Frauen wird oft zum Marienbild, Maria wird sinnlicher, mädchenhafter, fleischlicher. Die Gottesmutter wird durch das nicht mehr unnahbare Menschenbild verdrängt, die Reformation bringt dem Marienbild Stillstand und Verarmung (RGG Bd. 4, S. 754 ff). Dichtung und Musik vervollständigen die Verherrlichung, welche die christliche Kunst, die Theologie und die Volksfrömmigkeit insgesamt der göttlichen Frau entgegenbringt.

Wie sehr auch die katholische Theologie bemüht war, die biblische Jungfrauengeburt als etwas Einzigartiges und mit Analogien in anderen Religionen Unvergleichbares darzustellen, so ist hier die Übereinstimmung mit einer urtümlichen Vorstellung in der Seele der Menschen doch nicht zu leugnen. Das Marienbild der Kirche gleicht sich Bildern aus den Mysterienkulten und den antiken Religionen an. In Maria finden wir die Große Mutter aus den vorangehenden Religionen wieder. Babylonisches, ägyptisches und griechisches Erbe fließen in die Gestalt der Maria als STELLA MARIS und STELLA MATUTINA (Stern des Meeres und Morgenstern) ein. In den griechischen Mysterienkulten ist die göttliche Frau sowohl Gebärerin des göttlichen Kindes als auch Fruchtbarkeitsgöttin. In Maria fällt das Erdhafte fast ganz weg. Doch empfänglich wie die Erde ist auch sie. Maria versinnbildlicht die Empfänglichkeit des Menschen für das Göttliche. Ähnlich wie Isis in Ägypten wird Maria zur wahren Mondgöttin, welche die Sonne, das ist der Logos, das ist Christus, aus sich hervorbringt.

Unser Thema aber ist: Maria mit dem Buch. Wir wählten das Bild der Verkündigung als Prototyp, unübersehbar oft gemalt in der Vergangenheit. Zwei Dinge vergegenwärtigen die Begnadung oder die Gesegnetheit dieser Frau: der eintretende Engel und das Buch auf dem Schoß. Engel und Buch gehören hier zusammen, obgleich Maria auch mit dem Buch ohne Engel dargestellt wird. Denn das Buch ist die Voraussetzung für die Ankunft des Engels. Genauer: Was das Buch vergegenwärtigt, das ist die Voraussetzung dafür. Das Buch zeigt an, womit dieser Mensch sich beschäftigt, nämlich mit Gott. Wir können jetzt diesen Gegenstand des Nachdenkens und »Bilderns« (des Schöpfens einer Bilderfolge aus sich selber) auf uns selber übertragen. Wenn wir Menschen nur noch den einen Gedanken haben werden, den einzigen, den es zu denken sich lohnt, tritt der Engel ein, bringt die Botschaft der Befruchtung, wodurch wir zum Gebärer des Göttlichen oder genauer zum Erzeuger des »Christus in uns selber« werden. Das Bild der Verkündigung Mariae mit seinem AVE GRATIA PLENA belehrt uns darüber, wie es zur Fleischwerdung des Wortes kommt. Das ist der eigentliche Fund dieses biblischen Bildes, ob wir es im Evangelium lesen oder im Bildersegen betrachten. Und dieses Bild geht uns als Leser uneingeschränkt an, trifft uns vollends in der Sinnmitte dessen, was wir tun, wenn wir lesen.

Der Sinn des Lesens besteht schließlich darin, zuletzt, wenn alle andern Lesestoffe verbraucht sind, auf die Höhe des marianischen Lesens zu gelangen.

Vermutlich steht es uns frei, so viele Inkarnationen wie wir wollen, wieder anzutreten, um ganz anderen Interessen nachzugehen und um ganz andere Dinge zu lesen als das Wort Gottes. Wir haben die Freiheit, jahrhunderte- und jahrtausendelang alles andere zu denken als dies, was der einzige Gedanke sein kann, den es zu denken gibt, wenn wir denken. Oder es steht uns frei, nicht zu denken, in die Vergessenheit einzutreten. Vermutlich verbringen wir unübersehbar viele Inkarnationen im Schattenreich, vergleichbar einer Höhle, wo dasjenige, was wir dann da Denken nennen, das Gedächtnis verloren hat und nur noch ein Zurechtkommen im Schattenreich meint. Alle Wissenschaft, die wir betreiben, ist dann nichts anderes als ein Sich-Auskennen im Schattenreich. Dieses wird als solches nicht erkannt. Es hält sich für die erhellte Welt. Gehen wir einmal von der Annahme aus, wir seien frei in unseren Entscheidungen und deshalb auch berechtigt, vom Wasser des Lethe zu trinken, in der AMNEMONÍA oder in der Amnesie zu leben. Das göttliche Weib mit der Schriftrolle oder dem Buche auf dem Schoß oder auf dem Lesepult würde dann aber ein Zeichen setzen. Und dieses Zeichen meint: Das Denken, das kein Denken ist, soll enden. Erinnern wir uns des Philosophen, der denkt, wir würden noch nicht denken.

Maria der Verkündigung – mit dem Buche – ist das Symbol des Menschen, der dazu vorbereitet ist, sein wahres Wesen zur Blüte aufsprießen zu lassen. Der Logos will inkarnieren; er will hienieden Blume werden. Die Inkarnation des Logos steht gegen die Gedächtnislosigkeit, setzt ANÁMNESIS gegen AMNESTIA. Der Logos will Fleisch werden. Dazu will er in uns fruchtbaren Boden vorfinden. Der fruchtbare Boden besteht in der Empfänglichkeit für den einzig zu denkenden Gedanken.

In der verehrungswürdigen Gestalt Mariens erinnert sich die menschliche Seele des großartigen Themas, den Himmel auf Erden zu entdecken, Nirwana in Maya zu enthüllen. Sehen wir eine Analogie zwischen christlichen und hinduistischen Bildern, so vertritt die biblische Urmutter Eva das Prinzip der Erzeugung der Welt der Erscheinungen, Maya, während Maria das höhere weibliche Prinzip verkörpert, das wiederum hilft, aus Maya herauszuführen. Wird das Wort Fleisch – und zwar bewußt! –, wird der Logos inkarniert, verändert sich die Welt. Mit anderen Worten: Wird Christus in uns geboren, verändert sich die Welt. Sie wird – nach biblischer Lehre und aufgrund dessen, was denken heißt – erlöst. Denn denken heißt, sich unseres höheren Wesens erinnern. Nichts anderes.

Es bedarf einer Jungfräulichkeit, damit das Christusbewußtsein – davon werden wir später mehr berichten – in uns einkehren kann. Dies meint, ein Mensch, der nur noch den Gedanken Gott hat, ist nicht mehr verstrickt in das Erzeugen von Maya, dadurch empfänglich für eine höhere Energie, für eine höhere Lichtschwingung. Jungfräulichkeit ist damit der Begriff, Jungfrau der Name für einen Seinszustand. Das hat nichts gemeinsam mit irgendeiner menschlichen Auffassung vom Sexuellen. Der Geschlechtsakt ist allerdings in der Schöpfung ein von den höheren Mächten den Menschen und allen tierischen Lebewesen geschenktes Vermögen und Handeln, das Bilder liefert auch für die biblische Sprache, wenn die höheren Kräfte handeln. So heißt es im Evangelium der Verkündigung Mariae: »Der Heilige Geist wird über dich kommen.« Und das ist das Bild des Geschlechtsaktes. Das ist das Bild des Erzeugens.

Wir können die Jungfräulichkeit Mariae auch astrologisch erklären. Die Zeichen im Tierkreis Fische und Jungfrau stehen sich gegenüber. Fische ist das höchstentwickelte Thema im Zodiak, es gibt nichts darüber hinaus. Das Tierkreiszeichen Fische vergegenwärtigt die allumfassende Liebe oder die völlige Identifikation mit dem Himmel. Das Symbol Fische steht somit für Christus, der im Zeichen Jungfrau in die Materie eintritt und damit sichtbare und konkrete Gestalt annimmt. Das Zeichen Jungfrau steht im Tierkreis für die Materialisierung der göttlichen Idee.

XIII

Wir sprachen vom Schattenreich. Das weltberühmte »Höhlengleichnis« aus dem siebten Buch der »Politeia« von Platon erzählt im Dialog zwischen Sokrates und Glaukon eine Geschichte, die wir verkürzt wiedergeben wollen (voller Wortlaut in der Übersetzung von Martin Heidegger siehe im Anhang, S. 374 ff):

Menschen halten sich unter der Erde in einer höhlenartigen Behausung auf. Nach oben gegen das Tageslicht gibt es einen langhin sich erstreckenden Eingang. An diesem Aufenthaltsort haben die Menschen, gefesselt an Schenkeln und Nacken, von Kindheit an ihren Verbleib. Sie können nur nach vorne schauen. Es gibt für sie einen Lichtschein. Der kommt von einem Feuer, das im Rücken der Gefesselten liegt. Zwischen dem Feuer und dem Rükken der Gefesselten läuft erhöht ein Weg, an diesem entlang ist eine niedere Mauer gebaut, ähnlich einer Schranke, die Gaukler vor den Leuten aufrichten, um darüber hinweg ihre Schaustücke vorzuzeigen. – Entlang diesem Mäuerchen tragen Menschen allerlei Zeug vorbei, das über das Mäuerchen hinausragt, steinerne und hölzerne Bildwerke usw. Die Gefangenen bekommen nie etwas anderes in den Blick als die Schatten dieser vorübergetragenen Figuren, die der dahinterliegende Feuerschein an die gegenüberliegende Wand wirft. Diese so Gefesselten halten diese Schatten notwendigerweise für das wirklich Seiende.

Nun wird einer gelegentlich entfesselt, und dabei stößt ihm dieses zu: Er sieht, auf welche Weise erzeugt wird, was er bisher sah. Doch er wird damit Mühe haben, denn an die Schatten ist er gewöhnt. Anzuerkennen, die vorübergetragenen Dinge seien realer als die Schatten, die sie an die Wand werfen, wird einem so befreiten Menschen Schwierigkeiten bereiten, doch schließlich wird er es durchschauen. Sollte ihn aber einer nötigen, in den Feuerschein zu schauen, der die Schattenbilder erzeugt, so werden ihn die Augen schmerzen, er ist derlei nicht gewohnt. Es ist zu vermuten, daß die Schatten, an die er gewöhnt ist, ihm sicherere Zusammenhänge der Dinge erkennen ließen als die Verhältnisse, die er jetzt vorfindet, wenn er sich umwendet und nach rückwärts führen läßt.

Wenn aber einer darüber hinaus mit Gewalt den holprigen und steilen Weg hinaufgezogen wird bis zum Höhlenausgang und bis an das Licht der Sonne, muß der nicht unfähig sein zu begreifen, wo er sich jetzt befindet und was mit ihm geschieht, geblendet von der Fülle des bisher unbekannten Lichtes? – Es bedarf einer Gewöhnung, ins Auge zu fassen, was außerhalb der Höhle im Licht der Sonne steht. Man müßte schrittweise vorgehen bei dieser Gewöhnung. Der Befreite würde zuerst die Schatten wahrnehmen, dann die im Wasser sich spiegelnden Anblicke der Menschen und der Dinge, später erst diese selbst. Bei all dem müßte man den Befreiten das Himmelsgewölbe zuerst in der Nacht anblicken lassen, bevor er fähig wäre, dieses bei Tag im Schein der Sonne zu sehen. Am Ende dürfte ein solcher Mensch in der Lage sein, auf die Sonne selbst zu blicken. Er würde schließlich durchschauen, wie die Sonne alles durchwaltet und die Ursache von allem ist, auch dessen, was er unter der Erde erlebte.

Was aber, wenn er sich wieder der ersten Behausung erinnert und an das dort maßgebende Wissen denkt? Wird er sich da nicht glücklich schätzen, die dort unten Hausenden aber bedauern? Die dort unten Lebenden halten sich an das, was sie sehen, wetteifern auch darüber, was künftig am ehesten eintreten könnte, und ehren jene, die den Wettbewerb gewinnen, statten sie mit Ansehen und Macht aus. Ist nun anzunehmen, einer, der das Sonnenlicht gesehen hat, wolle dort unten noch einmal miteifern? Alles andere lieber als das. Wenn aber der aus der Höhle Herausgekommene nochmals hinabstiege und sich wieder auf seinen Platz setzte, würden sich seine Augen jetzt nicht mit Finsternis füllen? Gesetzt, er würde als Rückkehrer von der Sonne, hier unten gar nichts mehr sehend, seine Ansicht über die Schatten bekanntgeben, würde er sich nicht der Lächerlichkeit preisgeben? Müßte man nicht annehmen, die Bewohner der Höhle würden sich darin einig werden, es lohne sich gar nicht, hinaufzugehen? Würden sie nicht gar darauf sinnen, jene zu töten, die versuchen sollten, hier unten Gefesselte zu befreien?

Dieses Gleichnis der PAIDÉIA (Erziehung) ist der Tradition der Sonnen-Licht-Symbolik entnommen. Es handelt sich um folgendes: Die zweite Stufe zeigt den Menschen, der befreit wird und den illusorischen Charakter seiner bisherigen Annahmen durchschaut, aber immer noch die Situation innerhalb der Höhle für die Realität hält. Er wird jetzt die vorbeigetragenen Figuren für das Wirkliche halten und nicht mehr die Schatten, die sie an die Wand werfen. Die dritte Stufe besteht in einer völlig neuen Gegebenheit. Außerhalb der Höhle sich aufzuhalten ist unvergleichbar mit dem bisher Erlebten. Das ist wie der Unterschied zwischen der Gefangenschaft in einem Verlies und dem freien Dasein unter der Sonne. Dieser andersartige Zustand entspricht dem, was die Esoterik lehrt und erlangen helfen will, dem Zustand der Befreiung. Das Höhlengleichnis soll uns die Möglichkeit der Erkenntnis zeigen, die durch mühselige Arbeit und Selbstüberwindung erreicht wird. Mühselig ist der Weg nur, weil der

Mensch sich gegen die Befreiung wehrt. Wehrte er sich nicht, wäre der Weg vielleicht leicht.

Den Standort der dritten Wissensstufe, im Anblick des Sonnenlichtes zu leben, wird derjenige nicht mehr verlassen wollen, der ihn erlangt hat. Sokrates fragt Glaukon eindringlich: »Wird er nicht überhaupt was immer sonst eher ertragen wollen, als in jenen für die Höhle gültigen Ansichten sich weiter herumzutreiben und auf jene Weise ein Mensch zu sein?« – »Ich glaube«, sagte Glaukon, »alles würde er eher über sich ergehen lassen, als auf jene höhlenmäßige Weise ein Mensch zu sein.« Erziehung, Bildung im philosophischen Sinne, soll nach der Meinung von Platon auf die Höhe bringen, sein Leben angesichts des Sonnenlichtes zu führen. Die höhlenartige Behausung ist das Bild für den Aufenthaltsort, der sich uns alltäglich zeigt. Das Feuer in der Höhle ist das Bild für die Sonne. Das Höhlengewölbe vertritt das Himmelsgewölbe. In dieser höhlenartigen Umwelt fühlen sich die Menschen zu Hause. Das ist die Welt, auf die sie sich verlassen. Die im Gleichnis genannten Dinge außerhalb der Höhle sind Bilder desjenigen, worin das eigentliche Wesen des Seienden besteht. Und das eigentliche Wesen sind die Ideen. Was an der Sonne liegt, das sind die Ideen, die Urbilder für alles, was es gibt. Hätte nach Platon der Mensch nicht diese Grundbilder von Dingen, Lebewesen, Menschen, Zahlen, Göttern im Blick, vermöchte er niemals dieses oder jenes als ein Haus, als einen Baum, als einen Gott zu vernehmen.

Für gewöhnlich meint der Mensch, er sehe geradehin dieses Haus und jenen Baum und so jegliches Seiende, und er weiß nicht, daß er alles, was ihm da bekannterweise als das Wirkliche begegnet, »nur im Lichte von Ideen sieht«. Jedes vermeintlich allein und eigentlich Wirkliche, das vor der Nase Sichtbare, auch das Hörbare, das

Greifbare, das Handhabbare, das Berechenbare, bleibt nach Platon stets nur die Abschattung der Ideen und ist somit Schatten. Dieses Nächste und doch Schattenhafte hält den Menschen täglich in der Haft. Der Mensch lebt in einem Gefängnis und läßt den Bereich der Wahrheit, die Ideen, das ist das wahre Aussehen von dem was ist, hinter sich. Er muß sich zu ihnen umwenden. Entsprechend ist das Höhlengleichnis Platons Belehrung über die »Kunst der Umkehr«. Auch die Religion fordert die METÁNOIA, die Umwendung im Denken. Ihr Inhalt deckt sich mit der Umwendung im Begriff ALÉTHEIA, der Wende vom Vergessenen, Deutungslosen, Dunkeln zur »Lichtung« des Erinnerns und des Wissens um die Bedeutung.

Solche Gedanken sind jenen nicht unbekannt, die sich mit der Gnosis, der spirituellen Erkenntnis, beschäftigen. Sie betrachtet das irdische Leben als Grab oder Gruft für die Seele. Das Leben ist nur lebenswert, wenn die Seele aus ihr aufsteigt in die Höhe der solaren Erkenntnis, die auch zugleich ihre eigentliche Wohnung ist. Hier wohnt sie, während sie in der leiblichen Welt lebendig begraben ist. Wo die Seele wohnt, da gibt es die Verfallenheit an die Dinge nicht mehr. Der Mensch sieht alles im Licht der Ideen.

Das Höhlengleichnis wird innerhalb der gesellschaftlich anerkannten Bildung als Sinnbild für die Höhe der philosophischen Erkenntnis verstanden. Alles Lichtsymbolische ist jedoch initiatischen Ursprungs. Das Gleichnis zeigt den Weg der Befreiung. Gleichgültg, wie viele Stufen dieser Weg innerhalb einer bestimmten initiatischen Schule beinhaltet, hier sind es drei, nämlich 1. das Schattendasein, 2. die Erkenntnis: Das für die Realität Gehaltene sind nur Schattenbilder, 3. die Erkenntnis: Diese Schattenbilder sind zudem durch Artefakte und künstliches Licht erzeugt und somit willkürlich, also eine von den Menschen erzeugte Welt, die mit der Wirklichkeit in keiner Weise übereinstimmt. Das eigentlich Wirkliche und das wahre Licht, das ist die Welt der Ideen, die aus dem göttlichen Urlicht stammen. Wir können auch sagen: Das ist der lichthafte Bereich des göttlichen Allwissens.

Das Höhlengleichnis mag für manches als Parabel dienen. Im Sinne Platons soll es die Ideenlehre erklären. Der Bereich des Tageslichtes oder der Sonne ist das Reich der göttlichen Ideenwelt. Das Gleichnis setzt die Möglichkeit, dorthin zu gelangen.

Wo wir uns aber alltäglich aufhalten, das ist eindrücklich geschildert. Wer auf der dritten Wissensstufe zur Spitze der Erkenntnis gelangt, der muß alles in Frage stellen. Und wer tut dies schon gerne? Wer auf die zweite Wissensstufe gebracht wurde, der muß einsehen: »Es wird schon irgendwie falsch sein, was man denkt« (Robert Musil in »Die Schwärmer«). Auf dieser Plattform des Wissens angelangt, gipfelt wohl alles darin, zu wissen, daß wir nichts wissen.

Auf der ersten Wissensstufe aber gibt es keine Einsicht. Beachten wir die Aussage vom Töten. Christus wurde getötet, als er herniederstieg in unsere Höhle, um das Reich des Lichtes unter uns zu verkünden.

XIV

Das Höhlengleichnis kann uns auch als Parabel dienen für das Lesen. Der Erkenntnis suchende Leser liest, um dem Gefängnis der materiellen Welt und des äußeren Ichs, das an diese verhaftet ist, zu entrinnen.

Lesen ist dann vergleichbar dem mühseligen Wege von der Höhle bis zum Sonnenlicht. Der in der Höhle lebende Mensch will diese Anstrengung des Weges gar nicht auf sich nehmen. Lieber möchte er in der Höhle bleiben und über das für wirklich Gehaltene gescheit reden und von den übrigen Mitgefangenen Anerkennung dafür bekommen, als den offenbar steilen Pfad der Befreiung zu gehen. *Das ernsthafte Lesen ist mit dem Aussteigen aus dem Grab vergleichbar.* Lesen in diesem Sinne ist ein Eintritt in eine andere Welt oder in viele andere Welten. Wir wissen aus früheren Überlegungen, wie die Bedingung lautet. Die Grenze des äußeren Ichs muß überschritten werden. Was außerhalb des äußeren und verfälschten Ichs liegt, das können wir in Anlehnung an die Philosophie das Nicht-Ich nennen. Wir können es aber auch die Reiche des inneren Ichs nennen, in welchen die Verstrickungen des äußeren Ichs stufenweise verlassen werden. Das Sein eines inneren, unverfälschten Ichs setzt keine Grenzen mehr gegen *all das, was ist.*

Das ernsthafte, heilige oder heilbringende Lesen ist immer eine »Lese«, eine Sammlung, ein sammelndes Bergen, wie wir noch eindrücklicher sehen werden. Wir sprechen von der esoterischen Bedeutung des Lesens und lassen bald einmal alles weg, was dem Lesen als Lese nicht entspricht.

Lesen weiht sich solcherart dem Einswerden mit all

dem, was ist. Lesen ist Überwindung des Dunkeln und Aufspüren der Lichtung. Diese Worte lassen an einen Waldgang denken: Wir können dabei auf Holzwege geraten. Solche verlaufen sich im Unterholz; wir geraten dann statt in die gesuchte Lichtung ins Dickicht. Das Dickicht wäre eher ein Bild für die ichhafte Verstrickung. Eine solche kann immer wieder geschehen, zum Beispiel dann, wenn der lichtsuchende Leser einen Lichtfund zur Bestrahlung seines äußeren Ichs verwendet, statt dieses dem gefunden Licht zu weihen.

Sprechen wir von einer Anstrengung des Lesens in einer Ähnlichkeit zur Anstrengung des initiatischen Pfades, so können wir diese vergleichen mit einer Wüstenwanderung, auf der man fast verdurstet und es unsicher ist, wann die nächste Oase erreicht wird. Das ist dann der Ort der Erlabung, wo die Trockenheit endet und die dürstende Seele zu trinken bekommt. Oder wir mühen uns durch Wälder von Wörtern und Sätzen, bis wir zu einer Lichtung gelangen, wo wir aufatmen, wo etwas mit uns geschieht, wo unversehens Licht in eine Sache und unsere Seele in die Begeisterung kommt. Dies ist unser Schicksal als Leser. Wir lesen von Oase zu Oase, von Lichtung zu Lichtung.

Der Lesende sprengt die Fesseln des äußeren Ichs. Dies ist seine wahre Absicht, seine Sehnsucht. Doch kann er auf halbem Wege steckenbleiben, zum Beispiel auf der zweiten Stufe im Höhlengleichnis. Dort sieht er zwar, wie die Schatten zustande kommen, weiß aber noch nicht um die Existenz eines wahren oder höheren Lichtes. Er würde dann zwar durchschauen, wie zufällig es ist, welche Figuren durch Menschen vorbeigetragen werden. Aber er würde nichts wissen von einer höheren Daseinsform der Helligkeit, die alle Überlegungen auf dieser zweiten Ebene gegenstandslos macht.

Wir gelangen an einen Ort des Nachdenkens, den wir früher schon angekündigt haben. Wir haben uns mit der Bilder- und der Vorstellungswelt abzugeben. Wir wissen aufgrund des Gleichnisses von den drei Ebenen, die wir noch einmal anders charakterisieren wollen, nämlich 1. Stufe: die Welt der gewohnten Vorstellungen. 2. Stufe: die Bewußtseinsebene, die uns veranschaulicht, wie unsere bisherigen Vorstellungen erzeugt werden, woher sie stammen und wie zufällig sie sind. Wir gewinnen Einsicht in die Manipulationen unserer Vorstellungen. Wir sind hier auf der Stufe der Einsicht in unsere Ausgeliefertheit. Nennen wir ein Beispiel: Wir entdecken, das Christkind unserer Kindheit sind die Eltern. Aber wir wissen noch nichts vom großen Weihnachtsmysterium der Lichtgeburt und der Wintersonnenwende. 3. Stufe: die Aufhebung des Ausgeliefertseins und der Amnesie; Teilhabe am wahren Wissen; Wissen um die wahre Herkunft und um den Aufbau der Schöpfung; Teilhabe an der göttlichen Kreativität.

Die Dramatik der Spannung zwischen der zweiten und der dritten Stufe ist unser Thema. Im Höhlengleichnis wird der Mensch von einem Führer hinaufgeschleppt. Stellen wir uns vor, wir ernsthaften Leser haben uns selber auf diesen harten Weg begeben, um dorthin zu gelangen, wo uns alles wie Schuppen von den Augen fällt und wir die Herrlichkeit erleben, wenn alles ganz anders ist, als wir je denken konnten. Stellen wir uns vor, die Bücher, die Texte, die wir lesen oder die wir noch lesen werden, sind unsere Führer, sie ziehen uns hinauf, bringen uns auf die ersehnte Höhe.

Im folgenden Abschnitt betrachten wir einiges, das wir schon gesagt haben, noch einmal, wenn auch aus einem anderen Blickwinkel.

XV

Die Vorstellungen sind Bilder. Zu Beginn dieser Betrachtung, die wir jetzt miteinander anstellen wollen, sei erinnert: Wir wissen jetzt, wir haben es immer mit Bildern zu tun. Es kommt nun einzig und allein darauf an, aus welcher Quelle diese stammen.

Wir wollen uns der Erkenntnis der Bilder und ihrer unterschiedlichen Lichtquellen Schritt für Schritt nähern.

Im Lesen widmen wir unsere Zeit einer Bilderwelt, welche wir nicht aus uns herausholen, die wir vielmehr in uns hereinholen. Wir widmen uns einer fremden Bilderwelt. Lesen wir eine Geschichte mit ihren Bildbeschreibungen und Bildreizen, bleibt der eigenen Einbildungskraft reichlich Spielraum, und kein Leser stellt sich eine beschriebene Szene oder Folge von Ereignissen oder eine sprachlich ausgemalte Umgebung, in welcher eine Geschichte sich abspielt, gleich wie ein anderer vor. Im Unterschied zum Film oder zur Theateraufführung, worin ein anderer, in diesem Fall der Regisseur, durch die gezeigten Bilder seine Vision und seine Auffassung einer Geschichte vorlegt, ist der Leser des einschlägigen Textbuches in seiner Imagination frei. Der Gedanke, der Leser eines Romanes sei in seinem eigenen Erzeugen von Bildern freier als der Betrachter einer Verfilmung desselben Romanes, gilt nur bedingt. Denn auch reale Ereignisse vor unseren Augen werden von Zuschauern und von Beteiligten sehr unterschiedlich wahrgenommen und wiedergegeben.

Viele Liebhaber von Romanen genießen die Umsetzung ins Bild, der sie sich frei überlassen, diese Übersetzung, die wir Imagination nennen und die sie unbeeinflußt von anderen Menschen aus sich selber heraus erleben können. Und manche sind von deren Verfilmung enttäuscht, weil ihre eigenen Bilder für sie großartiger waren.

Mit diesen Vorbemerkungen sind wir jetzt beim eigentlichen Gegenstand. Der Leser tritt immer in eine Welt von Vorstellungen ein. Das haben wir bereits festgestellt. Der Leser tritt in die Vorstellungswelt eines anderen Menschen ein. Auch dies ist schon erwähnt. Was uns nun beschäftigt, ist die Frage, ob die Vorstellungen, welche ein Leser vorfindet, zu denen er sich anregen läßt, die unwillkürlich sich ergeben beim Lesen, ob diese ausweiten oder einengen, ob sie öffnen oder zwingen, ob sie der Seele des Lesers Weite verschaffen oder ihn in die Knechtschaft führen.

Verstehen wir das Lesen in einem umfassenden Sinne, nicht nur als Bücherlesen, so ist alles, dem wir begegnen, Lesestoff. Alles ist Zeichen für anderes, und Zeichen gilt es zu lesen. Alles ist Hinweis auf anderes. Immer und überall begegnet das äußere und sich abgrenzende Ich demjenigen, was es nicht selber ist, das sich außerhalb seiner Grenzsetzung befindet. Immer kann sich das äußere verfälschte Ich dem widmen, das es nicht selber ist. Es überschreitet seine Grenze, geht voran zum andern und zum Andersartigen und gelangt durch diesen Überschritt irgend einmal schließlich zu sich selber, das heißt, zu seinem wahren Ich, das ununterschieden ist vom andern. Für dieses wahre Ich gibt es das Nicht-Ich nicht mehr.

Wir kommen in unseren Überlegungen erneut auf das Thema der Vorstellungswelt zurück. Und dies hat seinen tiefen Sinn. Wie auch immer wir die Umwelt oder die Welt wahrnehmen oder wodurch auch immer Wahrnehmung vermittelt ist, sei es durch unmittelbares Geschehen oder mittelbar durch die aufgezeichneten Bilder anderer, durch Bücher, Fotos, Filme, Vorführungen von Theaterstücken oder Rundfunk- und Fernsehsendungen, wir sind immer in einer Bilderwelt. Entweder benützen wir eine bestimmte Bilderwelt, um in ihr zu verharren, oder wir suchen neue Bilder, entweder suchen wir als Leser die Bestätigung unserer bisherigen Bilder, oder wir sind auf der Suche nach Bildern, die uns helfen, die bisherigen Grenzen an Bildern zu überschreiten. Wie auch immer, ob uns nun die Bilder anderer, denen wir uns als Leser widmen, öffnen oder einengen, wir gelangen schließlich zur Feststellung: Alles ist Bild. Die Welt ist Bild.

Vorstellungen, Bilder brauchen ein gewisses Licht, um in Erscheinung zu treten, sie brauchen entweder den Schein der Sonne oder den Schein der Phantasie. Am hellichten Tage der Sonne erscheinen die Bilder, die wir als Tatsachen betrachten. Aus dem Lichte der Phantasie aber stammen jene Bilder, die aus einer Sphäre jenseits davon hervorquellen. Um diese müssen wir uns kümmern.

Das Wort Phantasie gibt es schon im Altgriechischen, PHANTASÍA, das heißt Erscheinung, Gestalt, Traumbild, Trugbild, Gespenst. PHÁOS heißt Licht, Tageslicht, Sonnenlicht, Lebenslicht, Augenlicht, aber auch Fackel, Leuchte, Feuer, die verkürzte Form davon lautet PHOS. Das daraus abgeleitete Wort Phänomen bedeutet das, was am Tageslicht erscheint, das, was wir erscheinen lassen. Der Bedeutungszusammenhang zwischen Sonnen- und Augenlicht leuchtet hier auf, legt dabei nahe, sich des Verses von Goethe zu erinnern (erste Fassung in dem Text »Zur Farbenlehre«, Tübingen 1810, in der Einleitung):

Wär' nicht das Auge sonnenhaft,
Wie könnten wir das Licht erblicken?
Lebt' nicht in uns des Gottes eigne Kraft,
Wie könnt' uns Göttliches entzücken?

Manche geflügelten Worte werden bis zum Überdruß zitiert. Das hat aber immer einen tiefen Sinn, auch wenn wir uns damit nur zieren, ohne deren tieferen Sinn in einen Seinszustand umzuwandeln. Wenn wir liebevoll mit uns und den anderen Menschen umgehen, dann kritisieren wir nicht mehr. Wir beobachten dann, wie wir in unserer Sehnsucht nach dem Wahren und Großen und Erlösenden jeweils so viel tun können, wie unsere Kräfte erlauben. In vielerlei Hinsicht stellen wir bei uns selber und bei andern Menschen fest, die Kraft erlaubt, davon zu reden, aber sie reicht nicht dazu, seinsmäßig umzusetzen und zu erfüllen.

Nun gibt es dieses innere Augenlicht der Phantasie, das Bilder auftauchen und sehen läßt, die nur ein einzelner Mensch sieht und die nicht Gemeingut sind, wie das in den Träumen am allermeisten erlebt wird. Vermöge dieser doppelten Anlage des äußeren Tageslichtes (Sonne) und des inneren Lichtes (Phantasie) werden wir ständig und inständig darauf hingewiesen, in welcher Doppelheit oder Zweiteilung oder Polarität wir leben. Auch kann uns in dieser Gespaltenheit des Lichtes die klare Unterscheidung dessen, was für alle gilt und was eigenes »Bildern« ist, abhanden kommen. Dies ist der Punkt, an welchem die abendländische Philosophie, das Programm des offiziell gültigen Denkens, verankert ist. Sie will nämlich nur dem Geltung verschaffen, was am Tageslicht in Erscheinung tritt. Denn was am hellen Licht des Tages erscheint, das ist vorhanden, das liegt vor der Hand. Was am Tage vorhanden ist, das fällt in die gemeinsame Welt, das ist, wie der Logiker Wittgenstein sagte, der Fall.

Die abendländische Wissenschaft will sich nur mit dem zu schaffen machen, »was der Fall ist«. Wenn wir Macht über die materielle Welt wollen, ist dies konsequent. Weil wir dabei aber nur die eine Hälfte unserer Existenz berücksichtigen, hat dies seinen Preis. Überall will man sich vom Hals schaffen, was nicht der Fall ist. Die Religionen entledigen sich des kostbarsten Gutes, des Mythos, die Nationen entkleiden sich ihres Gründungsmythos (wie z. B. die Schweiz) und haben dann nichts mehr, was sie zusammenhält. Das Träumerische, das Mondhafte, das Phantastische, das Phantasievolle, das Poetische ... wird durch das Prinzip des auszuschließenden Widerspruches ausgegrenzt. Das Leben wird dadurch einpolig. Wir wollen das Paradies auf Erden! Diesem Motiv begegnen wir wie einem Refrain, und er wird uns bis zuletzt begleiten. Die abendländische Denkart mit ihrer Entscheidung, sich dem Vorhandenen zu widmen (französisch: CONSACRER, weihen), klammert das Wissen, das aus der rechten Hirnhemisphäre stammt, aus. Sie schließt, indem sie nur das am Tageslicht Vorhandene gelten läßt, alles das aus, das von einem inneren, von einem geistigen Licht beschienen wird.

Nicht zufällig wird an den geisteswissenschaftlichen Falkultäten der Universitäten Historie betrieben. Das Geistige ist vorwiegend als Geschichtliches wissenschaftsgültig. Das Geistige ist in den Augen der Wissenschaft nicht etwas, das mit einem klaren Gegenwartswissen ausgemacht werden kann. Das geistig Beachtenswerte und Wertvolle oder Gültige wird dem Faktor Zeit unterworfen. Darum ist das im bürgerlichen Bewußtsein Wertvolle immer Vergangenes. Die Vergangenheit entscheidet darüber, was der Fall ist. Das Genie wird erst nach seinem Tode erkannt und gefeiert. Es ist, als müßte alles Lebendige darauf verzichten, Bedeutung zu haben. Nur Totes wird auf den Schild erhoben. Ganz anders aber verhält es sich beim Nichtgeistigen, beim Materiellen. Dem Umgang mit ihm, seiner Erforschung, überantwortet sich das abendländische Denken nicht im Rückblick, hier entwirft es gar in die Zukunft und widmet sich ihm in uneingegrenztem Zukunftsglauben.

Es gilt eine Korrektur anzubringen. Das Materielle ist Ausdruck des Geistes; in der sichtbaren Welt wird Geist sichtbar. Mit dem sichtbaren Geist in der Materie beschäftigt sich aber der Ingenieur und der Physiker nicht. Er beschäftigt sich nur mit den Funktionen. Darüber hinaus gilt:

Die abendländische Denkart leugnet als Wahrheit, was von dem inneren Lichte beschienen ist, und überläßt das Urteil über den Wahrheitsgehalt dessen, was aus dem Reiche der Phantasie herkommt, der Psychiatrie. Das in der Phantasie erscheinende Bild ist entweder Wahrheit oder Wahn.

Die abendländische Denkart ist nur daran interessiert, ob ein inneres Bild mit der äußeren Erscheinung von Vorhandenem übereinstimmt. Wie im Anfang bereits gesagt, nennt man dies die ADAEQUATIO REI ET INTELLECTUS. Die Dichter haben Narrenfreiheit, wie die Künstler insgesamt, sonst aber überläßt man die inneren Bilder der Menschen dem Arzte zur Beurteilung, der für Geisteskrankheiten zuständig ist. Das Reich der Mondgöttin insgesamt ist suspekt. Es ist nicht der Fall. Wir sprachen bei der Analyse des Gilgamesch-Epos bereits davon. Freilich gilt es anzuerkennen, in welchem Ausmaße die Psychologie heute in die Lücke springt und sich der Bilder widmet, die heute und seit Urzeiten der Phantasie der Menschen entstammen. Aber tut dies die offizielle, universitäre Psychologie? Ist nicht vielmehr alles derartig Publizierte Trivialliteratur? Eine Ausnahme mögen die Werke von C. G. Jung und seiner Schüler darstellen. Doch wird dies an den hohen Lehranstalten zur Kenntnis genommen? Die Bilder der menschlichen Seele bleiben suspekt.

Wir müssen nicht bis in die Antike zurückgehen, um der Wirklichkeit des Traumes oder der Phantasie, um dem inneren Lichte zum Recht zu verhelfen. Doch auf der Grundlage dessen, was die Philosophen schon damals vorbereitet haben, beschleunigte sich in den letzten paar Jahrhunderten der Abstand. Heute besteht das Indiz für die Einschätzung im Wörtchen »nur«: Es ist nur ein Traum, nur eine Phantasie.

Es gilt nun aber einer Verwirrung vorzubeugen. Wir sprechen vom Tageslicht und von der Phantasie, wir sprachen auch von der Höhle und dem Schattenreich und dem Reich der Sonne in den höchsten Tönen, und dabei mußte dem kritischen Leser etwas auffallen. Das Reich des Sonnenlichtes wird einmal als das Größte erklärt, dann wieder relativiert, nämlich nur als Erscheinungswelt und als Vordergrund bewertet. Also müssen wir jetzt Unterscheidungen vornehmen:

Das äußere Licht des Tages, das wir das Sonnenlicht nennen, und damit ist auch die Sonne in ihrem Lauf gemeint, wird als Symbol für das wahre Licht genommen und als Zeichen höchster Gesetzmäßigkeit dargestellt; wir haben dafür die Beispiele des Psalmes 19 und Platons Höhlengleichnis angeführt.

Ein andermal aber machen wir zwischen dem äußeren Licht, diesem Sonnenschein, und dem inneren Licht eine Trennung, indem wir das innere Licht auf eine höhere Ebene stellen als das äußere. Wir sagen dann zum Beispiel, etwa in Anlehnung an einen fragmentarisch überlieferten Spruch von Heraklit, der Mensch lebe am Tage in einer gemeinsamen Welt mit den andern Menschen, in der Nacht, besonders in seinen Träumen, in der je eigenen Welt. Betonen wir das Eigene, so muß all das, was die Sonne am Tage bescheint, weniger wert sein. In diesem Augenblick wird das innere Licht höher eingeschätzt. Das

Licht der Phantasie wird dann sogar zum eigentlichen Licht erklärt. Und dies hat seinen tiefen Grund. An dieser Stelle können wir den Widerspruch noch nicht ganz auflösen; das wird erst gegen Ende des Buches möglich sein. Das Licht der Phantasie herrscht in der Nacht, in den Träumen, oder auch dann am Tage, wenn wir unsere Aufmerksamkeit von dem, was das Sonnenlicht bescheint, wegnehmen und uns den inneren Bildern widmen, was wir jederzeit tun können. Wir leben dauernd in diesem Wechsel, ohne darüber nachzudenken. Nur wenn sich einer am Tageslicht sehr stark auf die eigenen inneren Bilder zurückzieht, merken es die andern, weil es die Kommunikation stört oder verunmöglicht. Der Unterscheidung zwischen einer kollektiven und einer individuellen Welt ist offensichtlich notwendig und läßt sich auf den Unterschied von Tag und Nacht übertragen. Wenn wir bereits sagten, der Schlaf sei der kleine Bruder des Todes, so heißt das ja auch, unser Licht im Tod ist nicht mehr die Sonne, sondern so etwas wie die Phantasie, dieses innere Licht, das uns bleibt. Ist einer erblindet und sieht das Tageslicht nicht mehr, so lebt er im inneren Licht der Phantasie. Die Teilung in äußeres und inneres Licht ist notwendig, und die damit einhergehende Teilung in eine äußere kollektive Wahrheit und eine innere individuelle Wahrheit liegt auf der Hand.

Den meisten Menschen ist das innere Licht vermutlich nie so strahlend geworden wie das äußere. Darum steht ihnen nichts über dem Glanz der physischen Sonne. Menschen, die in Todesnähe gerieten, sprechen manchmal von einem unglaublichen Licht, das sie erlebten und nach dem sie sich zurücksehnten. Wenn wir dies nicht erlebten, sehnen wir uns nach der physischen Sonne und erleben sie auch als Symbol für ein höheres Licht, das wir suchen.

Wie wird doch die Sonne, wenn sie dann wieder auftaucht, nachdem wir sie durch schlechtes Wetter entbehrten, jubelnd begrüßt! Wir gestehen uns gar nicht ein, wie sehr wir der Sonne bedürfen. Im Urlaub eilen wir ihr nach. Die Dichter umjubeln sie seit Menschengedenken. Das ist der Grund dafür, warum sie als Symbol dient in so mancher Hinsicht, nämlich für das wahre Licht Gottes, für Platons Ideenlehre, für die Verwirklichung von uns selber (z. B. die Sonne im Horoskop), um nur einige Beispiele zu nennen. In der Religionsgeschichte haben Phänomene von Sonnenanbetung und -verehrung eher zu Mißverständnissen geführt. Die Verehrer des Sonnengottes wußten um dessen Stellvertretung für das wahre Licht. Wo dies nicht vorliegt, muß es sich um eine Degenerationserscheinung handeln. Der Sonnengott vertritt nur den unsichtbaren Gott. Weil aber die Sonne hienieden alles Leben gewährt und alles Leben von ihrem Schein abhängig ist, weil sie die Wonne unseres physischen und seelischen Lebens ist, ist sie das denkbar beste Symbol für Gott und seine Herrlichkeit.

Was aber ist die Sonne innerhalb der Seinsvergessenheit? Wir sind, angeregt durch das Gilgamesch-Epos, auf das Thema gestoßen: Sonne, Tageslicht, männliche Welt seien gleichsam Synonyme und werden einseitig überbewertet, es gehe darum, auch den anderen Pol zu leben, der Mondgöttin, der Herrscherin der unbegrenzten Bilderwelt, der Göttin der Poesie, zu ihrem Recht zu verhelfen. Die »Weiße Göttin« (Ranke-Graves) ist entthront und aus unserem kontinuierlichen Bewußtsein verstoßen worden. Sie lebt im Exil, führt ein Schattendasein. Und wenn sie daraus heraustritt, ist der Teufel los, weil das Verdrängte erschüttert.

Einige Menschen wissen von einem inneren Licht, nach dem sie sich mehr sehnen als nach dem Licht der

Sonne. Denn dieses leuchtet erst in Todesnähe oder im Tode, während der Leib mitsamt der physikalischen Sonne verlorengeht. Wir sagen nun nicht, die Weiße Göttin sei dieses innere Licht. Das ist es auch nicht. Sie ist innerhalb der Polarität der zweite Teil, denn Licht ist in der Sichtbarkeit Sonne und Mond. Sonnenlicht und Phantasie, die beiden Lichtquellen, gilt es zu vereinen. Wenn wir aber vom inneren Licht als der Sonne sprechen, so denken wir an eine Wendung nach innen, an ein Erleben eines inneren Ich-Zustandes, innerhalb dessen die Zweiheit überschritten ist.

Die Relativierung des äußeren Sonnenlichtes gegenüber einem inneren Licht ereignet sich durch eine Umkehrung. Das Denken, um welches wir uns hier bemühen, will umstoßen. Es will die Dinge von einer anderen Seite her sehen. Wir wollen versuchen, alles vom Licht der Einheit her zu sehen. Vorbereitung dafür aber ist, zuerst einmal innerhalb der Polarität (Zweiheit) jene Bilder zu entbergen, die aus einem inneren Licht stammen. In diesem Sinne kann manch einer seine eigene Reinkarnationstherapie anführen, innerhalb welcher er nur mit Bildern aus seinem Innern zu tun hatte und Dinge sah, die ihm die Sonne im jetzigen Leben nicht zeigt.

Gehen wir von der Bedeutung des inneren Lichtes aus, wofür bei den alten Griechen die Göttin Phantasia stand. Nennen wir die Phänomene der Phantasie Vorstellungen, Träume, Visionen, Imaginationen. Was beinhalten sie alles? Was umfassen sie alles? In ihnen erinnern wir uns der Dinge und Menschen, die wir einst kannten oder die gerade nicht da sind; in ihnen formen wir unsere tägliche Erlebniswelt um und können zum Beispiel fliegen, was wir in der realen Welt nicht können; in ihnen sehen wir hinter die Situationen unseres täglichen Lebens und entschlüsseln sie – ob wir das nun wahrnehmen oder nicht;

in ihnen dringen wir in die inneren Bereiche ein, von denen wir keine Ahnung haben und die bis zur Gottesschau führen können.

Dieses innere Licht wird in mancher Psychotherapie bewußt eingesetzt, um hinter den Vordergrund zu leuchten. Ob es sich um spontane Phantasien oder solche handelt, die vom Therapeuten geleitet und begleitet werden, sie führen oftmals zu größerer Klarheit und sind einfacher zu deuten als unser verstricktes Alltagsleben. Weil einfacher, sind sie durchschaubarer. So bringt die Phantasie Licht in die Vernetzungen der sichtbaren Tatsachenwelt. Solche Phantasien haben ein ähnliches Verhältnis zur Tatsachenwelt wie das Horoskop (das heißt, wie die deutbaren Positionen der Himmelskörper). Wir schauen ins Horoskop, wenn wir diese Kunst beherrschen, weil die Sache sichtbarer ist als in einem Tatsachenbericht.

Wir sprechen von zwei Erlebnisbereichen, welche auch mit unseren beiden Hirnhemisphären zusammenhängen. Die linke ist auf die Tageswelt, die rechte auf die Nachtwelt ausgerichtet. Die linke dient der Analyse, die rechte der Synthese. Die linke beinhaltet die Zeit, die rechte die Zeitlosigkeit. Die linke Seite ist eher sonnen-, die rechte eher mondhaft. Wenn wir dies recht bedenken, verstehen wir, wie sehr die Sonnenwelt der Mondwelt bedarf. Dies gilt innerhalb der Polarität oder der Zweiheit. Ohne die Mondwelt oder das innere Licht wäre die äußere Sonnenwelt nicht reflektierbar. Es gäbe in unserem Denken keine Reflexion. So dient die Zweiheit der Bewußtwerdung, denn Bewußtheit ist abhängig von Reflexion. Sonne und Mond sind Symbole dafür. In der Zweiheit ist Licht immer Lichtquelle und Lichtreflex.

Das innere Licht der Phantasie macht uns auf das wahre innere Licht aufmerksam, welches nicht Phantasie ist, auf jenes innere Licht, das der Zweiheit nicht mehr unterworfen ist. Das äußere Licht sieht uns sterben. Nur das innere Licht weiß etwas anderes zu erzählen.

Achten wir auf die eigentliche Belehrung, die uns daraus erwächst: Weder die Bilder des Sonnenlichtes noch die Bilder der Phantasie, weder die Bilder des Sonnengottes noch die Bilder der Weißen Göttin sind schon die Wahrheit, die aus der Einheit stammt. Es müssen beide Bilderreiche überschritten werden. Denn das wahre innere Licht ist eins. Die Nichtzweiheit erlangen wir aber nur, wenn wir zuvor beide Lichtquellen der polaren Welt leben und durch Leben vereinigen.

Aus dieser folgt gleich eine weitere Erhöhung des Menschen: Er ist von Natur aus Licht. Mögen wir über dieses Thema nachdenken, wie und wie oft wir wollen, wir werden schließlich zu diesem Schluß kommen. Wir Menschen sind inkarnatorisch und re-inkarnatorisch seltsam verkleidete höhere Lichter. In dieser Verkleidung wissen wir selber nicht viel, um dieses Licht, das wir sind. Wir leben die Seinsvergessenheit.

Im gleichen Maße wie vom äußeren und inneren Licht läßt sich von der äußeren und inneren Dunkelheit sprechen. Die äußere, sichtbare Finsternis ist Gleichnis der inneren. Unser Bewußtsein ist in der erwähnten Verkleidung polar, also gibt es Licht und Dunkel in uns selber. Dieses Dunkel in uns wurde durch unsere Art der religiösen Erziehung verteufelt. Wir durften einen Teil von uns nie leben. Denn die abendländische Zivilisation nimmt das Tageslicht als Maß für alles. Was nur ein Gleichnis sein soll, nimmt sie für das einzig Wirkliche. Warum? Weil sie das Paradies oder den Himmel auf die Erde zwingen will.

Unser Gegenstand ist die Welt der Vorstellungen. Vorstellung ist alles. Bild ist alles. An diesen Punkt gelangten wir schon. Bildern können wir ausgeliefert sein, Bilder können bezüglich einer gemeinten Sache richtig oder falsch sein, Bilder können wir uns vorgeben und in die Realität umsetzen. Setzen wir Bilder in die Realität um, sind sie das Bewirkende. Nehmen wir ein bekanntes Beispiel: Bevor wir ein Haus bauen, umkreisen wir dieses mit wechselnden Bildern in unserer Phantasie, bis es ein zunehmend schärferes Bild wird in unserer Vorstellung. Wir lassen das Bild in uns stark werden, bis es unsern Willen leitet. Der so geleitete Wille setzt das Bild in die reale Tat um. Diesen Vorgang kennen wir alle. Von seiner Kenntnis hängt auch die Schule des positiven Denkens ab. Das Prinzip heißt: Vor aller Handlung oder vor jeder Erschaffung steht ein Bild. Wir nennen dieses Bild meist mit dem griechischen Namen Idee. Auf höchster Ebene heißt dies: Vor aller Schöpfung besteht die göttliche Idee des zu Schaffenden.

Der Buchtitel von Schopenhauer bestätigt sich: »Die Welt als Wille und Vorstellung«. Rein sprachlich sei dabei beachtet: Eben sagten wir noch, wir beschäftigen uns mit der Welt der Vorstellungen. Und jetzt sagen wir: Die Welt »ist« Vorstellung. Offensichtlich verwenden wir den Begriff Welt in zwei verschiedenen Bedeutungen. Wir sprechen von Welt und Vorstellung einmal auf der psychologischen, zum anderen Mal auf der philosophischen Ebene. Worin besteht der Unterschied? Psychologisch gesprochen denken wir an die Welt, in der jeder einzelne Mensch sich bewegt. Darin hat er seine Berührungspunkte mit einer öffentlichen Welt und mit den anderen Menschen, darin ist er aber auch in anderer Hinsicht allein und hat seine Bilder, die nur ihm gehören. In philosophischer Sprechweise aber reden wir von dem, was alles

Seiende in seinem Sein betrifft. Grundsätzlich lebt der Mensch in der Welt, und diese ist Vorstellung (und Wille).

Was Schopenhauer Wille und Vorstellung nennt, wird vom deutschen Barockphilosophen Gottfried Wilhelm Leibniz mit zwei lateinischen Wörtern bezeichnet, nämlich mit APPETITUS und PERCEPTIO. Frei auf deutsch übersetzt heißen diese: Wille und Idee oder Wille und Gedanke. Leibniz sei hier darum erwähnt, weil er sagte, alles Seiende, alles, was ist, ist Wille und Gedanke (Idee, Bild, Vorstellung). Alles, was ist, ist eins. Die Eins aber enthält die Zwei. Darum müssen wir vom einen zweierlei aussagen, nämlich eben Wille und Idee.

Alles, was in Erscheinung tritt, bedarf dieser beiden Prinzipien. Der griechische Philosoph Aristoteles dachte in seinem Buch »Über die Seele«, das keine Psychologie enthält, sondern die Metaphysik des Lebendigen darstellt, über den Willen nach. Er hat ihn in dieser Schrift für die folgenden 2000 Jahre mit der Vorstellung verbunden, seine Begriffe heißen ÓREXIS KAI IDÉA. Wir erwähnen dies deshalb, weil wir im griechischen Wort für Wille, ÓREXIS, einen Fund machen können. OREGÉIN, das Tätigkeitswort, heißt die Hand ausstrecken, das heißt auch herrschen. Im Wort ÓREXIS, Wille, ist das lateinische Wort REX, der König, verborgen. Das lateinische Tätigkeitswort REGERE heißt geraderichten, lenken, herrschen.

Worauf weißt uns das hin? Der Wille ist etwas Königliches. Er kann bestimmen, er kann eine Welt erzeugen. Wenn er es tut, so in der Verheiratung mit einer IDEA. Die Vereinigung von beidem ist in unserer Sprache vorgegeben, sprechen wir doch von Einbildungskraft. Das ist die Kraft, etwas in ein Bild zu bringen. Die Einbildungskraft ist die Begabung der Dichter. Wir staunen über sie als Begnadung. Ist es ein originärer Dichter, der nicht Bilder, Stimmung und Sprache vorangegangener Poeten wiederholt, erzeugt er eine neue Sprachwelt. Wir anerkennen in ihm einen Bewirker. Wille und Idee vereinigen sich in ihm zur Kreation einer eigenen, für den Leser neuen Welt. Das ist eine Welt, wenn auch nicht eine materielle; sondern eine geistige Welt. Wir betreten sie als Leser. In aristotelischer Sprache vereinigen sich die Wirkursache (IDEA, Bild) und der gestaltgebende Seinsgrund (Wille). – Einbildungskraft ist aber jedem Menschen gegeben. Die meisten Menschen erzeugen damit nichts Neues. Sie wiederholen damit die vorgegebenen Vorstellungen, Bilder und Gestaltungen in endlosen Varianten.

Einbildung im negativen Sinne beinhaltet etwas, das wir uns nur einbilden. Wir machen uns dann von etwas ein Bild, das es so nicht gibt. Einbildung verwenden wir oft im Sinne von bloßer Einbildung. Andernorts nennt man es falsches Wähnen. Die hinduistische Weisheitslehre Yoga warnt davor. Im Buddhismus betet man darum, wir mögen vor falschem Wähnen bewahrt bleiben. Denn Bilder können in den Wahnsinn treiben. Im Lateinischen heißt Einbildungskraft INGENIUM. Dieses interessante Wort, das meist mit Geist, Talent, Genie übersetzt wird, heißt eigentlich das Angeborene. Ist also Geist angeboren? Und wir wissen es nur nicht? Geist vergegenwärtigt sich über Bilder. Es ist in uns angeborenerweise eine Bilderwelt eingebildet.

Wir sehen, wie dem Thema Bild eine Zwiespältigkeit anhaftet. Sie kommt uns im Zweifel entgegen, ob wir richtig denken oder ob wir überhaupt denken. Wir kennen die abfällige Seite dieses Zwiespaltes. Sie kommt zum Ausdruck, wenn wir jemanden zu einem Eingebildeten erklären. Der Zweifel ist berechtigt. Denn »Die Welt als Wille und Vorstellung« gilt auf allen Ebenen. In Platons Höhlengleichnis treffen Wille und Idee auf alle Aufenthaltsbereiche der Menschen zu, sowohl auf die beiden verschiedenen in der Höhle wie auch auf die Welt außerhalb der Höhle.

Die Welten der Ideen, Vorstellungen, Bilder sind ineinander verschachtelt. Sie sind sowohl himmlisch wie auch höllisch. Müssen wir nicht annehmen, wir hätten durch unsere vorwiegend vernunftbetonte Ausbildung verlernt, damit umzugehen? Die Spannweite unserer Bilder breitet sich aus zwischen Spinnerei und Kreation neuer Welten. Alles hängt davon ab, wie königlich unser Wille ist und wie erhaben unsere Bilder sind.

Zu Recht werden esoterisch bewanderte Leser jetzt an die Magie denken, an jene Kunst und Wissenschaft von der göttlichen Kraft im Menschen, innerhalb derer die Imagination oder die Einbildungskraft auf eine Höhe gebracht wird, welche den Menschen die Kraft und die Macht gibt, den Bildern nicht ausgeliefert, von ihnen nicht verfolgt zu sein, sondern sie auflösen zu können, wo sie unfruchtbar sind, sie umzusetzen in die Erzeugung des eigenen Lebensbereiches, wo sie fruchtbar sind.

Wir beschäftigen uns mit dieser wunderbaren Kraft, auch wenn wir sie nicht Magie nennen.

XVI

Als Leser begegnen wir andauernd Bildern. Sie *sind* die Wirkursache. Entzündet sich an einem Bilde unser Wille oder unsere schöpferische Kraft, wird das Bild in eine konkrete Gestalt umgeformt. Nun gilt es, auf einen tiefliegenden Konflikt hinzuweisen. Aufgrund unserer Gespaltenheit, die sich in bewußtem und unbewußtem Handeln äußert, kann unser eigenes Erzeugen unserer Realität unbewußt geschehen und mit dem nicht übereinstimmen, was wir mit unserem Bewußtsein anstreben. Die unbewußten Bilder in uns, die unser Verhalten bestimmen und unser Schicksal erzeugen, sind unser hartnäckigstes Problem. Damit beschäftigen sich die Psychologie, die Psychotherapie und jede andere Art von Lebenshilfe, aber auch die Religion. Dafür wählen wir ein Beispiel aus dem Neuen Testament.

Da heißt es im Römerbrief des Apostels Paulus (7.14, in der Übersetzung der Jerusalemer Bibel) unter dem Titel »Der innere Kampf«:

> Wir wissen, daß das Gesetz selbst vom Geist bestimmt ist; ich aber bin Fleisch, das heißt: verkauft an die Sünde [gemeint ist damit: nicht in der Einheit sein, sondern in der Gespaltenheit]. 15 Denn ich begreife mein Handeln nicht: Ich tue nicht das, was ich will, sondern das, was ich hasse. 16 Wenn ich aber das tue, was ich nicht will, erkenne ich an, daß das Gesetz gut ist. 17 Dann aber bin nicht mehr ich es, der so handelt, sondern die in mir wohnende Sünde. 18 Ich weiß, daß in mir, das heißt in meinem Fleisch, nichts Gutes wohnt; das Wollen ist bei mir vorhanden, aber ich vermag das Gute nicht zu verwirklichen. 19 Denn ich tue

nicht das Gute, das ich will, sondern das Böse, das ich nicht will.«

Zweifellos vereinigen sich in diesem Text verschiedene Themen, die man erkennen muß, sonst ist er nicht leicht verständlich. Die Differenz, um welche es uns geht, ohne diese im Lichte der Unterscheidung von Gute und Böse sehen zu wollen, ist hier mit aller Kraft formuliert. Darum lesen wir weiter:

»20 Wenn ich aber das tue, was ich nicht will, dann bin nicht mehr ich es, der so handelt, sondern die in mir wohnende Sünde. 21 Ich stoße also auf das Gesetz, daß in mir das Böse vorhanden ist, obwohl ich das Gute tun will. 22 Denn in meinem Innern freue ich mich am Gesetz Gottes, 23 ich sehe aber ein anderes Gesetz in meinen Gliedern, das mit dem Gesetz meiner Vernunft im Streit liegt und mich gefangenhält im Gesetz der Sünde, von dem meine Glieder beherrscht werden. 24 Ich unglücklicher Mensch!

Ein solcher Text mag bei heutigen Lesern Widerwille wecken. Wer will schon noch von Sünde hören! Versuchen wir, diese Sprache zu entschlüsseln, und gehen wir dazu auf einen höheren Aussichtspunkt! Es kommt auf die geklärten Begriffe an. Wenn wir die Differenz Fleisch und Geist auf den Unterschied zwischen unserem verfälschten äußeren Ich und dem inneren Ich, das der göttlichen Kraft in uns näher ist, übertragen, wird dieser Text verständlich. Wir sind durch die bisherigen Betrachtungen vorbereitet, diesen Text zu verstehen, ist uns doch der Gedanke geläufig, der Mensch lebe gleichzeitig im Himmel und auf Erden. Das Gesetz des Fleisches verhält sich zu dem Gesetz des Geistes oder Gottes wie die Erde zum

Himmel. In diesem Lichte gesehen, spricht Paulus den Widerspruch des Menschen in aller Klarheit aus. Er nennt ihn unser Unglück.

Die Frage heißt: Wie gelangen wir aus der Zwietracht und der Gespaltenheit mit uns selber hinaus?

Damit sind wir wiederum beim Anfangsthema. Wir erinnern uns des Gespräches zwischen dem Laien und dem Redner. Der Laie vertritt dem gebildeten und vielwissenden Redner gegenüber den Standpunkt der Weisheit, und dieser besteht darin, alles, was ist, einzig und allein aus dem Licht der Einheit zu sehen, und das ist Gott. Weisheit besteht in der Aufhebung des Widerspruchs. Doch was heißt Aufhebung? Wir müssen alles aus einem höheren Lichte sehen. Wir müssen alles, was wir betrachten, auf die Ebene dieses höheren Lichtes heben. Gelingt es, diesen Standort zu erreichen und einzunehmen, ist unsere Seinsart das Einssein. Es geht um die andauernd in unserem Leben verborgen wirksame Frage, wie wir uns der Zwietracht und Gespaltenheit entledigen. – Nun hat Paulus von Tarsus auf diese Frage eine Antwort; es ist die biblische Antwort. Greifen wir eine besondere Formulierung heraus, die lautet (Römer 8.18):

> Ich bin überzeugt, daß die Leiden der gegenwärtigen Zeit nichts bedeuten im Vergleich zu der Herrlichkeit, die in uns offenbar werden soll. 19 Denn die ganze Schöpfung wartet sehnsüchtig auf das Offenbarwerden der Söhne Gottes.

Einige Verse davor heißt es:

> 8.14 Denn alle, die sich vom Geist Gottes leiten lassen, sind Söhne Gottes. 15 Denn ihr habt nicht einen Geist empfangen, der euch zu Sklaven macht, so daß ihr euch immer

noch fürchten müßtet, sondern ihr habt den Geist empfangen, der euch zu Söhnen macht, den Geist, in dem wir rufen: Abba, Vater! 16 So bezeugt der Geist selber unserem Geist, daß wir Kinder Gottes sind. 17 Sind wir aber Kinder, dann auch Erben; wir sind Erben Gottes und Miterben Christi, wenn wir mit ihm leiden, um mit ihm auch verherrlicht zu werden.

Wie sollen wir einen solchen Text verstehen? Wir können als Leser, die sich der Gottesenträtselung weihen, auf das heilige Buch stoßen, es lesen, es immer wieder lesen, uns damit abmühen, unsere erwähnte Wüstenwanderung durch es hindurch unternehmen, bis wir auf Oasen stoßen, wo unser unerlöster Geist seinen Durst löschen kann. Vielleicht werden wir auch irgendwie auf wunderbare Weise zu den Textstellen geführt – vergleichbar einer luftigen Anhöhe –, wo der Geist in uns hereinweht und wir erfaßt und begeistert werden. An solchen Stellen erfährt unser begrenzter Geist die Begegnung mit einem größeren. Wir sind als Leser auf der Suche nach der Lektüre, die uns aus der Begrenzung erlöst. Unser begrenzter Geist ist auf der Suche nach dem unbegrenzten Geist. Innerhalb dieser Suche können wir auf die Textstellen im Römerbrief stoßen, in denen von der »Herrlichkeit« gesprochen wird, »die in uns offenbar werden soll«.

Nachdem wir uns mit dem griechischen Wort für Wille befaßten, worin das Thema der Herrschaft verborgen ist, sind wir auf das Wort Herrlichkeit gestoßen. Wir benutzten dieses Wort aber bereits beim Platonischen Höhlengleichnis für das Erlebnis des Daseins an der Sonne, wenn einer der Höhle entronnen ist. Das muß doch wohl als Herrlichkeit erlebt werden!

Wir haben aus dem griechischen Begriff für Wille, ÓREXIS, das Wort REX herausgelesen. Wille verweist auf

Macht, Herrschaft, Regierung, er ist königlich. Wille ist Macht. Dies verstehen wir im Gegensatz zu Ohnmacht. Die Verneinung der Ohnmacht meint nicht Macht über andere, sondern Macht über sich selber. Das ist gleichlautend mit Herrschaft, mit Souveränität.

Als Leser sind wir auf der Suche nach unserer Souveränität. Der lesende Gottesenträtseler sehnt sich danach, das Leben in der Zweiheit zu beenden. Überall und immer sind wir darauf ausgerichtet, selbst wenn wir es nicht wahrhaben wollen, in die Geborgenheit zu gelangen, die uns fehlt. Innerhalb der Polarität, innerhalb der materiellen Welt als dem Orte der Seinsvergessenheit, gibt es keine wirkliche Geborgenheit. Wir sagten schon am Anfang, die Heilung des Bruches sei unser Thema. Die Gottesenträtseler wollen das Abgebrochensein von der Einheit oder vom Ursprung heilen. Die Heilung des Bruches gewährt Geborgenheit, und diese gibt es nur in der Einheit und im Einssein mit »all dem, was ist«.

Die Gespaltenheit zwischen Oberbewußtsein und Unterbewußtsein entspricht der Polarität. Die Kluft zwischen jenen Bildern, die uns bestimmen, und diesen, die wir mit unserem wachen Bewußtsein anstreben, ist Dokument des Risses, der durch unsere Erlebniswelt geht. Die sichtbare, materielle Welt ist jene der Entzweiung. Darum ist sie ständiger Quellgrund von Leiden. Alle Weisheitslehren der Welt suchen seit Jahrtausenden diese Leidensquelle zu überwinden.

Wir sind immer noch auf der Suche nach dem PHÁRMAKON ATHANASÍAS, dem Kraut der Unsterblichkeit. Denn Unsterblichkeit ist der Titel für das Herausgehobensein aus dem Zwiespalt, der Polarität, dem Zweifel, der Ohnmacht. Souverän ist nur ein Mensch, dessen bewußte Bilder sich erfüllen und Gestalt werden.

Herrschaft und Herrlichkeit sind unsere Wortfunde.

Die folgenden Betrachtungen sollen zeigen, ob und wie sich diese bewähren. Sind sie ein Wahn, oder sind sie Wirklichkeit? Wenn wir Menschen aus der Seinsvergessenheit herausgelangen, muß dies nicht königlich sein?

Die Auffassung, der Leser beschäftige sich mit Vorstellungen (anderer Menschen), statt mit dem konkreten Leben, ist von Anfang an Thema gewesen. Im Präludium unserer Betrachtung über die esoterische Bedeutung des Lesens spielte der Hinweis eine Rolle, der erste Bücherschreiber habe sich an die Natur halten müssen. Wenn wir uns nun aber, unter der Anleitung dieser Belehrung, selber eher an die Natur halten als an Bücher, um zu dem ersehnten Wissen zu gelangen, begegnen wir dann nicht wieder Vorstellungen?

Wir trafen im Fragen nach den Vorstellungen auf die Grundformel »Die Welt als Wille und Vorstellung«. Soweit unser diesseitiges Denken reicht, müssen wir alles Seiende darin begründet sehen. Alles Seiende ist Wille und Idee. So wie es Stufen der Willenskraft gibt, gibt es Stufen der Idee. Was unter den Oberbegriff »Idee« fällt, das kann eine Wahnvorstellung der Menschen oder auch die göttliche Idee sein, die der Schöpfung zugrunde liegt. Sofern sich Gott denken läßt, muß dies auch von ihm ausgesagt werden: Er ist Wille und Idee.

Was geschieht nun aber, wenn das Begriffspaar »Wille und Idee« der Polarität verfällt? Wie zeigt sich diese Entzweiung dann? Sie zeigt sich in dem Widerspruch, von dem Paulus spricht. Seine Formel heißt: »Fleisch und Geist«. Er setzt den Geist gegen das Fleisch. Diese Formel, die in den letzten 2000 Jahren dazu geeignet war, die Lebenswelt der Menschen zu verteufeln, gilt es völlig neu aufzufassen. Sie war Quelle unsäglichen Leidens. Die kirchliche Autorität verfolgte damit, was sie Sünde nannte. Sie verbot den Menschen zu leben. Wie wollen wir auf die Höhe der Herrlichkeit gelangen, wenn wir nicht zuvor gelebt haben? Wir haben den Widerspruch zu leben, bevor wir den Willen in uns versammeln können, ihn zu überwinden.

In den Märchen heißt die Formel »Fleisch und Geist« anders, nämlich »Schweinehirt und König« oder »Gänsemagd und Königin«. Das eine ist Voraussetzung für das andere.

Nun gibt es Menschen zu allen Zeiten, die durch ihre persönliche Entwicklung durch viele Inkarnationen dazu reif geworden sind, die Bilder des Fleisches hinter sich zurückzulassen und sich den Bildern des Geistes zu öffnen. Der Wille, der sich damit verbindet, versucht die Höhe des Königlichen zu ersteigen und souverän zu werden. Die christliche Botschaft von der Herrlichkeit gilt ihnen.

XVII

Manch einem Leser gerät derlei Lektüre in die Hand wie »Der Königsweg« von Karl Weinfurter, worin wir unter dem Titel »Von der Kraft der Gedanken« lesen:

> Der menschliche Gedanke ist fähig, alles zu vollbringen. Was er in seiner Vorstellung festhält, verwirklicht sich. Alles mit der ganzen Kraft der Seele Gedachte materialisiert sich und verwirklicht sich. Der Gedanke ist mit schöpferischer Kraft ausgestattet. Der Gedanke kann aus sich heraus Gegenstände entwickeln. Er ist der Schöpfer der Welten, welche gerade in der Form in Erscheinung treten, wie sie vom Gedanken gebildet wurden.

Die Autoren, die sich mit diesem Thema beschäftigen, sind heute unübersehbar geworden. Das ist ein Zeichen der Zeit. Achten wir darauf, wird uns der Sinn der gesetzten Zeichen bewußt. Für einen Teil der jetzt lebenden Menschen hat dies eine Art von Signalwirkung: Es geht um unsere Souveränität. Unermüdlich versuchen die Autoren solcher Bücher uns auf das Bewirkende aufmerksam zu machen. Die Suggestion legt uns nahe, nicht länger Ausgelieferte zu sein, sondern zu Bewirkern zu werden. Die Zeichen der Zeit vermelden uns dies.

Der Bewirker hat sich des Bewirkenden zu vergewissern. Um Bewirker zu werden, bedarf es einer Schulung, und der Gang durch eine solche Ausbildung wird Königsweg genannt. Im esoterischen oder okkulten Schriftgut ist das Königliche als Eigenschaftswort im Gebrauch. Die königliche Kunst zum Beispiel, die ARS REGIA, ist die Alchemie. Der Königsweg, griechisch »Hé Basiliké Hodós«, von

Philon von Alexandreia, beschreibt den mystischen Weg zur Wiedergeburt und zur Vergöttlichung. Nehmen wir solche Titel hier nur im Sinne von Wegweisern. Der Königsweg will schließlich die Apotheose; das ist das Ziel aller Mysterien, das Ende aller unserer Bemühungen. Im Hinduismus gibt es den Raja-Yoga, den königlichen Yoga, dessen zwei oberste Stufen DHYANA und SAMADHI heißen. Auf der Stufe des Dhyana wird angestrebt, im Denken nicht mehr die eigenen Vorstellungen auf das Objekt der Meditation zu projizieren, sondern mit ihm zu verschmelzen. Die letzte Stufe (Samadhi) ist der Seinszustand, auf dessen Höhe Dualität, Polarität und Erscheinungswelt nicht mehr existieren. In all diesen goldenen Pfaden und Schulungswegen und Künsten wird nichts anderes als das PHÁRMAKON ATHANASÍAS gesucht. Das Goldene und das Königliche gehören zusammen. In den Märchen versinnbildlicht die goldene Königskrone das souveräne Einssein mit sich selber. Aus der Alchemie lernen wir den Weg als eine Umwandlung zu verstehen: Die Apotheose wird durch eine Umwandlung erreichbar.

Umwandlung war schon zu Beginn die Forderung des Laien: weg von den Büchern, hin zur Manifestation der göttlichen Weisheit. Alles das, was mit Königsweg oder königlicher Kunst bezeichnet wird, beendet an einem gewissen Punkt das Lesen von Büchern und fordert eine andere Lese heraus. Denn Erkennen soll nicht bloßes Zurkenntnisnehmen, bloßes vordergründiges Denken bleiben, sondern wahre Erfahrung werden und zu einer wirklichen Transmutation führen. Erkenntnis, Wissen ist das Ende des Befreiungsweges. Lassen wir uns aus einer östlichen Quelle Folgendes sagen (aus dem Kularnava-Tantra):

91.–97. Der Dummkopf weiß nicht, daß Die Wahrheit im Selbst liegt, sondern ist von den Schriften besessen. Ein bloßes verbales Wissen vertreibt die Sorge des Ewigen Werdens nicht. Auch die Dunkelheit kann man nicht mit dem bloßen Wort »Licht« vertreiben.

98. Wer liest und nicht wach ist, gleicht einem Blinden, der in einen Spiegel schaut. O Göttin [sagt der befragte Shiva zur Shakti], die Schriften schenken die Erkenntnis Der Wahrheit nur dem, in dem schon Weisheit ist ...

104. Göttin, wie ein Mensch, der nach einem Trunk göttlichen Nektars wieder genesen ist, damit jede andere Nahrung verachten wird, genauso wenig braucht jemand, der Brachman verwirklicht hat [der wahrhaftig eins geworden ist], irgendeine Art von Schrifttum.

105. Nicht durch das Studium der Veden bei einem Lehrer, nicht durch das Lesen von Büchern kann die Befreiung erlangt werden. O Du, von den vira Angebetete [von den Mitgliedern der tantrischen Einweihungsgemeinschaft], nur die spirituelle Erkenntnis kann Befreiung hervorbringen und nichts anderes als sie.

106. Die Einhaltung der verschiedenen Pflichten und Andachten des Ashrama [das sind die vier Lebensabschnitte im Leben eines Hindu] führt nicht zur Befreiung, und auch die Philosophie und die Schriften sind nicht ihre Ursache; ihre Ursache ist einzig und allein Die Erkenntnis.

107. Nur das Wort eines Meisters überträgt die Befreiung; jede Lehre (die auf bloßen Theorien beruht) hingegen leitet irre; nur sein Wort schenkt das Leben, und es ist wirksam wie ein Bündel Brennstoff (der das verborgene Feuer zur Entflammung bringt).

108. Die von Shiva verkündete Nicht-Zweiheit ... erfährt man aus dem Munde eines Meisters und nicht durch das Lesen von auch zehn Millionen Traktaten.

Nehmen wir ferner zur Kenntnis, was Vivekananda seinen Lesern in seinem Raja-Yoga-Buch über den Unterschied zwischen dem inneren Weg (durch Übungen zum Beispiel) und dem rein äußeren Weg sagte:

> Die ganze Schöpfung wird sich Ihnen verwandeln und das Buch der Erkenntnis sich öffnen. Nicht mehr werden Sie Erkenntnis in Büchern zu suchen brauchen; Ihr eigenes Bewußtsein wird zum Buche geworden sein, das für Sie unendliche Erkenntnisse enthält.

Von unserem Ausflug in die östlichen Weisheitslehren kommen wir mit der Unterweisung zurück, das Bücherlesen in Frage zu stellen und der Worte des Meisters zu gedenken. Mit welchen Vorstellungen haben wir uns denn bisher getragen? Etwa mit dieser: Hochreligionen sind undenkbar ohne die heiligen Schriften. Diese vergegenwärtigen die ewigen Wahrheiten und die ewig gültigen Gesetze. Was wären wir im Westen ohne die Bibel, die Israeliten ohne die Thora, die Mohammedaner ohne den Koran, der Osten ohne die kanonischen Schriften des Buddhismus oder die Veden, die Sutras, die älteren und die jüngeren Upanishaden?

Selbst berechtigte Zweifel an der Unverfälschtheit der Bibel setzten sie nicht außer Kraft als Symbol für die Existenz eines höheren Wissens. In welchem Ausmaß und an welchen uns wichtigen Stellen die Bibel auch immer gegenüber der ursprünglichen Botschaft durch die Menschen verändert worden sein mag, sie birgt eine Kraft, deren weltweite Wirkung gewaltig ist. Es ist die Kraft, die uns in der Vergangenheit zu dem Brauche führte, einen Eid auf sie abzulegen, und das, was nicht rückgängig gemacht werden soll, durch sie zu bezeugen oder eine unumstößliche Ordnung durch sie zu repräsentieren. Sie war und ist Symbol und Quelle der Anamnese und der Kontinuität.

Fassen wir zusammen, was wir bisher zum Lesen im religiösen Sinne aussagten: Lesen ist Gottesenträtselung, als solches das Verstehen der Zeichen einer höheren Ordnung; zu seiner tiefsten Bedeutung gehört die Notwendigkeit des HOMO RELIGIOSUS, sich im Zustand des Aus-der-Einheit-Gestürztseins nun wieder der Übereinstimmung mit der Einheit zu vergewissern. Lesen ist also RELIGIO. Wir gelangten zur Aussage, Lesen sei Kommunion. Die Kommunion bedarf der Anamnese, sie ereignet sich durch Denken als Andenken, Gedächtnis. Lesen führt zur Eucharistie, nicht liturgisch, sondern im existentiellen Sinne, führt zur Dankbarkeit. So ist Lesen Aussteigen aus dem Grab der Erinnerungslosigkeit und der Seinsvergessenheit. Lesen weiht sich dem Licht, das in uns verborgen ist, es ist die Suche nach seiner Entbergung. Die lesende Jungfrau Maria war Sinnbild für die Einfleischung des Wortes, Symbol für die Befruchtung durch das Lesen.

Martin Heidegger belehrt uns in seinem Aufsatz »Logos« über die Bedeutung der griechischen Worte LOGOS (Wort, Geist) und LEGEIN (lesen). Durch ihn erlangte das Wort »Lese« Bedeutung. Die Lese ist ein Bergen, sie führt aus der Zerstreuung in die Sammlung. Als der zwölfjährige Jesus von seinen Eltern im Gespräch mit den Gelehrten im Tempel aufgefunden wurde, beantwortete er ihre Klage wegen seiner dreitägigen Unauffindbarkeit mit den Worten: »Wisset ihr nicht, daß ich sein muß in dem, was meines Vaters ist?« Sie verstanden ihn nicht. Dann ging er mit ihnen ohne weiteren Aufschub nach Nazareth zurück. Von Maria heißt es: »Und seine Mutter behielt alle diese Worte in ihrem Herzen.« Dieses Bergen von nicht verstandenen Worten geschieht auch dem Leser. Das Bewahren und Bergen von Bildern und Worten, die wir nicht oder noch nicht verstehen, die uns nicht mehr aus dem Sinn gehen, geschieht beim suchenden Lesen. Irgendwann sprießt daraus, wie aus einer Blumenzwiebel in der Erde, die ihr innewohnende Kraft bis zur Blüte hervor. Irgendwann wird das aus uns herausgeboren, was wir in uns bergen oder womit wir schwanger gehen. Oder anders formuliert: Unser Lesen ist wie ein sammelndes Bergen von Lesesamen, die uns befruchten und uns dazu führen, daß die in uns schlummernde Herrlichkeit aus uns heraus und empor wächst.

Sind nicht die Worte, die Maria in sich birgt, unser Rätsel? Spricht nicht der junge Jesus stellvertretend für uns: »Ich muß in dem sein, was meines Vaters ist«? Ist dies nicht die Antwort an die erstaunte Welt, nämlich die Antwort aus der Gottessohnschaft?

Wenn wir durch Lesen zu dieser Höhe der Betrachtung zu gelangen vermochten, so verstehen wir doch immer noch nicht, was Nikolaus von Kues uns sagt und was die zitierte östliche Weisheitslehre bestätigt, Lesen führe nicht zum Ziel. Darum halten wir uns einstweilen noch an das Buch. Maria mit dem Buch ist unser Lesezeichen. Das heilige Buch ist Symbol für den Geist, der uns entflammt, wenn wir ihn Fleisch werden lassen.

Das Buch als Symbol in der christlichen Kunst soll uns nun weiter führen. Wenn wir bedenken, wie es uns bildlich begegnet, mag uns Hilfe entstehen, unser jetziges Leitmotiv zu enträtseln, das heißt: Bücherlesen hilft nicht, nur das Wort des Meisters hilft.

Rechte Seite:
Christus mit dem Buch in der Majestät, zwischen Evangelistensymbolen. Über dem Portal der Westfassade, Chartres, Hochromantik, um 1140/50.

XVIII

Zwei weitere Themen erschließen sich uns: 1. Die Evangelisten mit dem Evangeliar, 2. Christus mit dem Buch.

Evangelium heißt griechisch EUANGÉLION, die frohe Botschaft. Wie lautet ihr Anfang? In der weihnachtlichen Geschichte widerfährt den in der Nacht wachenden Hirten die Ankündigung einer Geburt. »Fürchtet euch nicht«, spricht der Engel, denn Furcht überfällt uns Menschen, wenn Jenseitige plötzlich gegenwärtig werden und in unsere Welt einbrechen. Die von den Evangelisten Matthäus, Markus, Lukas und Johannes verfaßten Bücher erzählen von der Inkarnation und vom Auftritt eines jenseitigen Lehrers und Meisters. Ihre Bücher bergen seine Botschaft der Befreiung des Menschen zu dessen wahrem Wesen. Sie berichten von den drei kurzen Jahren, in denen dieser Rabbi Schüler um sich versammelte und sie belehrte. Sie erzählen von seinem frühen Tod durch Menschenhand und von seiner Auferstehung und sagen seine Wiederkunft am Ende der Tage voraus.

Die christliche religiöse Malerei und Bildhauerei setzt mit den Evangelisten und ihren Büchern die Tatsache einer Botschaft von oben. Diese Botschaft ist eine frohe Botschaft, sie bringt Licht von oben in unsere Finsternis. Das von uns aus gesehen andere entbirgt sich von ihm selber her. Die Bilddokumente der Evangelisten mit ihren Büchern – oft sind sie beim Schreiben dargestellt – setzen die Existenz einer Verbindung mit Gott und sind Repräsentanten dieses Bezugs. Sie beantworten unser divinatorisches Streben sinnerfüllt. Die Gottesenträtselung, der Antrieb unseres Lesens, tappt nicht mehr im Ungewissen. Der Bezug besteht, und ihn in Frage zu stellen ist heillos.

Die vier Evangelisten werden die QUADRIGA DOMINI genannt. Das muß zwar nicht an den griechischen Sonnengott Helios mit den vier Rossen erinnern, aber es ist dieselbe Herrlichkeit gemeint. Zusammen mit dem thronenden Christus bilden die vier die MAIESTAS DOMINI, sie sind ständige Begleiter Christi. Als die Evangelienschreiber vergegenwärtigen sie die Inspirationsmacht Gottes. Ihre Vierzahl hat zu vielen Vierergruppierungen geführt, wie Löwe, Stier, Menschengesicht und Adler, die auch anderswo auftreten (Tarot), ferner zur Zuordnung zu den Elementen, den Himmelsrichtungen, den Weltreichen, den Paradiesströmen. Mit Sonne, Mond, Himmel und Erde umgeben die Evangelisten den am Lebensbaum stehenden Christus. Hier fließen Bilder ein, die auch in anderen Religionen geläufig waren. C. G. Jung entdeckte in ihnen archetypische, in der menschlichen Seele tief verankerte Bilder. Christus im Zentrum ist dann die Quintessenz, worauf wir noch zu sprechen kommen werden. Vergegenwärtigen wir uns die Häufigkeit, mit der uns dieses Bild über den Kirchenportalen entgegentritt. Die vier Evangelisten vergegenwärtigen die Inspiration und deren Verbreitung in den vier Himmelsrichtungen. Eine andere Gattung von Schülern waren die Apostel, griechisch die APÓSTOLOI (HÉ STÓLOS heißt die Reise). Das sind die auf die Reise Gesandten; Meister haben Botengänger.

Wir fragen immer noch nach der Bedeutung des Buches und des Meisters. Vielleicht kann uns ein ganz anderer Bericht eine Hilfe sein. Flechten wir eine Geschichte von C. G. Jung ein, die er in seinem Buche »Erinnerungen, Träume, Gedanken« erzählt. Er hatte einen unsichtbaren geistigen Führer, Philemon mit Namen:

Durch die Gespräche mit Philemon verdeutlichte sich mir die Unterschiedenheit zwischen mir und meinem gedanklichen Objekt. Auch er war mir sozusagen objektiv gegenübergetreten, und ich verstand, daß etwas in mir ist, was Dinge aussprechen kann, die ich nicht weiß und nicht meine, Dinge, die vielleicht sogar gegen mich gerichtet sind.

Psychologisch stellte Philemon eine überlegene Einsicht dar. Er war für mich eine geheimnisvolle Figur. Zu Zeiten kam er mir fast wie physisch real vor. Ich ging mit ihm im Garten auf und ab, und er war mir das, was die Inder als Guru bezeichnen.

Da Jung nun aber verschiedene innere Personifikationen erlebte, war er verwirrt und unzufrieden. Deshalb sagte er:

Ich hätte mir damals in meinen »Finsternissen« nichts Besseres gewünscht als einen wirklichen, konkreten Guru, einen überlegen Wissenden und Könnenden, der mir die unwillkürlichen Schöpfungen meiner Phantasie entwirrt hätte. Diese Aufgabe übernahm Philemon, den ich in dieser Hinsicht nolens volens als Psychagogen [Seelenführer] anerkennen mußte. Er hat mir in der Tat erleuchtende Gedanken vermittelt.

Mehr als fünfzehn Jahre später besuchte mich ein älterer und hochgebildeter Inder, ein Freund Gandhis, und wir unterhielten uns über indische Erziehung, speziell über die Beziehung von Guru und Chelah [Meister und Schüler].

Linke Seite:
Michelangelo Caravaggio (1573–1610): »Heiliger Matthäus mit dem Engel«, um 1596. Dieses Bild soll uns daran erinnern: Der Evangelist als Schüler des Meisters bedarf der Inspiration. Solange er Schüler bleibt, hat er nicht direkten Zugang zum Wissen.

Ich fragte ihn zögernd, ob er mir vielleicht Auskunft geben könne über Natur und Charakter seines eigenen Guru, worauf er in einem matter-of-fact-Ton antwortete: »Oh ja, es war Shankaracharya.« »Sie meinen doch nicht den Kommentator der Veden?« bemerkte ich. »Der ist doch vor vielen Jahrhunderten gestorben.« »Ja den meine ich«, sagte er zu meinem größten Erstaunen. »Sie meinen also einen Geist?« fragte ich. »Natürlich war es ein Geist«, bestätigte er. In diesem Augenblick fiel mir Philemon ein. »Es gibt auch geistige Gurus«, fügte er bei. »Die meisten haben lebende Menschen als Gurus. Es gibt aber immer wieder solche, welche einen Geist zum Lehrer haben.« Diese Nachricht war mir ebenso tröstlich wie erleuchtend. Ich war also keineswegs aus der Menschenwelt herausgefallen, sondern hatte nur das erfahren, was Menschen, die ähnlicher Bemühung obliegen, begegnen kann [Shankara lebte von 788 bis 820, also 32 Jahre wie Jesus.]

Schließen wir daraus: Der Seelenführer, der überweltliche Meister, zu dem ein Mensch gehört, der auf dem Pfade einer Einweihung geht – und unabhängig davon, wie viele Inkarnationen er diesen Weg schon geht –, kann sich auf unterschiedliche Weise manifestieren. Entweder tritt er unmittelbar oder mittelbar auf. Wenn er nicht oder noch nicht unmittelbar in Erscheinung tritt, so läßt er sich vertreten. Er sendet Boten, die zu ihm gehören, und diese Boten sind immer Wegweiser. Er läßt sich durch eine inspirierende Landschaft, durch numinose Erlebnisse,

Rechte Seite:
Vorhalle der Erzbischöflichen Kapelle und des Oratoriums von Sankt Andrea, Ravenna, Italien (5. und 6. Jhdt., Mosaik). Christus mit dem geöffneten Buch mit den Worten: Ich bin der Weg, die Wahrheit und das Leben.

EGO
SVM
VIA
VERI
TAS ET
VITA

durch den Lebenspartner, durch irgendwelche anderen Menschen, die er schickt, vertreten. Er sendet Boten in Form von Krankheiten, Störungen, äußeren Gegebenheiten, die uns zur Besinnung bringen sollen. Letztlich kann er durch irgend etwas oder durch irgendeinen Menschen repräsentiert sein, welche er zur Begegnung benützt, ob es uns gefällt oder nicht. Entsprechend werden wir gewarnt, wir mögen uns gegen andere Menschen nicht zu sehr abgrenzen, wir mögen davon absehen, ein undurchlässiges äußeres Ich zu konstruieren.

Das Beispiel von C. G. Jung möge uns aufdecken, wie sehr wir Menschen der Führung, der lebendigen Verbindung bedürfen und wie glücklich einer ist, der seinen Dialog gefunden hat. Bevor wir um diese Tatsache wissen, geben wir uns menschlichen Lehrern in die Hand. Das ist aber immer nur ein Provisorium. Finden wir heile Helfer unter den Menschen, so lenken uns diese ohnehin auf unsere eigene Inspiration. Das wiedererzählte Beispiel von Philemon dürfen wir als eine Art Dokumentation dafür betrachten, was uns geschieht, wenn wir in die inneren Räume unserer Seele eintreten. Doch auch ein solch individueller Seelenführer ist nicht die letzte Stufe, er ist immer noch deren Vorläufer.

Ist der vor 2000 Jahren gestorbene Lehrer ein Geist? Oder ist er nur ein Bild, ein Gemälde, eine Skulptur? Wer in seinem Herzen die Gewißheit hat, sein Schüler zu sein, dem strömt sein Geist zu. Sein Geist ist lebendig in dem Buch geborgen, sein Wort (LOGOS) schwingt aus ihm heraus, weht jenem als heilsame Kraft entgegen. Nicht Bücherlesen, nur das Wort eines Meisters bringt Befreiung, warnt der Osten. Hier ist das Wort des Meisters im Buche bewahrt, es entsiegelt sich der Sehnsucht des Suchenden.

XIX

Setzen wir nun das höchste Beispiel in unserer Reihe christlicher Heiliger, die mit dem Buch dargestellt werden, noch deutlicher ins Zentrum: Christus mit dem Buch.

Über romanischen und gotischen Kirchenportalen ist Christus mit dem Buch dargestellt, umringt von den Evangelisten und ihren Symbolen oder allein. Oder wir finden das Bild im Chor einer Kirche. Betrachten wir das Beispiel aus der Kapelle und dem Oratorium des hl. Andreas im Erzbischöflichen Museum in Ravenna als ein sehr frühes Dokument. Die geöffneten Buchseiten zeigen uns folgenden Text: »EGO SUM VIA ET VERITAS ET VITA.« Es handelt sich um ein Zitat aus dem Johannes-Evangelium 14.6: »Ich bin der Weg, die Wahrheit und das Leben.«

Charakteristisch für das Johannes-Evangelium sind die im Neuen Testament einmaligen »Ich bin ...«-Bildworte und -Bildreden. Sie lauten unter anderem: »Ich bin das Brot des Lebens«, »Ich bin das Licht der Welt«, »Ich bin der gute Hirte«, oder: »Ich bin die Auferstehung und das Leben. Wer an mich glaubt, wird leben, auch wenn er stirbt; und jeder, der lebt und an mich glaubt, wird in Ewigkeit nimmermehr sterben«, oder: »Ich bin der wahrhaftige Weinstock.«

Die Ich-bin-Sprüche sind für manchen Menschen überwältigend durch die Direktheit, umwerfend durch die Identifikation, weil da einer von sich aussagt, was der unerlöste Mensch seit eh und je sucht. Da steht oder thront einer und sagt »Ich bin« und sagt damit, was er ist. Er nennt alles das, was Heil bedeutet. Es steht ein Ich da und bietet Gewähr, uns demonstrierend, es handle sich nicht um einen bloßen Gedanken, nicht um Philosophie. Mit seinem Ich steht er für die Existenz davon ein.

Die neutestamentlichen »Ich-Botschaften« gipfeln in der Konfrontation mit dem weltlichen Machthaber, dem römischen Statthalter, der den Offenbarer dazu zwingt, sein Königtum zuzugeben: »Bist du der Juden König?«, worauf Jesus antwortet: »Mein Reich ist nicht von dieser Welt.« Pilatus läßt nicht locker, bis Jesus bekennt: »Du sagst es, ich bin ein König. Ich bin dazu geboren und in die Welt gekommen, daß ich für die Wahrheit zeugen soll. Wer aus der Wahrheit ist, der höret meine Stimme« (Joh. 18.34 und 36–37).

Wir lesen dies nicht zur Erbauung, wir lesen diese Aussagen wegen der Wucht der frontalen Provokation.

»Ich bin ein König« gehört nicht zu den Ich-bin-Bildreden und -worten. Die Königsidentifikation gehört zur Gottesreichs-Idee, welche griechisch BASILÉIA, Königreich, heißt. Erinnern wir uns des Vaterunser-Gebetes: »Unser Vater im Himmel. Dein Name werde geheiligt. Dein Reich komme.« Diese letzte Zeile lautet auf Griechisch: »ELTHÁTO HÉ BASILÉIA SU.« Was auf deutsch mit Reich, in der Vulgata mit REGNUM übersetzt wird, heißt in der Septuaginta Königreich (Matth. 6.10).

Auf diese Königs- und Königreichs-Idee sind wir vorbereitet. Wir sprachen vom Eigenschaftswort »königlich«, das uns in esoterischen Schriften auffällt. Wir sprachen von der VIA REGIA und der ARS REGIA. Esoterische Schriften sprechen gerne von dem steilen Pfad, der zur Befreiung führt. In Platons Höhlengleichnis wird diese Weg-Idee bestätigt. Es bedarf aber auch eines Könnens, den Weg zu gehen, denn dieser bietet sich nicht einfach an.

Beziehen wir den Titel »Die Welt als Wille und Idee« auf die neutestamentliche Königreichsidee, haben wir zu übersetzen: Ist die Welt das Königreich, bedarf es eines königlichen Willens und einer göttlichen Idee. Wille und Idee vereinigen sich im machtvollen »Ich bin« und in dessen Bildausgestaltung. »Ich bin« allein ist kein Bild. Das ist ein inneres Erleben, ein inneres Wissen und ein Wille, die sich zum Ausdruck bringen und aus sich ein Weltbild erzeugen; das Bild der Welt, welches ich will.

Erklären wir noch unsern Ausdruck »frontale Provokation«. Eine Provokation ist eine Handlung, die etwas im andern hervorrufen will. Der Erscheinung der Christusgestalt über den Kathedralen-Pforten ist Provokation. Das Wort frontal heißt, von vorne, das lateinische Wort FRONS heißt die Stirn. Da bietet uns einer die Stirne. Die Aussage eines machtlosen Menschen, über dessen Tod im nächsten Augenblick angesichts einer haßerfüllten Menge entschieden wird, ist frontale Provokation. Die Aussage eines zum Verbrecher abgeurteilten und von der menschlichen Gesellschaft ausgestoßenen Wanderpredigers, der nirgends in der Welt verwurzelt ist, er sei ein König, ist totale Konfrontation. Was gilt einer vor den Machthabern dieser Welt, wenn er sagt, sein Reich sei nicht von dieser Welt? Er wird für einen Spinner oder bedauernswerten Menschen gehalten. Die Szene ist ein Ärgernis. Doch dieser Mensch, jetzt als Christus, in der königlichen Würde eines göttlich Gesalbten, steigt derart auf, aus der Anonymität einer von den römischen Soldaten besetzten Stadt, völlig an der Peripherie des damaligen Weltreiches und seines Machtzentrums, steigt aus diesem eckensteherischen Dasein (nach seinem Tode) auf und beherrscht in den großartigen Kirchenbauten des christlichen Ostens und Westens die Szene, thront über den Portalen der schönsten Bauten, welche die Menschen schufen.

Wir rückten das »Ich bin« in den Ich-bin-Bildsprüchen im Johannes-Evangelium in die Mitte unserer Aufmerksamkeit. In der griechischen Sprache ist im konjugierten Tätigkeitswort das Personalpronomen schon enthalten. In all diesen Sprüchen wird jedoch vor das Verbum noch das »Ich« gesetzt, so zum Beispiel (8.12): »EGÓ ÉIMI TO PHOS TÚ KOSMÚ. Ich bin das Licht der Welt.« EIMI allein heißt schon »Ich bin«. Die Voranstellung des griechischen Wortes für Ich, das EGÓ, stellt eine Hervorhebung der redenden Person dar, die in der deutschen Übersetzung in solcher Art nicht mehr besteht. Dieses EGÓ ÉIMI konfrontiert. Man stelle sich noch einmal den mittel- und spätmittelalterlichen Menschen vor, der nicht in einer Bilder-Inflation lebte wie wir heute, dessen Bildlieferant vor allem der Dom in der Mitte der Stadt war. Das monumentale Gotteshaus hält ihm schon von außen den Christus mit dem Buch entgegen. Der Bildempfänger lebte hierin in einer Konstanz, denn es sind dieselben Bilder, die sich immer wiederholen. Eine ähnliche Bildkonstanz beobachten wir auch im profanen Bereich, wo die Künstler in den Palazzi und den Schlössern immer wieder dieselben Motive aus der griechischen Mythologie zum Schmucke der Behausung und zur Erbauung der Auftraggeber malten. Wir sprechen von geschlossenen Bilderwelten. In einer solchen hat der Christus mit dem Buch seinen Ort. Hier hat diese Gestalt mit ihrem »Ich bin« ihren Wirkungskreis. Hier tritt dieser Botschafter als Bewirker auf.

Wir heutigen Menschen haben uns in diese geschlossene Bilderwelt zurückzuversetzen, um sie zu verstehen. Für uns ist sie ja nicht mehr in diesem Sinne alltäglich und selbstverständlich. Nur noch ein Teil der heutigen religiösen Leser ist auf die christliche Idee ausgerichtet. Gerade der an der Esoterik interessierte Leser meidet heute oft das Christliche. Zu sehr vergegenwärtigt es ihm die Verkürzung des Menschen auf unmündige Unterwerfung, erinnert ihn an die Verbindung der Religion mit der politischen Macht.

Gelingt es aber, unbeeindruckt von dem, was die Menschen in 2000 Jahren aus dieser Religion gemacht haben, den hochesoterischen Gehalt in ihr zu sehen und sie damit als Glied einer uralten Tradition zu verstehen, so besteht die Möglichkeit, uns das EGÓ ÉIMI und die Kraft, die es enthält, wiederum zu erschließen.

Wir sprechen von der künstlerischen Darstellung des Christus mit dem Buch in der Apsis oder über dem Portal bestimmter Bauten, im besonderen aber von unserem Beispiel aus dem Erzbischöflichen Museum in Ravenna. Hier beinhaltet die EGÓ-ÉIMI-Aussage »Weg, Wahrheit und Leben«. Diese drei Worte umfassen alles Denkbare. Es gibt nichts, was nicht unter diese Begriffe geordnet werden könnte. Ein totaler Anspruch tritt hiermit auf, die völlige Inanspruchnahme, die vollumfängliche Ansprache, die restlose Identifikation. Alles ist dieser Christus – als Beispiel eines wahren Meisters – für den Schüler. In Ravenna wird er als jugendlicher römischer Soldat und Krieger dargestellt, allerdings ohne Waffen (außer das leichte Kreuz auf der Schulter sei die Waffe des Lichtes). Er schreitet über die Köpfe eines Löwen und einer Schlange hinweg.

Wir treiben hier keine kunsthistorischen Studien. Unsere Frage lautet: Was ist der Sinn des Buches? Bedenken wir die Frage, die wir stellen, zeitbezogen. Damals gab es keinen Buchdruck. Bücher waren entweder Wiegendrucke (Inkunablen) oder Handschriften. Die Frage nach dem Sinn der Buchdarstellung hängt auch mit dem materiellen Wert des Buches zusammen. Unser Beispiel aus Ravenna entstammt der Zeit um das Jahr 500 nach Christus. Der materielle Wert eines Buches war vielleicht noch vom blühenden Buchhandel der Antike bestimmt, der dann darniederlag und bis zur Gründung der abendländischen Universitäten keine Bedeutung mehr hatte. Die Klöster der Benediktiner und einiger anderer kirchlicher Orden stellten Handschriften her, und diese waren die Träger der Literatur. Vor dem Aufkommen gedruckter Bücher war die Lektüre einem kleinen Kreis (dem Adel, der gehobenen Bürgerschaft, der Geistlichkeit und den klösterlichen Mönchen) vorbehalten. Handschriften und Drucke von Holzschnitten waren furchtbar teuer und für den gemeinen Mann unerschwinglich. Es gab Bücher, die kosteten soviel wie ein Bauerngut. Bücherbesitz war exklusiv, der Analphabetismus allgemein verbreitet. Dem Besitz und Erwerb von Büchern im Volke stand lange Zeit nicht nur das Nicht-lesen-Können oder die Kostenfrage, sondern die lateinische Sprache im Wege. So war das Buch Symbol geistiger Höhe.

Lesen und Schreiben waren immer schon Merkmal geistiger Höhentradition. Bücherlesen ist noch heute exklusiv oder elitär, gemessen an der Gesamtzahl der jetzt lebenden Menschen. Die Bibel aber ist Ansprache an alle. Denn die christliche Kultur, in die wir alle einbezogen sind, beruht auf einem einzigen Buch. Und dieses Buch ist Zeichen des Spiritus, des pneumatischen Lebens, ist endzeitliche Vision: Diese Welt soll vom Geist erfüllt werden, vom Logos.

Was gilt es zu berücksichtigen, um die Botschaft des Christus mit dem Buch im vollen Umfang zu verstehen? Das Buch repräsentiert Wissen und Bildung. Es steht als Zeichen für den Zugang zur Enträtselung der Welt, das heißt eines Lebensraumes, der ohne Deutung wenig Geborgenheit anbietet. Bücher symbolisieren den Zugang zu anderen Bildern als jenen, die uns durch die Geburt nahegelegt sind. Und andere Bilder sind zumindest potentielle Schlüssel zu jenen Bereichen oder Welten, in welchen die Antworten auf unsere Fragen liegen. Im europäischen Bauernhof gibt es keine Darstellungen aus der griechischen Mythologie, aber mit dem Beginn der Renaissance in den Häusern des Adels. Dort schmückten die Maler das Wohnen mit jenen Themen, welche auch die Stoffe der Dichter sind. Die Künstler sind zu allen Zeiten von den großen und hohen Bildern des Lebens angetan. Und die höchste Stufe des Lebens ist IMAGO DEI, Abbild des Göttlichen.

Die höchste Stufe des Lebens ist ein Leben den Göttern gleich, wo das immer schon gewußte Göttliche im Menschen sich ausdrücken kann, wo dies wenigstens ahnungsweise zum Erlebnis wird (trotz der Konfliktträchtigkeit des Menschen!), wie an einem erhabenen Orte, an einem heiligen Orte, im Tempel oder in dessen Geviert – vergegenwärtigt durch die Gestalt und Rolle des Priesters – oder am Königshof, wo ehemals der Mensch als Vergegenwärtiger der göttlichen Erhabenheit und Ordnung auftritt. Es geht nicht darum, solche Menschen zu beneiden oder sozialkritisch vom Throne reißen zu wollen. Sie haben in der Ordnung der Welt die Aufgabe, die Erhabenheit, das Herausgehobensein, das dem Menschen tief innen in seinem wahren Wesen grundsätzlich eignet, zu symbolisieren. Wie gut sie dies tun, ist weniger wichtig.

Das Heilige, das Erhabene, das Weihevolle ... all das hat die Würde und den Duft von der Gegenwart des Überirdischen auf Erden. Wir Menschen brauchen das, denn es ist seelische Nahrung. Wir Menschen leben auf Erden nur dann voll des Sinnes und voll der Würde und mit einem hohem Gemüt, wenn die Berührung mit dem Reich der Götter gewährleistet ist, oder – nunmehr esoterisch ausgedrückt – wenn wir den Bezug zum Himmel als dem anderen Teil der Schöpfung, den Bezug zu unserem eigenen Himmel, die Verbindung zu unserem eigenen höheren Selbst wenigstens ahnen und dieser Ahnung Gestalt verleihen. Wir leben aber noch besser hier, wenn wir konkret darum wissen, darin bewahrt sind, darin versammelt sind in unserem Bewußtsein.

Was heißt also Christus mit dem Buch? Es heißt dies: Der Gottessohn hat sich aus der sichtbaren Welt verabschiedet. Aber das Buch als sein Zeugnis und als seine Kraft bleibt. Ja, das Buch seiner Worte bleibt. – Seine Worte bleiben durch das Buch. Es enthält seine Schwingung, seine Kraft, sein Pneuma, seinen Spiritus. Das Buch ist das Symbol des heilenden Geistes.

Das Buch ist Symbol des Bewirkenden, denn Geist drückt sich lange innerhalb unserer Entwicklung durch Bilder aus. Erst auf einer bestimmten Bewußtseinsebene bedürfen wir ihrer nicht mehr. Wenn wir diese erreicht haben werden, erleben wir Geist als reines Denken. Die Schöpfung, solange wir sie außerhalb von uns erleben, ist Bild. Sie ist durch einen höheren Willen in die Sichtbarkeit ausgezeugtes Bild. Diese unendliche Bilderwelt ist Emanation aus der Einheit Gottes, denn alle Vielheit stammt aus der uranfänglichen Einheit, die wir Gott nennen. Unser Autor, mit dessen Hilfe wir den Einstieg in die Betrachtung der esoterischen Bedeutung des Lesens unternahmen, Nikolaus von Kues, hat in seiner Fortsetzung platonischer und hermetischer Tradition großartig, aber wenig erfolgreich, darüber geschrieben. Das kann gar nicht verwundern. Alles, was aus einer Überlieferung des Urwissens stammt, wurde durch die kirchliche Dogmatik, die Krieg gegen die ungläubige Welt war, überlagert. Einer der Grundgedanken von Cusanus war das Zusammenfallen aller Gegensätze in der göttlichen Einheit. Gott ist die Einfaltung aller Dinge, die Welt dementsprechend die Auseinanderfaltung aller Dinge. Welt ist dann sichtbarer Gott (DEUS VISIBILIS).

In seinem Buch »Über die Vermutungen« stellt Cusanus seine Vision des Menschen dar, die aus seiner Grundauffassung hervorgeht: Der Mensch ist Gott, zwar nicht absolut, weil er eben Mensch ist; er ist der menschliche Gott. Das ist ein neues Bild des Menschen, der nicht durch die Sünde von Gott getrennt ist. Die Individualität des Menschen ist gottgewollt, sie stammt aus Gott und führt wieder zu ihm zurück. Der höchste Wert ist darum nicht mehr die Nachahmung (IMITATIO), wie im Mittelalter, oder die Variation überkommener Vorstellungen, sondern die Originalität (nicht in einem äußerlichen Sinne gemeint). Es handelt sich dabei um die je eigene Ursprünglichkeit des Menschen.

Wir bedenken die Macht des Buches und die Macht der Bilderwelt. Die Macht der Bilderwelt nennen wir auch den daimon. Der Dämon ist der Bewirker. Dieser ist Gott oder Teufel, oder Gott und Teufel, das hängt von uns allein ab. Der Dämon ist Wille und EIDOS, magisches Bild, IMAGO DEI.

Warum erwähnen wir bei all diesen Betrachtungen über den eigentlichen und tiefen Sinn des Lesens immer wieder die griechische Mythologie? Die Antwort lautet: Weil sie in undogmatischer und oft verwirrend vitaler Weise die Gegenwart der Götter im Leben der Menschen zum Ausdruck bringt und durch die Gegenwart der Götter des Menschen eigene höhere Dimension andauernd berücksichtigt. Verbessern wir: Die griechische Mythologie ist jener Bilderbereich, in welchem es um den heroischen, mutigen und spielerischen Menschen geht, der andauernd von den Göttern als seinen eigenen höheren Wesensanteilen begleitet ist. In der griechischen Mythologie geht es um den heroischen Menschen, der den Weg zur Apotheose sucht. Einigen Heroen gelingt es, die Unsterblichkeit zu erringen; sie werden in den Olymp aufgenommen.

Warum umgibt sich der Mensch der Renaissance mit den Bildern aus der griechischen Mythologie? Warum mit Bildern aus einer vergangenen Religion? Genügte das Christentum nicht? Genügte dieser thronende Christus mit dem Buch nicht? Die Antwort auf diese Frage lautet wohl, hier habe der Mensch einen größeren Spielraum innerhalb seiner Suche nach seiner Identität gefunden, hier habe er eine andere Form der IMAGO DEI wiederentdeckt, die ihn nicht durch die unglaubliche kirchliche Forderung der Sündenlosigkeit folterte. Denn in der griechischen Bilderwelt der Mythen ist die Polarität von Gott und Mensch in ihrer Ganzheit, als Heiliger und als Mörder, dargestellt. Hier ist der Mensch in seiner Wahrheit zugelassen. Und seine Wahrheit heißt: In der sichtbaren Welt, begründet durch die Zahl Zwei, ist der Mensch Heiliger und Sünder.

Mit der Wiederentdeckung der griechischen Mythologie wendeten manche Herren und Herrinnen und ihre Künstler dem christlichen Bilderschatz den Rücken zu. Ist der Mensch Ebenbild Gottes, woher weiß er um seine IMAGO DEI? An welche Bilderwelt hält er sich?

Wir schmälern die Größe der christlichen Kunst in keiner Weise, wenn wir die Begeisterung für die griechische Mythologie hervorheben. Wenn wir früher sagten, RELIGIO heiße das Respektieren der dem Menschen überlegenen Mächte, so bleibt diese Definition sowohl historisch-sprachlich wie auch sinnhaft unangetastet. Aber wir können sie anders deuten. RELIGIO heißt die Berücksichtigung der göttlichen Dimension des Menschen selber innerhalb des irdischen Lebens. RELIGIO heißt Rücksicht auf das eigene höhere Selbst. »Respekt« heißt Rücksicht. Hier wird aber auch ein Zurückschauen in der Bedeutung der ANÁMNESIS, Erinnerung auf Anfang und Herkunft des Menschen, nahegelegt. Dies ist die wahre Rücksicht des

Menschen, die Berücksichtigung dessen, woher er kommt und was er in Wahrheit ist.

Ernstgenommen, veränderte diese Auffassung unser Leben radikal. Des Menschen Dasein auf Erden würde völlig anders aussehen. RELIGIO in diesem Sinne würde des Menschen Dasein auf Erden zu einem *Hausen* gestalten, während er im Unsichtbaren *wohnt.*

RELIGIO kommt von lat. RELÉGERE, und nur in zweiter Linie ist die Bedeutung im Sinne von RELIGARE (zurückbinden an etwas) zulässig; so belehren uns die Sprachkundigen. RELIGIO heißt vor allem Respekt und erst in einer zweiten Hinsicht durch einen volksethymologischen Gebrauch Rückverbindung. Doch beachten wir beide Bedeutungen. Wo Respekt verlorenging, muß eine Zurück- oder Wiederverbindung hergestellt werden. Wo wir mangels Achtsamkeit der Kontinuität der Verbundenheit verlustig gingen, muß die Kontinuität der Verbindung von neuem wieder gesucht und angestrebt werden.

Wenden wir unsern Blick wieder auf Christus mit dem Buch. Es gilt, dieses großartige Bild nicht als geknechtete Gläubige, sondern mit der Würde des Selbstrespektes, den Nikolaus von Kues uns nahelegt, in der Bedeutung einer echten RELIGIO, anzuschauen und ihm zu begegnen. Der Mensch, dieser menschliche Gott, steht Auge in Auge dem durch die Bibel bezeugten Gottessohn gegenüber. Diese Sicht zu verstärken, aufzuzeigen, was aus ihr folgt, ist das Schlußthema dieses Buches.

Das Buch des Avatars des Fischezeitalters ist Symbol und Quelle. Dieses heilige Buch ist Symbol für die Herabkunft des göttlichen Bewußtseins auf diese Erde. Eine solche Herabkunft dient dazu, neue Wege der religiösen Verwirklichung zu eröffnen. Der Gottessohn kam in ein Land, das den Eingottglauben besaß, er kam aber auch zugleich in ein Land, wo dieser eine Gott ein Rächergott war. Dies trifft auf den Kern der dortigen Religion, die wir vor allen durch das Alte Testament kennen, nicht zu. Der Kern aller Religion ist über den Streit der Menschen erhaben. Christus verkündigte den Gott der Liebe. Er vertrat die Machtlosigkeit auf Erden: »Mein Reich ist nicht von dieser Welt.« Er lehrte die Versöhnung. Nur der Versöhnte kann Bezug haben zu seinem höheren, unsichtbaren Teil. Bis zum heutigen Tag ist dieser Christus, in herrlichen kirchlichen Bildnissen dargestellt, der Lehrer der Versöhnung, der Machtlosigkeit und der Liebe. Wir aber haben dieses Heilmittel, dieses PHÁRMAKON ATHANASÍAS, nicht erkannt und aufgenommen.

Und noch ehe das Scheitern dieses religiösen Weges (von der Kreuzigung des Menschen bis zu seiner Verherrlichung) erkannt und verarbeitet worden ist, ist in aller Munde schon der kommende Avatar, jener des Wassermannzeitalters. Dabei ginge es darum, zuerst das Scheitern völlig ins Bewußtsein zu heben und zu vergegenwärtigen. Formulieren wir noch einmal kurz, worin das Scheitern beruht, nüchtern und ohne moralische Belehrung: Wir wollen aus der Zahl Zwei die Eins machen, indem wir einen Teil der Zwei vernichten wollen. Ein Beispiel: Die Zahl Zwei heißt Gesundheit und Krankheit. Wir wollen die Krankheit vernichten. Auf diese Weise die Eins zu erreichen, daran müssen wir scheitern. In die Eins und in die Einheit zu gelangen gelingt nur durch einen bewußtseinsmäßigen Ausstieg aus der Polarität.

Rechte Seite:

Die Normannenkathedrale von Monreale in Sizilien. Christus mit dem Buch als Pantokrator (Mosaik, Beginn des Baues 1174). Der Text des geöffneten Buches: Ich bin das Licht der Welt. Wer mir nachfolgt, geht nicht im Finsteren, sondern wird das Licht des Lebens haben.

»Mein Reich ist nicht von dieser Welt« bedeutet: Es steht über dem Reich der Gespaltenheit.

Wir betrachten ein zweites Bild des Christus mit dem Buch: Es existiert in Monreale, Sizilien, im romanischen Dom der Benediktinerabtei, wo es als einzigartiges Mosaik in der mittleren Apsis prangt. Sowohl in Monreale, acht Kilometer von Palermo entfernt, wie auch in Cefalú, ebenfalls an der sizilianischen Nordküste, ist Christus großmächtig als Pantokrator dargestellt, in der linken Hand ein Buch, mit der rechten Hand segnend. Das geöffnete Buch zeigt den Text, sowohl griechisch wie auch lateinisch. Wir zitieren den lateinischen Text:

EGO SUM LUX MUNDI; QUI SEQUITUR ME
NON AMBULAT IN TENEBRIS
SED HABEBIT LUMEN VITAE.
(Joh. 8.12)
Ich bin das Licht der Welt. Wer mir nachfolgt,
wandelt nicht in der Finsternis,
sondern wird das Licht des Lebens haben.

Wir begegnen in dieser Ich-bin-Aussage wiederum einem Motiv, das wir schon aus der Betrachtung des griechischen Wahrheitsbegriffes kennen. Der Gegensatz Licht und Finsternis entspricht jenem von Unverborgenheit und Verborgenheit oder Unvergessenheit und Vergessenheit.

Wir stoßen hier auf eine Besonderheit: Worte wie Unverborgenheit und Unvergessenheit enthalten eine doppelte Verneinung. Was auf deutsch übersetzt im griechischen Sinne Wahrheit ist, wird nur über eine zweimalige Verneinung zugänglich. Durch eine doppelte Negation wird das Offenbare erreicht, nur durch ein zweifaches Hindernis gelangen wir in die Lichtung. Konkret ausgedrückt: Das Wort Unverborgenheit enthält das Stammwort bergen. Über eine zweimalige Gegenoperation wird das Bergen zum Offenbaren. Bergen ist ein Verbergen (erste Negation), aber dieses Verbergen wird wiederum verneint (Un-ver-borgenheit, zweite Negation), das heißt das Verborgene wird offenbar.

Wir entdecken im griechischen Wahrheitsbegriff, wie wir mit der sichtbaren Welt umzugehen haben. Wollen wir die Welt enträtseln, und da die Welt DEUS VISIBILIS ist, Gott enträtseln, gilt es, sich in allem Begegnen mit dem, was Welt ist, zu erinnern: Welt ist verborgener Gott. Welt ist vergessener Gott. Wird die Vergessenheit aufgehoben, wird Gott sichtbar. Der Gedanke sei noch einmal wiederholt: Die Welt birgt; das wird verneint, sie birgt nicht, sie verbirgt; das wird verneint, sie verbirgt nicht, sie macht offenbar. Dies sind die Schritte, um aus der Umnachtung, aus der Finsternis hinauszusteigen. Das Bergen ist ein Offenbaren. Und was wird denn offenbar bezüglich Gott? Daß er in der sichtbaren Welt, der Zweiheit, Licht *und* Finsternis *ist*.

Die Formel gilt auch für die Psychotherapie. Was der Klient erzählt, birgt etwas, das er verbirgt, doch der freischwebenden Aufmerksamkeit des Therapeuten entbirgt es sich. Dies geschieht so: Der Klient erzählt, der Therapeut weiß, diese Erzählung verbirgt (erste Negation); der Therapeut macht eine zweite Negation, stellt sich darauf ein, der Klient verberge nicht, er drücke das Verborgene ungewollt aus, er offenbare es unbewußterweise; der Therapeut achtet darauf, wie sich der Klient im Verbergen offenbart. Dies wahrzunehmen ist seine Kunst. Dem Klienten obliegt, das Geborgene zu bejahen. Da wir die Welt als den Bereich der Gespaltenheit, Zwietracht und Polarität bezeichnet haben (alle Vielfalt, alle Entfaltung enthält die Zahl Zwei), leben wir in der Verneinung der

Einheit. Das ist unsere andauernde, konkrete Situation. Zur Einheit aber gelangen wir durch die Verneinung der Zwei. Religion im wahren Sinne enthält darum immer die Botschaft der Nicht-Zweiheit, und diese ist nicht von dieser Welt. Nun leben wir aber in dieser Welt. In dieser Welt leben fordert von uns, dauernd im Bewußtsein zu verharren: Die Zweiheit ist nicht die Einheit; die Welt ist nicht das Paradies.

Der sizilianische Ich-Spruch lautet: »Wer mir nachfolgt, wandelt nicht in der Finsternis.« Wir haben die Aufgabe, die Nachfolge im Sinne eines befreiten Menschenbildes neu zu verstehen. Somit sind die Ich-bin-Sprüche Ansprachen an uns Menschen, die wir in einer Falle sitzen, in einem Zwischenbereich zwischen Welt und Gott, der zu einem Entscheidungsbereich wird. Die Ich-bin-Sprüche sind Botschaften an die Polarität. Nun können wir die Polarität als die Finsternis bezeichnen, die Einheit als Licht. Einheit ist dann das Licht, das nicht wiederum in Licht und Dunkel gespalten ist. Mein Reich ist nicht von dieser Welt heißt, mein Reich (BASILÉIA) ist jenes des Lichtes. Diese Lehre ist falsch verstanden worden. Die Kirche hat, innerhalb der Zweiheit der Welt von Licht und Dunkel, das Dunkel der Welt bekämpft. Wenn Gott sich materiell manifestiert, ist er Licht und Dunkel (Tag und Nacht usw). Die Kirche hat also einen Teil von Gott bekämpft. Das ist der totale Irrtum, und darin stecken wir heute noch.

Mein Reich ist nicht von dieser Welt heißt die Zweiheit bejahend übersteigen, dann sind wir in der Einheit, im Licht. Denker wie Nikolaus von Kues haben dies längst durchschaut: Gott ist die Vereinigung aller Gegensätze. Gott in der materiellen Sichtbarkeit ist Gegensatz. Unser allergrößtes Leiden beruht auf der Verneinung dieses Gegensatzes. Der Psychotherapeut sieht es auf seiner

Aufgabenebene, der Weise auf der Höhe seiner Einsicht: Wir Menschen leiden immer nur an unseren Gedanken (genauer: an unseren negativen Gedanken, an der Verneinung, damit an der Grenzsetzung). Ist Gott auf der materiellen Ebene Gegensatz, so ist er Licht und Finsternis, Gott und Teufel. Über dem Gegensatz, im nicht-materiellen Bereich, ist er ausschließlich Licht, ist er der eine, bildlose, unsichtbare, unpersönliche DEUS ABSCONDITUS (und nicht mehr DEUS VISIBILIS). Darum ist es ein schreckliches Mißverständnis, einen Pol des Gegensatzes vernichten zu wollen, wenn Gott in der sichtbaren Welt nicht anders als zweipolig sein kann.

Das Mißverständnis verhängt heute noch finster das Licht des wahren Christentums. Aus diesem wird es sich kaum herausbewegen. »Ich bin das Licht der Welt« heißt doch nicht: »Ich bin das Tageslicht, und ich bekämpfe die Dunkelheit der Nacht«! »EGO SUM LUX MUNDI« heißt: »Ich führe aus der Polarität der Welt hinaus in die Einheit des Lichtes.« Der wahre BASILEUS sagt dem Repräsentanten der irdischen Macht über die wahre BASILÉIA: »nicht von dieser Welt«, nicht innerhalb der Zweiheit. Wir stammen aus der Einheit, sind dazu bestimmt, in diese zurückzukehren. Nun aber sind wir der Welt verfallen – diese Aussage gilt es nicht im Sinne einer Moral aufzufassen, vielleicht nicht einmal in der Bedeutung eines Fehlers. Verfallenheit an die Welt ist vielleicht sogar verständlich, weil doch ihr schöner Teil derart anziehend ist. Möglicherweise ist alles, was die Kirche zur Sünde erklärte und was vielleicht in einer ähnlichen Verquerung der Osten zum Karma machte, gar nicht zu beanstanden. Es gilt einzig zu bedenken, wie sehr das Leben in der Zweiheit auch zum Leiden zwingt. Und es gilt ergänzend zu bedenken, wie viele Seelen dazu reif geworden sind, nicht weiter in dieser Zweiheit zu verharren.

Vielleicht sind wir unbeabsichtigt in ein Labyrinth geraten und bedürfen der Lehrer, die uns hinausführen. Vielleicht sind wir Menschen wie spielende Kinder, die sich, voller Neugierde auf das Unbekannte, verlaufen haben; und nichts mehr. Vielleicht sind wir einfach auf Holzwege geraten. Wie großartig wäre es doch, würde unsere Art des Daseins kein Vorwurf treffen! Und selbst wenn wir die Welt brandschatzen und zerstören, wie mit dem Feuer spielende Kinder ... Die Eltern solcher Kinder sind in Sorge, wenn sie sich verlaufen haben, erschrocken über das gefährliche Experimentieren! Aber müssen sie das Kind bestrafen, weil es sich verlief oder weil es sich vergriff?

Sie können sich freuen, daß sie es wiedergefunden haben oder daß es heil geblieben ist (siehe die Parabel von der Rückkehr des verlorenen Sohnes im Neuen Testament). – Nicht nur Leiden ist ein Gegenpol zum Schönen in der Welt, sondern auch die Mühseligkeiten und die Arbeit und die Sorge ums Überleben. Viele Leser, die sich vom Thema der esoterischen Bedeutung des Lesens angesprochen fühlen, gehören zu jenen Menschen, die reif geworden sind, aus Labor und Labyrinth hinauszugelangen.

Einheit vereinigt die Zweiheit zum Einen, streitet gegen keinen der beiden notwendigen Teile, nimmt beide in sich auf, hebt sie auf, hebt sie hinauf. Die Aufhebung der Zweiheit durch ihr Hinaufgehobensein in die Einheit hebt auch die Rache, das Recht der Gekränkten und Verletzten, auf. Dies ist die in den Ich-bin-Sprüchen eingefaltete Botschaft des Pantokrators.

Christus Pantokrator, der Allherrscher, ist hier der Titel. Was dies esoterisch und nicht kirchengeschichtlich heißt, wird am Schluß zu vernehmen sein.

Sammeln wir noch einmal die Kernsätze seiner Botschaft: 1. Ich bin der Weg. 2. Ich bin die Wahrheit. 3. Ich bin das Leben. 4. Mein Reich ist nicht von dieser Welt. 5. EGÓ ÉIMI: Ich bin das höhere Ich.

Betrachten wir einige Punkte noch ausführlicher:

Zu 1–5: Das »Ich bin« spricht das Dasein eines höheren Ichs aus als dieses Körper- und Emotions-Ich von uns Menschen, welches uns in den Konflikt mit den anderen Menschen und der Welt bringt. Es handelt sich hier um ein ganz anderes Ich als um dasjenige, welches es auf dem initiatischen Wege aufzugeben gilt. Wir erinnern uns der Aussage im Kularanava-Tantra: »Der Dummkopf weiß nicht, daß die Wahrheit im Selbst liegt ...« – Das in die Welt verzahnte äußere Ich hat loszulassen. Seine Verfälschung liegt darin, nichts vom Selbst zu wissen. Die Befreiung aus der Verfälschung geschieht durch eine Erhöhung. Wir stießen schon mehrmals auf das Wort Herrlichkeit. Vergegenwärtigen wir uns noch einmal das Wort von Paulus:

> Ich bin überzeugt, daß die Leiden der gegenwärtigen Zeit nichts bedeuten im Vergleich zu der Herrlichkeit, die an uns offenbar werden soll. Die ganze Schöpfung wartet sehnsüchtig auf das Offenbarwerden der Söhne Gottes. *(Römer 8.18–19)*

Doch die Menschenwelt schickt uns die vernichtendsten Blicke, wenn wir wagen, uns zu dieser Herrlichkeit zu bekennen. Im Gegenteil, zu kriechen haben wir vor den andern, uns unserer Kleinheit bewußt zu werden. Die andern wollen uns als Bekenner unserer Schäbigkeit. Jene Menschen, die Macht über uns haben wollen, und das sind viele, zwingen uns, uns mit unserer äußeren Verkleidung zu identifizieren. Die inneren Dimensionen der Indentifikation sollen uns nicht offenstehen. Ein Heiliger ist ein Ausnahmefall. Alle anderen Menschen werden auf ihre Unzulänglichkeit verwiesen.

In der Renaissance gab es ein Aufbegehren, ein Gewahrwerden der individuellen Größe des Menschen. Darum wurde diese Geisteshaltung auch »RINASCITÀ« genannt, das ist eine Wiedergeburt. Die Zeit ist reif für eine erneute Wiedergeburt. Worin soll diese Wiedergeburt bestehen? In der Einsicht, das äußere verfälschte Ich nicht als das Ganze zu nehmen, vielmehr als eine Verpuppung, als eine Hülse nur, eine Maske, aus der heraus und hinter der hervor sich das wahre Wesen des Menschen aufs neue gebären soll.

Zu 4: Die BASILÉIA, das »Reich, das nicht von dieser Welt ist« soll »in dieser Welt« gelebt werden. Das ist die paradoxe Lebensart des initiatischen Menschen; er hat hier, inmitten der gespaltenen Welt, schon das Ungespaltensein zu leben. Die künftige Unsterblichkeit von Seele und Leib ist in der Zeit der Sterblichkeit des Leibes, jede nächste Stufe ist in der davorliegenden vorzubereiten. Der initiatische Mensch soll Nirwana in Maya erkennen. Er soll jene Welt, die jetzt noch unsichtbar ist (das ist der Himmel), bereits in der sichtbaren Welt entdecken und deren Erfahrungsmöglichkeit im voraus bereitmachen. Wir entdeckten, dies geschieht durch eine doppelte Negation. Denn die doppelte Verneinung ist die Bejahung.

Zu 1: Das »Ich bin« des hohen Meisters ist ein Weg-Ich, es gehört zur Bilderwelt, hat Bezug zur materiellen Welt. Es handelt sich um die Identifikation des »persönlichen Gottes«, des Ishvara, wie ihn der Yogi nennt. Der persönliche Gott ist immer nur Weg zum unpersönlichen, unsichtbaren, bildlosen Gott, von dem die Esoterik allein spricht. Die Gottessöhne, die Manifestationen und Erscheinungen des Göttlichen innerhalb der sichtbaren Welt in Menschengestalt, sind hinführende Wege, sind

Führer, von denen sich ein Schüler den Weg zeigen läßt. Im esoterischen Sinne ist die Nachfolge Christi nicht Aufforderung zur Imitation eines Leidensweges, sondern die Aufforderung des Lehrers, ihm zu folgen auf dem Wege zur Souveränität. Die Erforschung der esoterischen Bedeutung des Lesens führt nicht ans Kreuz, sondern zum Christus Pantokrator. EGÓ ÉIMI HÓ HODÓS – Ich bin der Weg, dieses Kundtun eines Weges aus der irdischen Verfangenheit ist sowohl Aufforderung als auch Verheißung. Gewiß kennen wir die Forderung aus dem Munde Jesu an den Gläubigen, wie sie bei Matthäus, Markus und Lukas nachzulesen ist. Die Forderung der Nachfolge ist aus den überlieferten Texten unüberhörbar, lateinisch heißt sie IMITATIO CHRISTI. In der alten Kirche galt vor allem das Martyrium, das Nacherleben des Leidens Christi, als die höchste Form der IMITATIO. Reform- und Armutsbewegungen des Mittelalters beriefen sich auf das Vorbild Jesu. Die Reformation dagegen betonte die Rechtfertigung des Gläubigen allein aus Gnade und lehnte die aktive Erwerbung des Himmelreiches aus der Nachfolge Christi ab. Das Nachfolgestreben fiel unter die abgelehnten guten Werke. Zum Scheitern des christlichen Weges gehörte das ausschließliche Beharren auf der Gnade. Eine Erlösungsreligion erzeugt immer ein finsteres Menschenbild. Selbstbefreiung geht im Bilde der Verworfenheit unter.

Esoterisch gesehen, sind das alles Mißverständnisse. EGÓ ÉIMI HÓ HODÓS kündet von einem Ich, zu dem sich der Schüler entwickeln soll. Er soll dieses »Ich bin der Weg« selber sein.

Wir sprachen vom Königsweg und der königlichen Kunst. Die VIA REGIA ist auch die ARS REGIA. Der Weg ist die Transmutation. Christus nichtchristlich verstanden, wie wir dies auch von C. G. Jung kennen, führt zur Alchemie. Es gibt Esoteriker, die den Namen Heide nicht scheuen.

Christus ist der Weg zurück in die Ungeschiedenheit von Gott. Dieser Weg zurück ist älteste Lehre und kann nicht dem Christentum allein überlassen werden, vor allem nicht dem falsch gelebten Christentum. Die Abgrenzung der Christen gegen die Heiden mit ihren Mysterienreligionen, welche nichts von einer Fremderlösung wissen, sondern den souveränen Weg zur Eigenbefreiung weisen, ist so hartnäckig wie schwerwiegend. Die Religion, welche sich aus den Christengemeinden herausbildete, im Rückbezug auf den Gründer, hat weltgeschichtlich offenbar eine andere Aufgabe als die Weitergabe der esoterischen Tradition. Das Christentum ist gegenüber der alttestamentlichen jüdischen Religion die Verkündigung eines Liebesgottes im Gegensatz zum davor herrschenden Rachegott.

Wir haben hier kurz historische und geographische Überlegungen anzustellen. Der alttestamentarisch-jüdische Gott ist ein Stammesgott; die Stammesmitglieder sind die von diesem Gott Auserwählten. Dieser Gott ist ihr Gott, nicht der Gott der Feinde. Jahwe ist Rachegott, aus dem Selbstverständnis des Stammes gesehen. Es gibt hier kein ausgebildetes und ausgeprägtes Individualbewußtsein. Menschenverluste durch Krieg und Fehde sind versöhnlich ausgewogen, hat der Feind die gleiche Anzahl Opfer zu beklagen. Der Gott des Neuen Bundes dagegen ist ein ganz anderer, er ist ein individueller Gott. »QUI SEQUITUR ME ...« – »Wer mir nachfolgt ...«, das ist individuelle Ansprache. Der neue Gott der Christen ist ein Gott der Individuen. Das ist nicht mehr ein Stammesgott, welcher gegen die Feinde kämpfen hilft. Ein Nomadenvolk kann aus Überlebensgründen keinen anderen Gott brauchen. Das Volk Israels war jahrhundertelang in Gefangenschaft. Das sind traumatische Erlebnisse von unvergessener Schärfe. Die Stadtzivilisationen zur Zeit von

Jesus von Nazareth sind durch die Römer okkupiert. Der erwartete Messias (BASILEUS) sollte endlich dem Volk Freiheit und Gerechtigkeit bringen. Da wurde keine Verkündigung eines Gottes des individuellen Weges zur Befreiung von diesem rein diesseitsbezogenen Leben erhofft.

Der neutestamentliche Siegergott als Zeuge des individuellen Weges der Befreiung von der irdischen Verfallenheit mußte, das ist ein welthistorisches Faktum, umgedeutet werden. Zum Geist der Öffentlichkeit paßt nicht die Selbstbefreiung des Individuums. Der Kerngedanke des Christentums, das Königreich, das nicht von dieser Welt ist, konnte nicht anders als falsch verstanden werden. Der Gott des Neuen Bundes ist kein Nationalgott mehr, er ist der Gott für den je einzelnen Menschen, gleichgültig welcher Herkunft oder Rasse. So wie das Volk von seinem Gott abhängig ist, so mußte auch das Inidividuum von seinem Gott abhängig gedacht werden. Daraus resultiert die Erlösung aus Gnade. Im falsch verstandenen Christentum wird alles auf die Erlösungstat Christi aufgebaut. Noch immer wird alles das, was der Mensch selber ist, und alles das, was er selber tun kann, nach außen auf einen anderen projiziert.

Die Gefangenschaft des Volkes Israel wurde auch nicht als Gleichnis unseres irdischen Daseins aufgefaßt, obgleich die Psalmen dies so meinen. Religion meint immer alles auf einer höheren als der politischen Ebene, denn die politische kann nur Gleichnis sein. Nehmen wir unser Dasein hier als Gleichnis, müßten wir uns nicht für erlittene Unbill rächen. Esoterische Haltung ist, die bestehenden Religionen auf ihren urreligiösen Gehalt hin zu betrachten. Ihr Schatz an Brauchtum und Texten leuchtet erst im Lichte dieses Rückbezuges vollständig auf.

Die Feindseligkeit der Theologie der Volksreligion gegen die Selbstbefreiung ändert sich vielleicht in einer neuen Zeit, wie viele sie heute erwarten, und wie sie von den neuen Propheten vorausgesagt wird.

Wir müssen unterscheiden: Die Selbstbefreiung des Individuums kann niemals eine Massenbewegung werden. Ihr stand zu keiner Zeit irgend etwas anderes im Wege als das an die Materie verfangene Individuum selbst. Die Selbstbefreiung des Individuums bedarf keines Zeitgeistes. Sie steht immer außerhalb eines solchen. Sie ist zu jeder Zeit möglich. Dem einzelnen, der den Weg der Befreiung gehen will, braucht das Kollektiv nicht die Türen aufzustoßen. Er kann es zu jeder Zeit selber, oder er hat dafür andersgeartete Hilfe. Der HOMO RELIGIOSUS lebt außerhalb der Machtzentren, frei von ihrer Meinung und ihren Suggestionen.

Die Zeitqualität mag von jetzt an günstig sein für die Befreiung vieler, die – vor der Öffentlichkeit verborgen – in ihrem Herzen hinreichend vorbereitet sind. Astrologisch feststellbare außergewöhnliche Veränderungstendenzen spielen sich auf mehreren Realisationsebenen ab. Wenn auf der politischen Ebene gigantische Magnaten entthront werden und ehemals furchterregende Reiche einstürzen, entspricht diesem Vorgang auf der religiösen Ebene eine Revision bisheriger Ideen und Lehren. Der Freiheitsuchende ahnt die Morgenröte seiner Souveränität und wirft die Fesseln seiner bisherigen Unterwerfung ab.

Das wahre Christentum besitzt zwar Universalität, ist Befreiungslehre für das Individuum gleichgültig welcher Herkunft, aber es besitzt keine irdische Verwurzelung. Eine universale Kirche als reine Seelengemeinschaft wäre wohl geeignet, ihm Herberge auf Erden zu bieten, nicht aber eine Staatskirche. Jesus von Nazareth, der zum Christus Berufene, fand in Bethlehem – seine Eltern befanden sich auf einer Reise – keine Herberge. Schon die Umstände seiner Geburt setzten ein deutliches Zeichen. Wir haben es unbeachtet gelassen. Jeder Anfang enthält die höhere Intelligenz der Geschichte, die durch ihn beginnt. In diesem Anfang waltet die Weisheit der ganzen christlichen Lehre. Die Welt will diesen Christus nicht, will seine Lehre nicht. Die Welt bietet demjenigen keine gesellschaftsfähige Unterkunft, der als Erwachsener von einem Reich redet, das nicht von dieser Welt ist.

Der Beginn der biblischen Geschichte – der durch das Buch (BIBLOS) schriftlich überlieferten – verunmöglichte das Entstehen einer staatlich sanktionierten Kirche für jedermann, die gleichzeitig Gefäß für das Juwel ihrer Lehre sein konnte. Und doch prangt Jahrhunderte später das Bild dieses Christus groß und mächtig über den Eingängen und über den Chören einer stattlichen Anzahl abendländischer Tempel (und wo der gekreuzigte Christus im Mittelpunkt steht, wird er erst im Innern des Gotteshauses dargestellt).

Die Gleichsetzung astrologischer Zeitraumbestimmung durch das Tierkreiszeichen Fische und den Planeten Neptun einerseits und Christus andererseits gibt Aufschluß über das wahre Wesen des Christentums, welches Widerstandslosigkeit und allumfassende Liebe bedeutet, Eigenschaften, die nicht von dieser Welt sind, daher zurecht als transzendent gelten. Unvereinbar damit ist jedoch alles Exklusive, wie »die alleinseligmachende Kirche« oder der Anspruch der Sündelosigkeit den Gläubigen gegenüber. Exklusivität ist unvereinbar mit der allumfassenden Liebe des Evangeliums. Die Botschaft der Liebe müßte die Aufhebung aller Grenzen einschließen, unser Denken müßte grenzenlos sein. Innerhalb der Polarität der sichtbaren Welt wird aber alles zur Begrenzung. Darum wurde die hehre Botschaft des Fischezeitalters durch die Staatskirche beantwortet. Das ist ein dramatischer Vorgang mit ungeheuren Leiden.

Doch abgesehen von den Leiden, erhebt sich die Frage, was dies den noch kümmere, der nicht mehr zu den Machtzentren gehört. Er hat den christlichen als einen Einzelweg zu gehen, unkontrollierbar durch Kollektive, unspektakulär (im Gegensatz zu den christlichen Märtyrern), unsichtbar, mit sich selber eins, vereinzelt, allein. Das meint nicht ohne Segen, nicht ohne Sakrament, im Gegenteil: Das bedeutet nicht Entbehrung, sondern Autarkie. Hier, jetzt, da ... kann er der Lehre und dem Wege entsprechen und gerecht werden. Dies war immer möglich, während der ganzen Zeit des Christentums. Dafür brauchte man das Wassermannzeitalter nicht abzuwarten. Aber es ist zu vermuten, die Zukunft, vielleicht schon die unmittelbare, habe für eine große Zahl einzelner erhebliche Hilfen für ihren Alleingang bereit. Die Zeit ist reif, die Seinsvergessenheit für die Suchenden aufzuheben.

Was auch immer mit der weltweiten christlichen Kirche – von vielen gehaßt, von vielen durch eine innige Bindung geliebt und zugleich betrauert – geschehen wird, das wahre Christentum bleibt, weil es von der wahren Religion, der Urreligion, ungeschieden ist. Die johanneische, esoterische Seite des Christentums bleibt, während die Petruskirche und die Paulustheologie untergehen werden müssen. Sicher gibt es in den Paulinischen Texten, die ja nachgewiesenermaßen nicht einheitlich und vom selben Autor sein können, großartige Stellen über die Liebe, man denke nur etwa an den ersten Korintherbrief. Und es gibt andere Stellen, wie jene, die wir zitierten (Römerbrief), die den Freiheitsuchenden beglücken.

Wir brauchen uns mit dem Exoterischen von Kirche und Christentum nicht zu identifizieren. Den weltlichen Teil der Kirche gilt es nicht zu kritisieren oder gar zu bekämpfen. Im Einflußbereich der Machtzentren kann

Religion nicht anders Gestalt annehmen als durch die Vermischung mit Macht. Deshalb ist auch die christliche Kirche zur Gesetzesinstitution geworden wie die israelische Stammesreligion. Die oberen Kräfte haben es zugelassen. Unsere Weisheit könnte darin bestehen, dies anzuerkennen und nichts zu beklagen, wo es nichts zu beklagen gibt. Wir müssen Abstand davon nehmen, der Kirche vorzuschreiben, wie sie sein müßte. Als politische und öffentliche Institution gibt es für sie kein Anderssein. Aber Christus darf ihr nicht überlassen bleiben. Die Gestalt des Pantokrators, dieses großartige Symbol des Selbst, gehört ihr gar nicht.

Kommen wir auf das Ausgangsthema zurück. Es handelt sich um das Mosaik Christus mit dem Buch. Fassen wir kurz zusammen, was wir unter diesem Titel besprochen haben: Christus mit dem Buch führte uns zu den Ich-bin-Bildworten und damit auf die esoterische Lehre vom höheren Ich, welches auch das Christus-Bewußtsein genannt wird. Religiöse Betrachtung, die den Gott außerhalb des Menschen haben will, rechtfertigt die Ich-bin-Worte durch die Identifikation mit dem Vatergott. Der göttliche Sohn kündet vom Vater, und diesen redet schon der Psalmist mit Worten an wie den folgenden: »Der Herr – Gott der Vater – ist mein Hirte, mir wird nichts mangeln« (Psalm 23). Wer der gute Hirte ist, das wußten die Verfolger des Jesus von Nazareth, und wenn nun einer daherkam im damaligen Jerusalem und von sich sagte »Ich bin der gute Hirte«, der mußte am Kreuze enden, an dem Hinrichtungsorte für das schändlichste und ungeheuerlichste Verbrechen. An der Wurzel des Christentums steht das Verbrechen der Vergöttlichung, der Identifikation mit dem Gott, die größte denkbare Untat, das verrückteste Sakrileg. An der Wiege des Christentums steht eine Gotteslästerung. – Dieser totale Widerspruch besteht jedoch nur gegenüber der jüdischen Staatsreligion. Die in ihr und ihren Texten und Lehren verborgene geheime Lehre gilt derselben Tradition, in deren Sukzession auch das wahre Christentum steht.

Christus mit dem Buch, fast handgreiflich dargestellt über den Portalen der Tempel der staatlichen Kirche oder in deren Apsis, muß auf die entsprechende Bewußtseinsebene bezogen werden. Wird er, über diesen Portalen thronend, als Vertreter der Staatskirche verstanden, wird er zum Verfolger unseres Lebens; wird er aber als Verkünder der wahren Natur des Menschen gesehen, ist er die Personifikation unserer Verherrlichung. Ferner gilt: Dieser Christus wird auf der Bewußtseinsebene der menschlichen Machtzentren gekreuzigt; nicht aber auf der Bewußtseinsebene der Berufenen, also jener, die den Anruf zum individuellen Weg der Befreiung aufnehmen. Christus mit dem Buch ist nichts für die marsische Welt, deren Maxime »Hinein in die Welt« lautet, er ist für den solaren Menschen, und dessen Devise lautet »Hinaus aus der Welt«.

Rechte Seite:
Spätromanischer Kaiserdom von Worms am Rhein, Südportal innen: Ausschnitt aus dem Tympanon (um 1100). Christus mit dem offenen Buch und dem Text: *Ego sum via et veritas et vita.* Rechtverstanden vergegenwärtigt er den in den Stein gehauenen erhöhten und göttlichen Menschen.

XX

Christus mit dem Buch vergegenwärtigt den Weg zur Wahrheit über uns. Er beantwortet die Frage des Menschen, die lautet: Wer bin ich?

Wir fanden bei der Frage nach dem anfänglichen Sinn des Lesens seinen Grund in der Divination, welche wir mit dem Wort Gottesenträtselung übersetzten. Je länger wir am Leitfaden dieses Wortes uns um Erhellung bemühten, desto mehr bereitete sich eine Veränderung seines Verständnisses vor. Das Thema heißt gar nicht mehr Gottesenträtselung, es lautet vielmehr: Menschenenträtselung. Der verborgene Gott, aus dem alles Leben stammt, hat sich in der Schöpfung geoffenbart (»Die Weisheit schreit auf den Gassen«). Der Mensch begab sich in ihr in ein Dickicht, aus dem ihn hohe Lehrer herausholen wollen. Dies geschieht seit eh und je. Denn die Offenbarung Gottes in der Schöpfung kann nur durch einen gewissen Abstand von ihr erkannt werden. Dieser Abstand wird erreicht durch die Verlegung des Bewußtseinszentrums im Menschen vom äußeren kriegerischen in das solare Ich.

So wie die Menschen sich immer schon mit dem Sonnenlauf beschäftigt haben, weil er ein äußerst beeindruckendes tägliches Geschehen darstellt – dem man sich durch Zivilisation zwar entziehen kann, indem die Beein-

Rechte Seite:

Sonnenaufgang. Foto von Adrian Michael, Zürich.
Lesen dient der Zurückholung der wahren Mächtigkeit des Menschen.
Mit anderen Worten: Es gilt, selber Sonne zu werden, dann ist die Polarität von Licht und Dunkel überwunden.

drucktheit wegfällt –, so wie die Menschen sich der Teilung von oberem und unterem Sonnenlauf (Tag und Nacht) ausgeliefert fühlen und nicht merken, was die Lehre ist, so fühlen sie sich dem Christus ausgeliefert. Hier spiegelt sich dieselbe Verkennung der Bedeutung. *Christus trat nicht auf, um angebetet zu werden, sondern damit wir selber zu Christen werden.* Wir sind nicht in die Welt inkarniert, um jede Nacht erneut der Sonne verlustig zu gehen. Wir sind inkarniert, um die Teilung zu überwinden, um selber Christus zu werden, um selber die Sonne zu werden, die beständig scheint, wo auch immer sie sich gerade befindet.

Die Formel dazu heißt: »Ich bin.« Im Hintergrund dieser Formel steht das aus Moses 2.3.14 vielzitierte und berühmte »EIÈH ÀSCER EIÈH«, »Ich bin der Ich bin«. Der esoterische Schriftsteller Gustav Meyrink sagte in einem seiner initiatischen Romane: »Das Ringen nach der Unsterblichkeit ist ein Kampf um das Zepter gegen die uns innewohnenden Klänge und Gespenster; und das Warten auf das Königwerden des eigenen Ichs ist das Warten auf den Messias.«

Warum warten? Bis die Zeit reif ist? Es geht um das Wagnis des »Ich bin«.

Unser inspirierender Autor Nikolaus von Kues wußte mit seiner Aussage »Der Mensch ist Gott, zwar nicht absolut, weil er Mensch ist; er ist der menschliche Gott« die Überwindung der Spaltung zum Ausdruck zu bringen. Bei einigen Kirchenvätern und erneut in der Renaissance bricht ein Wissen wieder ins Bewußtsein, das vorchristlich ist, das uranfänglich ist, wonach der Mensch in einer Seinskette steht, innerhalb derer er die Freiheit besitzt, abzusteigen in die Welt oder aufzusteigen bis zur Vereinigung mit Gott. Innerhalb dieses Wissens war nie die Bedeutung dessen, was wir Erkennen nennen, das erkannte Objekt zu denken, sonders es zu sein. Folglich handelt es sich nicht darum, diesen Christus weiterhin außerhalb von uns zu haben.

Der Name Gott steht für Unsterblichkeit. Meyrink schrieb einen Text, den wir zur Kenntnis nehmen müssen. Er lautet:

> In Wahrheit unsterblich ist nur der »erwachte« Mensch. Sonnen und Götter vergehen – er allein bleibt und kann alles vollbringen, was er will. Über ihm ist kein Gott. Nicht umsonst heißt unser Weg: ein »heidnischer Weg«. Was der Fromme für Gott hält, ist nur ein Zustand, den er erreichen könnte, wenn er fähig wäre, an sich selber zu glauben. – So aber zieht er sich in unheilbarer Blindheit eine Schranke, die er nicht zu überspringen wagt – er schafft sich ein Bild, um es anzubeten, anstatt sich »darin zu verwandeln«. Willst du beten, so bete zu Deinem unsichtbaren Selbst; es ist der einzige Gott, der Gebete erhört: Die anderen Götter reichen Dir Steine statt Brot.

Haben wir nicht das Abenteuer des Lesens auf uns genommen, um solche Texte zu finden?

Im Bewußtsein »Ich bin« überspringen wir alle Bilder und gelangen dafür in die Erfahrung unseres Seins. Darum verbindet der göttliche Botschafter mit dem »Ich bin« das Bild des Weges. So zu sein wie er, das heißt *weg* aus der Verzahnung in die Welt und ihr fortdauerndes Mißverständnis, *weg* aus der Seinsvergessenheit, *weg* aus der Verborgenheit in die Wahrheit (ALÉTHEIA), in die Unverborgenheit, wo sich offenbart, »daß die Welt auf die Herrlichkeit der Göttessöhne wartet«. Und darum gehört zu seinem »Ich-bin«-Spruch auch »Ich bin das Leben«, weil dies unser wahres Leben *ist*.

Fällt die Grenze zwischen Mensch und Gott, endet auch

sein begrenztes und begrenzendes Denken. Das Ich-bin fordert, in das unbegrenzte Denken einzutreten. Damit haben wir allerdings die größte Mühe. Doch davon wollen wir anschließend noch mehr sagen. Im religiösen Bereich kann das unbegrenzte Denken endlich dazu führen, die heillose Trennung von Mann und Frau »aufzugeben«. Wir können nicht länger nur von den Gottessöhnen sprechen, innerhalb einer Sprechweise bleiben, die in eine Vergangenheit zurückführt, in der die Frauen bereits seit unbekannt langer Zeit aus den Tempeln verbannt waren. Zum unbegrenzten Denken gehört das Bild der religiösen und politischen Gleichberechtigung. Priester und Priesterin, Königin und König, beide gemeinsam verkörpern das Bild des »erwachten« Menschen. Die heutige Vorherrschaft des Mannes ist eines der herausragenden Beispiele für den Lösungsversuch, in den wir uns verbissen haben, nämlich innerhalb der Polarität die Zwei zu überspringen, indem einer der beiden Pole Oberhand gewinnt und den anderen unterdrückt.

Immer wieder verfolgen uns die eingeprägten Bilder, die wir als absolut zu nehmen geneigt sind. Doch unsere Bilder sind nur Bilder und sind nicht absolut. Sie sind veränderbar und aufhebbar. Bilder haben wir zur Kenntnis zu nehmen, nicht sie zu verteidigen. Denn es gilt sie zu überwinden. Sie werden überwunden im »Ich bin«. Nur dieses soll bleiben. Nur dieses bleibt. »Ich bin« ist kein Bild mehr, das ist ein Empfinden, ein letztlich vielleicht unaussprechbares inneres Erleben. Es manifestiert sich durch Lebendigkeit. Es artikuliert sich auf jenen Ich-Ebenen, die sich zum Ausdruck bringen können, also auch im äußeren Ich. Ich bin in der jetzigen Inkarnation gerade ein Mann oder eine Frau. Es artikuliert sich in einem inneren Ich aber auch so: Wenn ich ein Mann bin, dann bin ich verborgenerweise gleichzeitig auch eine Frau;

wenn ich eine Frau bin, dann bin ich gleichzeitig auch ein Mann. Oder noch innerlicher: Ich bin alles. Nichts ist mir fremd, nichts soll mehr außerhalb von mir sein. Ich und die Welt sind eins. Ich und Gott sind eins, denn Welt ist DEUS VISIBILIS. In allem, was ist, drückt sich der nichtmenschliche Gott (göttliche Gott, genannt auch »Herr und Gott« oder »Vater«, der aber als Ursprung Vater und Mutter zugleich ist) aus, in allem, was ist, lebt er, erprobt er Leben in allen Varianten, ob sie den anderen Menschen gefallen oder nicht.

Ein neokabbalistischer Autor, Jeff Love, nennt uns Menschen die »Quantengötter« (Buchtitel). Ein Quantengott ist ein Mensch, der sich seines wesenhaften Selbst bewußt geworden ist. Der Autor überrascht durch Aussagen wie folgende (S. 114):

> Das essentielle Selbst ist es, das ich ... Quanten-Gott nennen will. Das Wort »Quantum« soll darauf hinweisen, daß wir ein einheitliches, individuelles, essentielles Selbst beschreiben. Mit dem Wort Gott meine ich die potentiell unendliche Fähigkeit, die dieses essentielle Selbst *ist* (und für die es kein anderes Wort gibt). Ich gebrauche das Wort Gott auch deshalb, da ich zeigen möchte, daß das essentielle Selbst jedes einzelnen Menschen genau das ist, welches wir in die Welt hineinprojizieren als einen Gott außerhalb unserer Selbst. Solch einen Gott »draußen« gibt es nicht. Aber es gibt unzählige Quanten-Götter. Jeder von ihnen, sowohl in alten Zeiten wie jetzt, erfüllt die Voraussetzungen dessen, was man sich unter Gott vorstellt. Dein Quanten-Gott ist das, was du meinst, wenn du dich selbst Ich nennst und dich dabei weder mit deinem Verstand noch deinem Körper, mit Energie oder Licht oder irgend etwas anderem identifizierst. Der Quanten-Gott ist kein »Ding«. Er ist dein SEIN selbst.

Das Wort Quantengott beinhaltet auch das Wort »quantifizierter Gott«, in die Vielheit gestreuter Gott, im Sinne von Welt als DEUS VISIBILIS. Da jeder Mensch quantifizierter Gott ist, prallt er mit jedem anderen zusammen, will er innerhalb der Begrenzung der materiellen und sozialen Welt seine Fähigkeit der göttlichen Omnipotenz (Allmacht) ausleben.

»Mein Reich ist nicht von dieser Welt« lehrt uns, unsere potentielle göttliche Kraft, genannt Omnipotenz (darum das Bild: Christus Pantokrator) auf eine andere Ebene zu heben, König oder Königin im eigenen seelischen Reich zu werden. Solange wir im Mißverständnis leben, unsere potentielle Omnipotenz innerhalb der Begrenzung auszudrücken – jeder Mensch ist in seinem Bewußtsein Zentrum der Welt –, leben wir im Konflikt, ist Dasein Aneinanderprallen, Sich-Behaupten, Kriegszustand. »Mein Reich ist nicht von dieser Welt« ist der Ort, wo das »Ich bin« konfliktlos leben kann.

Der Zusammenprall der Menschen erwächst aber auch daraus, Einheit, aus der sie abgebrochen sind, zu erzwingen. Sie gebrauchen Gewalt. Auch die Ärzte gebrauchen Gewalt, die Gesundheit zu erzwingen. Nehmen wir dieses Beispiel nur zum Zwecke der Illustration. Es veranschaulicht das Modell unserer Verhaltensweise. Die Lösung aber heißt: Rückzug aus dem Gelände des Debakels, Hebung der Expansion auf eine andere Seinsebene, nicht körperlich König sein wollen (was sollen Milliarden verkappter Könige auf dieser Welt?), nur innerseelisch König sein wollen. Wem es gelingt, innerseelisch König zu sein, Herr im eigenen Leben, wird angstfrei. Der Mensch, das von seinem höheren Ich abgespaltene Wesen, ist Angstschrei. Auf dem Rücken des Angstschreies aber ertönt der Jubelschrei: »Ich bin überzeugt, daß die Leiden der gegenwärtigen Zeit nichts bedeuten im Vergleich zu der Herrlichkeit, die an uns offenbar werden soll« (Römerbrief).

Das deutsche Wort Herrlichkeit, das von Herr kommt, heißt lateinisch GLORIA, griechisch DÓXA. Das griechische Wort bedeutet Ansicht, Meinung, Ansehen, Ruhm, Pracht. Es ist in besonderem Maße dazu geeignet, Wortbildungen auf die Spur zu kommen. Die Bilder, die Herrliches ausdrücken, werden überall und in allen Zivilisationen von dort her bezogen, wo und wie öffentlich Ansehen und Ruhm sichtbar wird, so innerhalb des Patriarchats am fürstlichen Herrn. Das Wort DÓXA macht eindeutig das jeweilige Erscheinen von Ruhm und Pracht zur Ansichtssache. Die Bilder sind nicht absolut, sie sind relativ und veränderbar.

Wir nehmen das »Ich bin« als Titel für das unbegrenzte Denken. Zwar enthalten die »Ich-bin«-Sprüche des Johannesevangeliums grammatikalisch gesehen Urteile, weil sie aussprechen, was das »Ich bin« ist, nämlich Weg, Wahrheit, Leben, Licht, der gute Hirte usw. Wenn die Satzaussage aber alles umfaßt, was denkbar ist, ist dieses Urteil keine Begrenzung mehr. Die Aufhebung der Grenzen soll vor allem gegenüber der Herkunft des Menschen geschehen. Die Aufhebung der Grenzen führt dazu, Denken und Sein eins werden zu lassen. Darum lehrt die esoterische Tradition, die Projektion nach außen zurückzunehmen, die Abspaltung zu beenden. Etwas erkennen heißt es selber sein.

Als lesende Wanderer durch die Literatur stoßen wir auch auf den schlesischen Boten, Angelus Silesius, der uns in einem seiner »Geistreichen Sinn- und Schlußreime« aus dem »Cherubinischen Wandersmann« sagt:

> Von Gott wird nichts erkannt, er ist ein einzig Ein;
> Was man von ihm erkennt, das muß man selber sein.

Fast alle seine Sinnreime könnten zu dem in diesem Buch Gesagten als Motto dienen. Der schlesische Mystiker kennt in seinem Büchlein nur ein Thema: Gott. Ist das Buch der Schöpfung oder ist auch das Buch des inkarnierten Logos einmal aufgeschlagen, gibt es nur noch diesen einzig denkwürdigen Gedanken: Gott. Darum hält die Christusgestalt im Tympanon oder in der Apsis der romanischen und gotischen Kirchen ein offenes Buch in der Hand. Das Buch ist aufgeschlagen. Die Unterweisung ist im Gange.

Das Buch in der Hand Christi vergegenwärtigt die Lehre, der Mensch könne durch seine physische Erscheinung allein sein wahres Wesen nicht entschlüsseln. Das Buch in der Hand des Meisters ist Zeichen für den Geist, steht an Stelle der entdeckbaren und entschlüsselbaren Gedanken Gottes. Und die Gedanken Gottes enträtseln uns den Menschen. Das Buch in der Hand des Begründers unserer religiösen Ära mahnt an das wahre Denken, dem sich der Mensch öffnen soll, weist hin auf das unbegrenzte Denken.

Wir betrachten noch einmal das Bild der MAIESTAS, worin die vier Evangelisten als Begleiter die Vierzahl im Kontrast zur fünften Erscheinung darstellen. Christus als die Vergegenwärtigung der Zahl Fünf ist die QUINTA ESSENTIA, das fünfte Element. Quintessenz heißt auch das Wesen, der Kern einer Sache. Was ist die Sache? Das Leben. Im Lehrsystem des Aristoteles ist das fünfte Seiende der Äther als allerfeinste Substanz und alles durchdringendes Element, in der mittelalterlichen Alchemie ist es der Name für die Einheit, respektive die Vereinigung der Gegensätze.

Im unbegrenzten Denken werden die Gegensätze vereint. Durch Begrenzung bleiben die Gegensätze unversöhnt. Christus ist die Gegensatzvereinigung.

Im Sanskrit entspricht der QUINTA ESSENTIA der AKASHA, das Alldurchdringende, der Raum, der Äther, eine Substanz, von der man annimmt, sie durchdringe und erfülle das gesamte Universum und sei der besondere Träger des Lebens. Im Buddhismus ist AKASHA das Leere, das keine Vermischung mit materiellen Dingen eingeht, das unwandelbar, unvergänglich und jenseits aller Beschreibung ist, worin alle Inhalte des Bewußtseins und alle Gedanken unverlierbar aufgehoben werden.

Christus als QUINTA ESSENTIA oder AKASHA vergegenwärtigt das ewige Sein (das heißt Leben) und die Erinnerung an alles (das heißt Wahrheit). Er ist auch der Weg dahin.

XXI

Christus mit dem Buch ist eine große Lehre. Das Buch steht immer für ein Wissen, das dahintersteht. Das Buch repräsentiert das nicht augenscheinliche Wissen. Es lehrt uns, hinter die Dinge zu sehen. Der Mensch kann nicht durch seine äußere körperliche Erscheinung enträtselt werden, es bedarf dazu einer durch die Ober- und Außenfläche dringenden Kraft.

Des Menschen äußere Erscheinung ist dem von Dornenbüschen umwucherten Schloß im Märchen »Dornröschen« vergleichbar. Hinter den äußeren Stacheln schlummert sein wahres Wesen. Des Menschen wahres Wesen ist Dornröschen, das auf den Kuß wartet, der alle Verzauberung beendet.

Der gekreuzigte Christus trägt eine Dornenkrone. Nehmen wir diese als Sinnbild. Die gesamte Christusfigur ist mit Dornen umwunden. Die Gestalt Christi ist aus dem dornenüberwucherten Zustand der Unzugänglichkeit zu befreien. Es macht den Eindruck, als wären die hundert Jahre Schlaf – von denen das Märchen erzählt – in nicht allzulanger Zeit beendet, als stünden wir davor, miterleben zu dürfen, wie der böse Zauber sich endlich auflöst. Das Dickicht und die Dornen, die sich um Christus, das Symbol unseres Selbst, gelegt hatten, werden für viele von uns verschwinden, als wären sie nur ein Spuk gewesen; mag das Kirchenvolk auch weiterhin singen »O Haupt voll Blut und Wunden, voll Schmerz, bedeckt mit Hohn ...«, wir wenden uns dem Christus Pantokrator zu, nehmen das wuchernde Gehege weg von seiner Herrlichkeit. Wir haben uns zu entscheiden, ob wir weiterhin mutlos auf der Seite jener stehen, die Klagelieder über die Dornen singen, oder ob wir uns endlich aufraffen, die Quelle des Leidens aufzulösen.

So entreißen wir das »Ich bin der Weg, die Wahrheit und das Leben« und das »Ich bin« dem Dornröschenschlaf, um uns selber in diesem »Ich bin« zu finden. Die Kraft des Geistes dringt zur schlafenden Seele (Schloß) vor und in ihrem Innern bis zum verzauberten Selbst (Dornröschen im Turm). »Ich bin« ist die Formel für eine neue Art des Lebens und eine neue Art des Denkens. Diese neue Denkart muß freilich zuerst gelernt werden. Und das ist schwer. Warum? Zu lange haben wir in der Begrenzung gelebt, zu lange waren wir abgebrochen vom Wissen um unser wahres Wesen. Die Stelle im Römerbrief, diese Oase in der Wüste, entbehrt gewiß nicht der Leser. Doch was nützt das Lesen, wenn wir als Leser im Dornengehege des Schlosses verbluten? Was nützte unser Lesen, wenn wir in den vergangenen Inkarnationen und Zeiten in der tödlichen Begrenzung hängenblieben und den dahinterliegenden Palast nicht fanden?

Christus mit dem Buch lehrt uns, nach anderem Denken zu verlangen, als uns jene Denker nahelegen, auf die unsere Zivilisation stolz ist. Wir brauchen ein anderes Denken als jenes, das uns durch die Schulen gelehrt wurde. Um zu diesem Denken zu gelangen, bedarf es keiner Gescheitheit. Wir lernten, Denken sei das Andenken an das Vergessene und das Danken für das Unvergessene. »Ich bin der Weg, die Wahrheit und das Leben« ist eine Aussage, die alles beinhaltet. Alle Gegensätze können sich in seiner Einheit vereinigen. Die Grenzen sind aufgehoben. Die Begrenzung im Denken soll aufgehoben werden. Die pantokratische Botschaft des »Ich bin« gilt jedem von uns. Haben wir endlich den Mut, die Botschaft so zu entziffern, wie sie gemeint ist; heben wir die Grenze auf, die wir selbst in unserer Mutlosigkeit gesetzt haben!

Versuchen wir uns auf die Höhe des unbegrenzten Denkens aufzuschwingen, dessen Klarsicht sich das wahre Wesen des Menschen entschleiert, werden wir der Hinweise der Umwelt auf die uns täglich vor Augen geführte Niederträchtigkeit und Verfehltheit des Menschen nicht entbehren. Wir werden einem Gelächter ausgesetzt sein. Die Massenmedien belehren uns unermüdlich – indem sie das, was sie aussenden, als Tatsache behaupten – des gemeinen, rachsüchtigen, gefallsüchtigen und siechen Menschen. Immer zahlreicher werden uns erschreckende Bilder als Dokumente einer chaotischen, durch den Menschen zerstörten, von ihm nicht regierbaren Welt vorgeführt.

Bleiben wir bei der gewählten Metapher, sehen wir die Selbstdarstellung des Menschen in dem Bilde des Dorngestrüppes. Das darin versteckte Schloß ist vergessen. Wir lassen uns täglich von der Informationsflut der Medien ein Bild des Menschen aufzwingen, wozu sich seine Erzeuger in gutem Glauben berechtigt fühlen, denn sie berichten ja nur Tatsachen. Der Kritiker, der Zweifler, der Wünschelrutengänger auf der Spur unserer Eigensucht und Verworfenheit, auch der wissenschaftlich akribische Entlarver unserer Ideale, hat in der Gesellschaft einen markanten Standort errungen.

Dieser uns täglich suggerierten Bilderwelt hat jener, der durch das Dornengewächs hindurch gegangen ist, das Wissen um den im Menschen verborgenen Schatz entgegenzusetzen. Die Welt, in der wir leben, ist Wille und Idee. Wir haben im Vorangegangenen die Formel »Die Welt als Wille und Vorstellung« geändert und die Vorstellung durch die Idee ersetzt. Damit ist der Weg frei geworden, die Welt als Emanation der göttlichen Idee zu begreifen. Die dingliche Welt ist in der Verfestigung, die wir Materie nennen, auskristallisierte göttliche Idee. Platons Höhlengleichnis gab uns den bildlichen Zugang zur Höhe des befreiten Menschen, der alles im Licht der göttlichen Ideen sehen lernt. Diese Parabel belehrte uns darüber, was Welt als Vorstellung heißt und wie der Wille daran gebunden ist, legte uns auch den Gedanken an verschiedene Bewußtseins- oder Vorstellungsebenen nahe.

Derart vorbereitet können wir sagen, alles hänge von unserer Sichtweise ab. Wir sind frei, uns für die Sicht zu entscheiden, die wir wollen. Wir sehen uns und die anderen Menschen mit der Brille, die wir aufgesetzt haben. Wir sind grundsätzlich frei in unserem Willen, den Teufel im Menschen zu sehen. Aber umgekehrt: Was kann uns hindern, den Engel im Menschen zu sehen? Was kann uns davon abhalten, das Göttliche im Menschen zu sehen und an seiner äußeren Verkleidung nicht zu scheitern und zu verzweifeln? Wir sind frei in der Entscheidung, uns von der äußeren Erscheinung des Menschen nicht länger narren zu lassen. Deshalb noch einmal die Frage: Wer zwingt uns, im menschlichen Dornendickicht hängenzubleiben?

Das christusgemäße »Ich bin« ist das uns angebotene Überschreiten der bisherigen Grenzen. Der wahre Grund der christlichen Liebesbotschaft (liebe deinen Nächsten wie dich selbst) liegt in der Ununterschiedenheit zwischen dem Ich und dem anderen. Liebe ist Aufhebung der Zweiheit, denn sie gibt es dort nicht. Die Nicht-Zweiheit (sanskrit ADVAITA, dessen großer Lehrer Shankara war) ist die Lehre vom grenzenlosen Denken. Denn Liebe und Nicht-Zweiheit sind in der Aufhebung aller Verneinungen eigentlich synonym. Wo von Liebe die Rede ist, ist stets an die Grenzenlosigkeit im Denken gedacht. Damit ist zugleich der Zugang zu den göttlichen Gedanken gemeint.

Wir müssen wissen, wo wir stehen. Menschen, die mit dem Aufbau ihres äußeren Ichs beschäftigt sind, die also zuerst Neinsagen und den anderen gegenüber Grenzen setzen lernen müssen, haben zuerst die Liebe zu sich selber zu erwerben. Aber für viele andere scheint jetzt die Zeit gekommen für die Umwandlung des Nein in ein Ja. Das äußere Ich mit seiner verfälschenden Tendenz ist das Ich des Neinsagens. Und dieses kann auch nicht anders sein. Doch für viele, die im begrenzenden Denken bestens geübt sind, gilt es jetzt, das Neinsagen in Bejahung umzuwandeln. Das ist der jetzt geforderte Prozeß unserer Alchemie.

Denken wir über Begrenzung und Nichtbegrenzung noch ein wenig mehr nach. Aller Wissensdurst, der uns zum Lesen treibt, wird durch Aneignung von Urteilen gestillt. Wir erwerben Sicherheit in der Welt durch den Besitz von Urteilssystemen. Urteile aber teilen. Was nach dem Teilen übrigbleibt, sind Teile. Teile sind begrenzter als das Ganze. Teilen wir, so scheiden wir aus. Und Ausscheiden müssen wir gelernt haben, ehe wir das vereinigende Denken lernen. Die in der Alchemie wichtige Formel SOLVE ET COAGULA, das heißt »Löse und verbinde«, gilt für uns uneingeschränkt. Wir haben uns unserer paradoxen Lage andauernd bewußt zu sein. So heißt ein Buch des indischen Philosophen Shankara »Das Kleinod der Unterscheidung«, hat aber das Denken der Nicht-Zweiheit zum Ziel. Die Kunst der Unterscheidung ist das SOLVE und dient einzig und allein dazu, wenn auch in einer höchst differenzierten Weise, Sein von Schein zu unterscheiden, um aber dann, wenn diese Unterscheidung gelernt ist, alles wieder im COAGULA zu vereinen. Wer gelernt hat, die Welt als DEUS VISIBILIS zu sehen, weiß zwischen Zweiheit und Einheit zu unterscheiden, aber einzig zu dem Zwecke, am Ende die Unterscheidung wieder aufzuheben, so wie uns von Anfang an Nikolaus von Kues gelehrt hatte, das Denken der Zweiheit aufzuheben, die Nicht-Zweiheit (ADVAITA) in allem zu sehen.

Urteile, sagten wir, teilen. Auf der einen Seite des Teilens liegt das Anerkannte, auf der anderen Seite das Verworfene. Wir suchen die Welt zu begreifen. Wir begreifen sie durch Begriffe. Begriff heißt lateinisch TERMINUS, das ist die Grenze. Da wir in unserem äußeren Umkreis andauernd neue Begriffe lernen, lernen wir nichts anderes als begrenzen. Wir lernen Definitionen. Auch dieses Wort heißt Abgrenzung.

Das Phänomen der Reinkarnation beruht ebenfalls auf der Begrenzung, gleichzeitig auf der Ausgrenzung. Wir grenzen uns aus durch die Auswechslung der Begrenztheit, denn jede neue Rolle, die wir auf Erden wählen, weitet uns aus, bis wir alle Rollen gespielt haben. Immer wieder neue und andersartige Begrenzung grenzt mit der Zeit aus, wenn uns die ewige Wiederkehr des Gleichen bewußt wird.

Das unbegrenzte Denken läßt den Widerspruch gegen anderes fallen, läßt die Wahrheit von allem gelten, was gesagt und gedacht wird, es steht im Zeichen des COAGULA, steht über aller Unterscheidung. Wir wiederholen diesen Gedanken noch einmal in psychologischer Sprache: Das äußere Ich, das jeder Mensch hat, lebt einzig und allein durch die Abgrenzung, das innere Ich jedoch durch die Ausgrenzung, durch die Übereinstimmung mit »all dem, was ist«.

Das christusgemäße »Ich bin« ist das Bewußtsein im Empfinden und Erleben (das ist keine bloße Vorstellung!) des Im-Bunde-Seins-mit-allem. Dieses »Ich bin« ist die COAGULATIO. Die Einheit der Gegensätze ist Liebe, weil Widerstandslosigkeit. So gesehen ist das »Ich bin« das einzig mögliche Instrument für das Wehende. Das widerstandslose »Ich bin« ist das Durchwehte. Das Durchwehtsein nennen wir herkömmlich Begeisterung. Begeisterung aber ist »vom Geist erfaßt« sein. Das ist etwas anderes als geistreich sein. Der Unterschied ist analog jenem zwischen geisteswissenschaftlich und spirituell.

Die Weisheit des »Ich bin« bietet ein Denken an, das alles gelten läßt. Alles ist wahr, was Menschen denken und sagen und lehren. Wenden wir jetzt gleichzeitig die Kunst der Unterscheidung an, liegt der Unterschied in der Zuordnung auf die jeweiligen Bewußtseinsebenen. Berücksichtigen wir die verschiedenen Bewußtseinsebenen und Blickpunkte, die es gibt, so ist – relativ zu ihnen – alles wahr. Die von uns erreichbare Weisheit weist sich unter dem Titel »Identität und Differenz« aus. Es gilt die Einheit in allem zu sehen durch die Kunst der Unterscheidung, indem wir differenzieren, es gilt umgekehrt in der Differenz oder in der Diversität das Eine zu sehen.

Stellen wir uns die Frage, die sich gegen Ende unserer Betrachtungen aufdrängt: Bis zu welchem Ende treiben wir Lektüre? Die Antwort liegt im Umkreis der Beobachtung, die uns darauf aufmerksam macht, wie die Gedanken schließlich nur noch das Eine umkreisen; wir gelangen in den Zustand, endlos dasselbe zu denken und zu sagen und zu schreiben. Hier endet die Lektüre irgendwann.

XXII

Schluß

Denken wir an dies: Ein spiritueller Lehrer nimmt uns an der Hand, führt uns vor die besprochene Christus-Skulptur oder das Christus-Mosaik und sagt: »Das bist du.« Denken wir, er würde uns auf die Ununterschiedenheit hinführen. Wir wären wohl zutiefst überrascht. Würden wir dann nicht den wahren Sinn der Kommunion (zusammen eins sein) entdecken und damit auch die eigentliche Bedeutung des Abendmahles? Einer der großen Lehrsätze östlicher Philosophie (Vedanta) heißt »Das bist du«, was dem Gedanken und dem inneren Wissen gleichkommt: »Das Absolute ist mir dir wesensgleich.« Dabei wird allerdings vorausgesetzt, der Schüler habe sich hinreichend unterweisen lassen, dies zu erfassen. Der Schüler muß durch eigene Erfahrung sein eigenes Wesen weder durch Identifikation mit dem Körper noch mit seinen Emotionen und mit seinem Denken, sondern jenseits davon begriffen haben. Im Westen fehlt uns – außer im Bereiche der Esoterik – eine analoge Hinführung. Die westliche kirchliche Religiosität verlagerte alle sakramentale Einweihung in die Kindheit, Taufe, erste Kommunion, Firmung bei den Katholiken, Konfirmation bei den Reformierten, und kennt keine höhere Stufe der religiösen Offenbarung für die Erwachsenen. Der religiöse Schritt ins Erwachsensein müßte das Göttliche im Menschen aufdecken. Dies wird verweigert. Man bewahrt uns in der religiösen Unmündigkeit.

Denken wir, es gäbe diesen Lehrer, der uns dorthin führte, vor das Bild des Christus mit dem Buch, und er würde uns die Ununterschiedenheit offenbaren. Kämen wir dann nicht in die Lage, das Abendmahl (Kommunion) in seinem wahren Sinne zu verstehen? Der esoterisch-christliche Denker und Dichter Novalis sagte:

Des Abendmahles
göttliche Bedeutung
Ist den irdischen Sinnen Rätsel;
...
Wer kann sagen,
Daß er das Blut versteht?
Einst ist alles Leib,
Ein Leib ...

Jenseits aller theologischen Erklärungsversuche kann uns die Astrologie wiederum Verständnishilfe sein. Fleisch und Blut gehören zum äußeren Ich, das wir das marsische Ich genannt haben. Brot und Wein aber, als pflanzliche Produkte, die darüber hinaus noch das Werk einer Umwandlung sind – sie kommen so in der Natur nicht vor –, stehen für das innere Ich, das wir das solare Ich genannt haben, und welches Zugang hat zur Transzendenz. Durch diese Speisen, Brot und Wein, sind das Fleisch und das Blut des ewigen Lebens gegeben, denn sie sind das Fleisch und das Blut des solaren Menschen.

Nikolaus von Kues machte uns durch die Gestalt des Laien von Anfang an auf den Unterschied zwischen dem Lesen und dem Leben aufmerksam. Wie gelangen wir zum souveränen Leben des Erwachsenen, wenn dies in unserer religiösen Ausbildung nicht vorgesehen ist? Die Antwort lautet: durch Lesen. In prometheischer Entschlossenheit holen wir uns das Verweigerte selber und lesen uns durch bis zur Mündigkeit.

Wir fanden das Wort ANÁMNESIS in den Einsetzungsworten des Abendmahles. Die Kommunion, die Vereinigung, befreit uns von der Besinnungs- und Bewußtlosigkeit, in die wir gerieten. Zur Bewußtseinslosigkeit, der wir in der Zweiheit verfielen, gehört die Meinung, Gott gebe sich uns zur Speise. Aus der Nicht-Zweiheit gedacht (ADVAITA), essen wir uns selbst, denn wir sind mit allem eins. Eine besondere Art des Essens und Trinkens, eine heilbringende, eine feierliche, herausgehoben aus dem alltäglichen Verzehr, ist das Abendmahl, ein PHÁRMAKON ATHANASÍAS, um uns am Abend oder am Ende, wenn die Zeit abgelaufen ist, dem Tode nicht auszuliefern, uns vielmehr hinüberzuretten ins ewige Leben. Alles Forschen endet in dem »Ich bin«. Jeder Mensch ist in seinem Bewußtsein Zentrum der Welt, er ist der jeweilige und einmalige Blick auf das Ganze, unwiederholbar durch andere.

Da wir am Ende unserer Betrachtungen die Dornröschensymbolik als Bild benützten, achten wir auch gleich auf das eigentliche Ziel der Märchen, nämlich die Gegensatzvereinigung, die Aufhebung aller Unterschiede, die Versöhnung, die Vereinigung, die Souveränität. Die Zauber- und Königsmärchen enden mit der Hochzeit. Sie enden mit dem Höhepunkt. Die bürgerliche Hochzeit setzt uns für einen Tag im Leben in das Zentrum der menschlichen Gemeinschaft, damit die Ermutigung, Zentrum zu sein, das Privileg des »Ich bin«, auch nach außen dargestellt und gelebt werden kann. Daraufhin aber soll jeder von uns das Wagnis auf sich nehmen, täglich undemonstrativ Zentrum der Welt zu sein und in seinem Reich, das nicht

Folgende Doppelseite:
Betonplastik am neuen Staatsarchivgebäude des Kantons Zürich.
Die im Sturm verwehte Bibliothek. Achten wir auf die Künstler:
Sie empfinden die Zeichen der Zeit und setzen ein Signal.
Foto Christine Seiler, Zürich.

von dieser Welt ist, zu thronen. Thronend nur wird unsere Sonnen- und Goldnatur (Alchemie), die Verfügungskraft über das eigene Ich, zur Erfahrung und zum Erlebnis.

Die irdische Verheiratung von Mann und Frau dient der Vollständigkeit und der Ganzheit des Menschen. Gleichzeitig ist sie aber Sinnbild für eine noch höhere Hochzeit, für die Vereinigung des wirklich erwachsen gewordenen Menschen mit seinem höheren Ich oder Selbst. Das »Ich bin« bezieht sich nie auf unser vergängliches äußeres Ich. Im Bewußtsein des »Ich bin« feiern wir täglich unsichtbar für andere und verschwiegenerweise Hochzeit.

Das »Ich bin« bedarf nicht der Vorstellungen, es lebt aus dem Empfinden, es hält sich letztlich nicht an Bilder. Somit ist es vorbereitet, sich an sich selbst zu halten, was das einzige Rettende ist, wenn die gewohnte Bilderwelt sich rasch ändern sollte. Um uns herum erleben wir Menschen, die sich unbewußterweise durch tödliche Krankheiten aus dem Leben eliminieren, weil sie durch ihr äußeres Ich, das sich zu sehr in das Dickicht der dinglichen Welt verlor, an der Entdeckung des eigenen Palastes gehindert werden. Und vielleicht zerstört der Mensch unwissentlich die Erde aus demselben Grunde, weil er zu sehr an ihr festhält und deshalb zu dem Reich, das nicht von dieser Welt ist, nicht hingelangt.

Das Abenteuer des Lesens zielt auf Enträtselung. Die Lösung unserer Rätsel liegt aber nicht dort, wo wir sie suchen. Für viele Menschen liegt sie an einem völlig anderen Ort. Der Leser kann in eine Aufmerksamkeit eintreten, durch welche die Sprache ihn selber zu führen beginnt. Das ist dann das Wunder des Lesens. Das Heilsame und Wunderbare des Lesens verdankt der Sprache alles, weil diese nicht nur menschlicher Ausdruck ist, sondern zugleich und zutiefst Zuspruch aus unserem höheren Selbst.

ANHANG

Lesebuch

Texte zitierter Autoren

1

Nikolaus von Kues: »Der Laie und die Weisheit« (1. Buch, geschrieben 1450). Aus Nikolaus von Kues: »Die Kunst der Vermutung«, Auswahl aus den Schriften, Bremen 1957, S. 235–251.

Auf dem Forum Romanum begegnete ein schlichter und ungelehrter Mensch einem wohlhabenden Lehrer der Redekunst und sprach ihn freundlich an.

LAIE: Deine Unnahbarkeit verwundert mich. Du hast dich geplagt mit dem Lesen unzähliger Bücher und bist doch noch nicht zur Bescheidung gelangt. Die Wissenschaft dieser Welt, in der du alle zu überragen meinst, ist vor Gott doch nur eine Torheit, die den Menschen bläht. Die wahre Wissenschaft aber macht bescheiden. Ich wünschte, daß du dich ihr widmetest, denn sie ist ein Schatz der Freude.

REDNER: Was maßest du dir an, du armer ungebildeter und unwissender Mensch, daß du das Studium der Wissenschaften so herabsetzt, ohne das doch kein Fortschritt möglich ist?

LAIE: Es ist keine Anmaßung, sondern Nächstenliebe, was mir gebot, nicht zu schweigen. Ich sehe, wie du ganz aufgehst in dem Suchen nach Weisheit und wie du viel vergebliche Mühe daran wendest. Davor will ich dich bewahren, wenn ich es kann, indem ich dich auf deinen Irrtum stoße; du wirst dich freuen, diesen alten Fesseln zu entfliehen. Die Lehrmeinung überlieferter Autorität hat dich an der Leine, so wie ein Pferd, das von Natur frei ist, an die Futterkrippe gebunden, nur das frißt, was ihm vorgesetzt wird. Dein Geist nährt sich von den geltenden Autoritäten, einer ihm fremden, nicht naturgemäßen Nahrung.

REDNER: Wo soll denn die Nahrung der Weisheit sonst zu finden sein, wenn nicht in den Werken der Weisen?

LAIE: Ich sage ja nicht, daß sie dort gar nicht sei, sondern nur, daß das nicht ihr naturgemäßer Fundort sei. Jene, die zuallererst über die Weisheit etwas schreiben wollten, fanden doch auch nicht in Büchern – die es eben noch nicht gab – die entsprechend förderliche Nahrung, sondern kamen durch eine ihrer Natur gemäße Kost zur Reife. Und sie überragen alle anderen, die aus Büchern weiterzukommen glauben, bei weitem an Weisheit.

REDNER: Sicher kann man auch ohne das Studium der Wissenschaften einiges wissen; aber nicht über die schwierigen und wesentlichen Fragen, denn bei diesen kommt man nur Schritt für Schritt voran.

LAIE: Eben das meinte ich, wenn ich sagte, du ließest dich von Autorität führen und verführen. Irgend jemand schrieb etwas nieder, und du glaubst ihm. Ich aber sage dir: die Weisheit schreit draußen auf den Gassen. Sie verkündet, daß ihre Wohnung in der höchsten Höhe sei.

REDNER: Du bist zwar ein ungebildeter Mensch, und doch glaubst du, wie ich höre, wissend zu sein.

LAIE: Darin unterscheiden wir uns vielleicht gerade: du hälst dich für wissend, obwohl du es nicht bist, während ich wohl einsehe, wie unwissend ich bin, und mich daher bescheide. Und eben darin bin ich der Wissendere von uns beiden.

REDNER: Wie kannst du denn zum Wissen um deine Unwissenheit gekommen sein, da du doch so ungebildet bist?

LAIE: Nicht aus deinen Büchern, sonder aus denen Gottes.

REDNER: Und welche sind das?

LAIE: Die er mit eigener Hand geschrieben hat.

REDNER: Und wo findet man sie?

LAIE: Allerwegen.

REDNER: Dann also auch hier auf dem Forum?

LAIE: Sagte ich nicht, die Weisheit schreie auf den Gassen?

REDNER: Ich wünschte, sie zu hören.

LAIE: Wenn deine Bereitschaft frei von bloßer Neugierde des Forschens wäre, könnte ich dir Bedeutendes mitteilen.

REDNER: Kannst du das nicht schnell erledigen, damit ich merke, worauf du hinauswillst? Ja? Dann laß uns in die nächstgelegene Baderstube gehen; wir können dort im Sitzen mit mehr Ruhe uns unterhalten.

Der Vorschlag gefiel. Sie traten ein und nahmen mit dem Blick auf das Forum Platz.

LAIE: Ich sagte dir, die Weisheit schreie auf den Gassen und verkünde, ihre Wohnung sei in der höchsten Höhe. Ich will versuchen, dir das auszulegen. Sage mir zuvor: was siehst du hier auf dem Forum? Was geht hier vor?

REDNER: Ich sehe, wie Geld gezählt, Ware abgewogen, Öl abgemessen wird, und ähnliches.

LAIE: All das sind Leistungen jener Vernunft, durch die sich der Mensch über das Tier erhebt. Zählen, wiegen, messen kann kein Tier. Achte nun aber auf das, was diesen Leistungen zugrunde liegt und worin sie bestehen. Was sagst du?

REDNER: Es ist das Unterscheiden.

LAIE: Richtig. Wodurch aber unterscheidet man? Zählt man nicht durch die Eins?

REDNER: Inwiefern?

LAIE: Ist nicht eins einmal die Eins, zwei zweimal die Eins, drei dreimal die Eins, und so weiter?

REDNER: So ist es.

LAIE: Durch die Eins also vollzieht sich alles Zählen?

REDNER: Es scheint so.

LAIE: Und so, wie die Eins das Prinzip der Zahl, ist die kleinste Gewichtseinheit das Prinzip des Wiegens, die kleinste Maßeinheit das Prinzip des Messens. Die Gewichtseinheit sei die Unze, die Maßeinheit das Petit. Wird dann nicht durch die Unze alles gewogen und durch das Petit alles gemessen, so wie durch die Eins alles gezählt wurde? Von der Eins stammt die Zahl, von der Unze das Gesicht, vom Petit das Maß. Ja, schon in der Eins ist die Zahl enthalten, in der Unze das Gewicht, im Petit das Maß. Oder nicht?

REDNER: Doch, es ist so.

LAIE: Wie kommt man nun aber zu diesen Einheiten?

REDNER: Ich weiß es nicht. Ich weiß nur, daß man an die Einheit nicht durch die Zahl herankommt, weil ja die Zahl erst von der Eins ausgeht, und so auch bei den anderen Einheiten.

LAIE: Ausgezeichnet. Das Einfache geht dem Zusammengesetzten notwendig voraus, und dieses erfolgt also erst auf jenes. Folglich kann man mit dem Zusammengesetzten nicht das Einfache messen, sondern umgekehrt. Daraus ergibt sich, daß das, was allem Zählen zugrunde liegt und worin es besteht, durch die Zahl selbst nicht erreicht werden kann. Ebenso mit dem Prinzip des Wiegens und dem des Messens.

REDNER: Das ist mir klar.

LAIE: Diese Verkündung der Weisheit auf den Gassen übertrage nun auf das Niveau jener höchsten Höhe, in der die Weisheit zu Hause ist. Du wirst dann viel Beglückenderes als in all deinen prunkvollen Büchern finden.

REDNER: Du mußt schon deutlicher auseinandersetzen, worauf du hinauswillst, wenn ich dich verstehen soll.

LAIE: Wenn du das nicht aus aufrichtigem Antrieb sagst, kann ich dir nicht weiter dienlich sein. Die Geheimnisse der Weisheit sollten nicht allen beliebig preisgegeben werden.

REDNER: Ich bin sehr begierig geworden, dir zuzuhören. Schon das wenige bisher hat mich entflammt; es kündigt sich darin Bedeutendes an. Ich bitte dich also: setze das Begonnene fort.

LAIE: Ich bin mir nicht sicher, ob ich recht daran tue, derartige Geheimnisse zu entblößen und leichthin solche Abgründe aufzutun. Trotzdem kann ich es nicht für mich behalten, wenn ich dir damit dienlich sein kann. Sieh, Bruder, die höchste Weisheit ist dies: zu wissen, wie in den eben besprochenen Gleichnissen das Unberührbare, ohne daran zu rühren, berührt werden kann.

REDNER: Was du sagst, klingt wunderlich und ungereimt.

LAIE: Das ist ja gerade der Grund, weshalb das Geheimnis

nicht jedermann mitgeteilt werden sollte: es erscheint ungereimt, wenn es verbreitet wird. Du nimmst daran Anstoß, daß ich etwas in sich Widerspruchsvolles gesagt habe. Du sollst die Wahrheit hören und kosten! Nun sage ich, daß das, was ich eben über die Eins, die Unze und das Petit erörtert habe, auch für alles andere Seiende hinsichtlich seines letzten Grundes gilt. Denn jener letzte Grund von allem, durch den und in dem und aus dem alles Begründbare begründet ist, kann durch nichts von ihm Begründetes selbst erreicht werden. Zwar wird durch ihn, in ihm und aus ihm alles nur Erkennbare erkannt; er selbst aber ist jeder Erkenntnis unzugänglich. Ebenso wird durch ihn und in ihm und aus ihm alles nur Sagbare gesagt; er selbst aber entzieht sich jeder Aussage. Durch ihn und in ihm und aus ihm hat alles Bestimmbare seine Bestimmung, alles Endliche seine Grenze; er selbst jedoch ist durch keine Bestimmung bestimmbar und durch keine Grenze begrenzbar. Unzählige ähnliche, ganz und gar wahre Formulierungen könnte man finden und alle Werke der Rhetorik damit anfüllen, und dazu wieder zahllose andere hinzufügen. Daraus magst du ersehen, in welcher Höhe die Weisheit wohnt. Die höchste Höhe ist die, wo es nichts mehr darüber gibt. Nur die Unendlichkeit ist diese Höhe.

Die Weisheit, die alle Menschen kraft ihres Wesens begehren und aus innerstem Antrieb suchen, wird nur in dem Wissen gefunden, daß sie höher ist als alles Wissen und für das Wissen unerreichbar und für jede Sprache unaussprechlich, für jede Einsicht uneinsichtig und für jedes Maß unermeßlich, für jede Grenze unabgrenzbar und für jede Bestimmung unbestimmbar, für jedes Verhältnis unverhältnismäßig und für jeden Vergleich unvergleichlich, für jede Darstellung undarstellbar und für jede Formung unförmig; durch keine Bewegung zu bewegen, für keine Vorstellungskraft vorstellbar, für keine Empfindung empfindbar, für keine Anziehung anziehbar; für keinen Geschmack zu schmecken und für kein Gehör zu hören und für kein Auge zu sehen und für kein Begreifen begreiflich. Die Weisheit kann weder bejahend noch verneinend beurteilt werden, sie entzieht sich jedem Zweifel und jeder Lehrmeinung. Weil keine Beredsamkeit sie zum Ausdruck bringen kann, gibt es kein Ende dieser Formulierungsversuche. In allem Denken bleibt das undenkbar, wodurch, worin und woraus alles ist.

REDNER: Dies geht freilich weit über das hinaus, was ich von dir zu hören erwartete. Laß, bitte, nicht nach, mich dahin zu führen, wo ich mit dir ein wenig von solchen höchsten Betrachtungen aufs süßeste verkosten kann. Ich sehe ja, daß du gar nicht genug bekommen kannst, über diese Weisheit zu sprechen. Nur der höchste Genuß bewirkt dies, wie ich glaube; würdest du nicht schon innerlich ihn spüren, wäre das Thema für dich nicht so anziehend.

LAIE: Die Weisheit ist ein unvergleichlicher Genuß des Geistes. Nicht die sind weise, die nur kritisch urteilen wollen und bloß im Wort, nicht aber im Genuß darüber sprechen. Nur diejenigen sprechen aus ihrem Genuß über die Weisheit, die durch sie alles derart wissen, daß sie nichts von allem wissen. Alles innere Genießen geschieht durch die Weisheit, in ihr und aus ihr. Sie selbst jedoch, die in der höchsten Höhe wohnt, ist in keinem Genuß zu genießen. Im Nichtgenießen wird sie genossen, da sie über alles Genießen, Empfinden, Denken und Einsehen hinausragt. Wie der Duft gleichsam ein Vorgeschmack von etwas dem Schmecken Unerreichbaren sein kann, so ist dieses von ferne nichtgenießende Genießen zu verstehen. Und so wie der Duft, aus dem Duftstoffe vervielfältigt und von einem Träger aufgenommen, uns anzieht, so daß wir ihm zueilen – zum Beispiel: durch den Duft eines mit Salböl Gesalbten zu dem Salböl selbst –, so ist es auch mit der ewigen und unendlichen Weisheit. Sie strahlt an allem wider und zieht uns an durch einen Vorgeschmack in ihren Wirkungen, so daß wir uns wundersam nach ihr selbst sehnen. Sie ist das eigentliche Leben des erkennenden Geistes, der in sich einen ihm eingewurzelten Vorgeschmack trägt, kraft dessen er mit solcher Anstrengung nach der Quelle seines Lebens forscht; ohne diesen Vorgeschmack würde er nicht danach suchen und das Gefundene nicht erkennen. Deshalb also drängt der Geist nach der Weisheit, weil sie sein eigentliches Leben ist. Und obwohl sie unzulänglich bleibt, ist es doch genußvoll für den Geist, zum Ursprung seines Lebens unermüdlich hinzustreben. Denn zum Leben selbst emporzusteigen, bedeutet, immer glücklicher zu leben.

Und wenn der Geist, auf der Suche nach seinem eigentlichen Leben, so weit gekommen ist, daß er die Weisheit als das unendliche Leben gewahrt, dann wird er immer stärker mit Freude erfüllt, je mehr er von seinem unsterblichen Leben erkennt. Schließlich ist die Unzugänglichkeit und Unbegreiflichkeit seines unendlichen Lebens ihm das allerliebste Begreifen. So wie, wenn man einen großen Schatz besäße und darauf käme, daß dieser Schatz unzählbar, unwägbar und unermeßlich sei, dieses Wissen um die Unfaßbarkeit das willkommenste und schönste wäre, was man erfassen könnte, wenn es sich auch nicht auf den Erfassenden selbst, sondern auf das Erfaßte, diesen so überaus geliebten Schatz, bezöge. Wenn man etwas um seiner selbst willen liebt, dann wird man sich freuen, in ihm unendliche und unaussprechliche Rechtfertigungen seiner Liebe zu entdecken. Und das freudigste Erfassen des Liebenden ist es, wenn er die Liebenswürdigkeit des Geliebten in ihrer Unfaßbarkeit erfaßt. Wäre das Geliebte für den Liebenden erfaßt, wäre seine Freude nicht so groß, als wenn er dessen inne wird, daß die Liebenswürdigkeit des Geliebten unermeßlich, ohne Grenzen und ganz und gar unbegreiflich ist. Das ist die an Freuden so überreiche Begreiflichkeit der Unbegreiflichkeit.

REDNER: Urteile nun, ob ich verstehe, worauf du hinauswillst! Unser Ursprung, durch den und in dem und aus dem wir sind und uns bewegen, wird von uns als Ausgang, Mitte und Ziel erfahren, wenn wir die Süßigkeit seines Lebens im Innersten ungenießend genießen und mit der Einsicht unbegreifend begreifen. Will aber einer darüber hinaus diesen Ursprung genießend genießen und begreifend begreifen, so geht er in Genuß und Einsicht leer aus.

LAIE: Das hast du wirklich erfaßt. Wer nur das für Weisheit hält, was in der Einsicht erfaßbar wird, und nur das für Glück, was auf Erreichen und Besitzen beruht, der ist von der wahren, ewigen und unendlichen Weisheit weit entfernt; der ist vielmehr auf eine endliche und vergängliche Beruhigung gerichtet, in der er eine Lebensfreude vermeint, die dort nicht zu finden ist. Die Enttäuschung ist schmerzlich, wenn man dort, wo man mit aller Anstrengung sein Glück erlangen zu können glaubte, nur Trübsal und Tod findet.

Die unendliche Weisheit ist eine Nahrung des Lebens, die nicht ausgeht; von ihr lebt unser Geist, der nur die Weisheit und die Wahrheit zu lieben vermag, sein ewiges Leben. Jedes geistesbegabte Wesen ist auf das Sein gerichtet, und sein Sein ist Leben, sein Leben ist Einsicht, und Einsicht bedeutet: sich nähren an Weisheit und Wahrheit. Daher ist ein geistbegabtes Wesen, das sich nicht an der reinen Weisheit gütlich tut, wie ein Auge in der Finsternis, das zwar Auge bleibt, aber nichts sieht, weil es des Lichtes entbehrt; und wenn es dieses beglückende Leben, das im Sehen besteht, nicht hat, dann leidet es Trübsal und Qual und ist dem Tode näher als dem Leben. So ist auch das Geistwesen, wenn es jede andere Nahrung der ewigen Weisheit vorzieht, fern vom Leben in die Finsternis der Unwissenheit eingehüllt und eher tot als lebendig. Und das ist grenzenlose Qual: wesenhaft zur Erkenntnis bestimmt zu sein und doch niemals Erkenntnis zu erlangen. Denn nur in der ewigen Weisheit gelangt das Geistwesen zur Erkenntnis.

REDNER: Was du da sagst, ist schön und denkwürdig. Nun sage mir aber: wie könnte ich dazu kommen, von der ewigen Weisheit etwas zu kosten?

LAIE: Die ewige Weisheit wird gekostet in allem Kostbaren. In allem, was erfreut, ist sie die Freude; in allem Schönen die Schönheit, in allem Anziehenden die Anziehung, und so weiter mit allem, was Begehren erwecken kann. Ist es also überhaupt möglich, sie nicht zu kosten? Oder liebst du etwa das Leben nicht, wenn dir alles nach Wunsch geht?

REDNER: Über alles.

LAIE: Nun besteht aber jenes Begehren nur durch die ewige Weisheit, ist aus ihr und in ihr, und jenes glückliche Leben, das du dir wünschst, kommt ebenso von der ewigen Weisheit allein, ist in ihr und unmöglich ohne sie. Also geht jedes Begehren nach geistigem Leben nur auf die ewige Weisheit selbst. Sie ist die genaue Entsprechung deines Begehrens, sein Ausgang, seine Mitte und sein Ziel. Erfüllt von der Sehnsucht nach einem unsterblichen Leben in ewigem Glück, empfindest du in dir schon den Vorgeschmack der ewigen Weisheit selbst. Denn nichts, was wir ganz und gar nicht kennen, vermag unser Begehren zu wecken. Gewisse indische Früchte lassen uns gleichgültig, weil wir noch nicht einmal eine Ahnung von ihrem Geschmack haben. Andererseits trachten wir nach Nahrung, weil wir ohne sie nicht leben können; und deshalb haben wir auch einen gewissen Vorgeschmack von dieser Nahrung, damit wir als Leibwesen am Leben bleiben. Das Kind hat von Natur einen gewissen Vorgeschmack der Milch, so daß es, wenn es Hunger hat, zur Milch hindrängt. Wir nähren uns von dem, woraus wir bestehen. Und folglich, da der Geist sein Leben aus der ewigen Weisheit hat, besitzt er auch einen Vorgeschmack von ihr. Und immer, wenn er Nahrung aufnimmt, die ihm zum Leben nötig ist, drängt er zu der Nahrung, aus der auch sein geistiges Sein entstammt.

Wenn du nun bei allem geistigen Begehren darauf achtest, woher der Geist seinen Ausgang nimmt, wodurch und wohin er gedrängt wird, dann verspürst du in dir, daß es die Erfreulichkeit der ewigen Weisheit selbst ist, was dir dein Begehren so erfreulich macht. So drängt ein unbeschreiblicher innerer Antrieb dazu, die Weisheit als die Quelle der Unvergänglichkeit deines Lebens zu umfassen. Ähnlich ist es mit dem Eisen und dem Magneten. Im Magnetstein liegt irgendwie der Ursprung, aus dem das Eisen seine Herkunft hat; wenn nun der Magnet durch seine Anwesenheit das schwergewichtige Eisen erregt, wird dieses durch ein wunderliches Begehren in Bewegung gesetzt und, entgegen seiner nach unten drängenden natürlichen Schwere, aufwärts gehoben, um sich mit jenem Ursprung zu vereinen. Wäre im Eisen nicht irgendein Vorgeschmack des Magneten von Natur angelegt, dann würde es zum Magnetstein nicht stärker als zu irgendeinem anderen Stein hingezogen. Und wäre im Magnetstein nicht eine stärkere Hinneigung zum Eisen als zum Kupfer, dann fände jene Anziehung nicht statt. Nun hat unser Geist den Ursprung seines geistigen Seins in der ewigen Weisheit, so daß dieses Sein der Weisheit näher steht als irgendein anderes, ungeistiges. Und daher ist die Einstrahlung und Einsenkung der Weisheit in eine dessen würdige Seele nichts anderes als sehnsüchtig erregtes Drängen.

Wer in geistigem Drang die Weisheit erstrebt, fühlt sich innerlich berührt und in Selbstvergessenheit hingerissen zu jenem freudevollen Vorgenuß, so daß es ihm in seinem Leibe ist, als wäre er nicht mehr in ihm. Die Sinnenwelt hat keine Macht mehr, ihn an der Vereinigung mit der ihn an sich ziehenden Weisheit zu hindern. Das läßt die Seele unsinnig werden vor lauter Entzücken, so daß ihr alles andere zu nichts wird. Wer das erfährt, vermag mit Freude diese Welt und dieses Leben fahrenzulassen, um unbehinderter zur Weisheit der Unsterblichkeit zu gelangen. Dieser Vorgenuß macht den Heiligen jede Sinnenfreude verächtlich und läßt sie alle körperlichen Qualen mit Gleichmut ertragen, wenn sie dadurch schneller jene Weisheit erlangen. Das zeigt uns, daß unser Geist, sofern er auf die Weisheit gerichtet ist, nie vergehen kann. Denn wenn unser Leib mit allen sinnlichen Banden unseren Geist nicht davon abzuhalten vermag, daß er seine Funktion für den Leib im Stich läßt und sich voller Begierde der Weisheit entgegenwirft, dann kann er im Vergehen des Leibes unmöglich mitvergehen.

Von Natur ist in unserem Geiste die Verähnlichung mit der

Weisheit angelegt, und er kommt nur in ihr zur Ruhe; so ist er gleichsam ihr lebendiges Abbild. Ein Abbild erfüllt sich nur in dem, dessen Abbild es ist und von dem es seinen Ausgang, seine Mitte und seine Bestimmung empfängt. Ein Abbild, das dazu noch lebendig ist, nimmt durch sein Leben Richtung auf das Urbild, in dem allein es sich erfüllt. Das Leben eines Abbildes erfüllt sich nicht in sich selbst, da es in der Lebenswahrheit beruht und nicht selbstgenugsam ist. Deshalb drängt es zum Urbild, in dem die Wahrheit seines Seins liegt. Wenn nun das Urbild ewig ist und das Abbild ein Leben hat, in welchem es einen Vorgeschmack seines Urbildes besitzt, dann drängt es sehnsuchtsvoll zu jenem hin; und wenn jener Lebensdrang nur im unendlichen Leben zur Ruhe kommt, welches mit der ewigen Weisheit identisch ist, dann kann jene geistige Bewegung überhaupt nicht aufhören, da sie doch das unendliche Leben in seiner Unendlichkeit niemals erreicht. So ist der Geist immer von freudiger Sehnsucht gedrängt, das zu erreichen, was ihm doch nie dadurch verleidet werden kann, daß er es in seiner Freudenfülle erreicht. Denn die Weisheit ist eine so wohlschmeckende Speise, daß ihr Genuß das Begehren nach ihrem Genuß nicht vermindert. So läßt die Freude daran auch bei ewiger Speisung nicht nach.

REDNER: Das hast du nach meiner Meinung vorzüglich dargelegt. Doch scheint mir ein gewaltiger Unterschied zu bestehen zwischen dem Genuß der Weisheit selbst und dem, was man über diesen Genuß sagen kann.

LAIE: Ich freue mich, daß du darauf kommst. Alles bloße Wissen über den Genuß einer Sache, die man noch nicht genossen hat, ist so lange leer und fruchtlos, bis man den Genuß wirklich erlangt hat. So ist es auch mit der Weisheit, die man nicht durch bloßes Hören darüber genießt, sondern nur, wenn man sie zuinnerst erfährt. Dann erst gibt man Zeugnis von etwas, was man nicht nur gehört, sondern in sich selbst als Erfahrung genossen hat. Die vielen Darstellungen der Liebe, die die Heiligen uns hinterlassen haben, zu kennen, ohne die Erfahrung der Liebe gemacht zu haben, ist sinnlos. Deshalb genügt es auch für den Weisheitssucher nicht, das zu kennen, was über die Weisheit in den Büchern steht. Vielmehr muß er, wenn er erkannt hat, wo sie zu finden ist, sie sich zu eigen machen; so wie einer, der einen Acker kennt, in dem ein großer Schatz ruht, sich des Schatzes nicht freuen kann, solange der Acker nicht in seinem Besitz ist, und deshalb alles verkauft und den Acker erwirbt, um mit ihm auch den Schatz zu besitzen. So muß man alles Eigentum verkaufen und preisgeben, denn die ewige Weisheit will sich nur von dem besitzen lassen, der ihretwegen alles Eigentum fahrenläßt. Aus uns selbst besitzen wir ja nur das Böse, von der ewigen Weisheit aber das Gute. Deshalb wohnt der Geist der Weisheit nicht in einem den Sünden hingegebenen Leibe noch in einer bösgesinnten Seele, sondern in einem reinen Grund und Abbild als seinem heiligen Tempel. Wo die ewige Weisheit wohnt, da ist göttlicher Grund, der unvergängliche Frucht trägt, das Feld der Tugenden, von der Weisheit bebaut, aus dem die Früchte des Geistes sprießen, als da sind: Gerechtigkeit, Frieden, Kraft, Mäßigung, Beherrschung, Geduld und so weiter.

REDNER: Ausführlich genug hast du das dargelegt. Nun sage mir aber: ist denn nicht Gott der Ursprung von allem?

LAIE: Wer könnte vor der Antwort zögern?

REDNER: Ist aber nicht die ewige Weisheit etwas anderes als Gott?

LAIE: Aber nein, sie ist Gott.

REDNER: Hat nicht aber Gott alles durch sein Wort geschaffen?

LAIE: Gewiß doch.

REDNER: Und ist nicht das Wort Gott?

LAIE: Ja, so ist es.

REDNER: Und er ist auch die Weisheit?

LAIE: Es ist ein und dasselbe, zu sagen: Gott hat alles in der Weisheit erschaffen, und: Gott hat alles durch das Wort geschaffen. Beachte aber, daß alles, was da ist, da sein konnte und so sein konnte, wie es ist. Gott verleiht die Wirklichkeit des Seins, und also ist bei ihm auch die Möglichkeit des Seins, die Macht, die die Dinge aus dem Nichtsein zum Sein hervorbringt. Es ist Gott der Vater, der Sein oder Einheit genannt werden kann, weil er aus seiner Allmacht zum Sein nötigt, was nichts war. Gott gibt auch das Sosein, auf daß etwas eben dieses sei, zum Beispiel Himmel, und nicht etwas anderes, weder mehr noch weniger; und dies ist Gott als das Wort, die Weisheit oder der Sohn des Vaters, die Gleichheit der Einheit oder des Seins. Und dann sind Dasein und Sosein zum Seienden vereint; auch das kommt von Gott, der die Verbindung selbst ist, da er alles verbindet – das ist Gott als Heiliger Geist, denn in uns und in der Welt ist es der Geist, der alles eint und verknüpft. Und wie nichts die Einheit erzeugt, die doch der unbegründete Urgrund ist, so erzeugt nichts den Vater in seiner Ewigkeit. Die Gleichheit aber geht von der Einheit aus, der Sohn also vom Vater. Die Verbindung geht von dem aus, was sie verbindet: der Einheit und der Gleichheit; so geht der Heilige Geist vom Vater und vom Sohn aus. Folglich bedarf jedes Seiende zu seinem Dasein und Sosein, worin es besteht, eines dreieinigen Prinzips, nämlich des dreifaltigen und einen Gottes. Darüber könnte man lange reden, wenn die Zeit es zuließe.

Die Weisheit ist also die Gleichheit des Seins und damit das Wort oder der Begriff des Seienden. Sie ist wie eine unendliche geistige Wesensform; ist es doch die Form, die dem Seienden sein bestimmtes Sein verleiht, und die unendliche Form ist dann die Wirklichkeit aller möglichen Wesensformen, das also, worin sie sich alle aufs genaueste gleichen. Wie der unendliche Kreis, wenn es ihn gäbe, das wahre Urbild aller möglichen Figuren und die Seinsgleichheit jeder beliebigen Figur wäre, da er doch Dreieck, Sechseck, Zehneck und so weiter wäre, und von allen das angenähertste Maß, die einfachste Figur; so ist die unendliche Weisheit das Einfache, das alle Formen in sich schließt, und das angenähertste Maß aller. Solcherart ist in der vollkommensten Idee der Kunst des Allmächtigen alles, was überhaupt durch Kunst gestaltet werden kann, in seiner einfachsten Gestalt beschlossen, und zwar als diese Kunst selbst. Nimmst du etwa die menschliche Wesensform, so findest du in der Wesensform der göttlichen Kunst ihr genauestes Urbild, als wäre sie ganz ausschließlich das Urbild dieser menschlichen Wesensform. Nicht anders ist es, wenn du die Wesensform des Himmels betrachtest und dich von da wieder auf das Wesen der göttlichen Kunst hinwendest –: du vermagst in ihr nichts anderes zu begreifen als das Urbild jener Wesensform des Himmels. Und so ist es bei allen wirklichen und möglichen Wesensformen: die Kunst oder Weisheit des Gottvaters ist ihre einfachste Form und doch zugleich das genaueste und einzige Urbild der unendlich vielen denkbaren Wesensformen bei all ihrer Verschiedenheit.

Wie staunenswürdig ist diese Wesensform, deren einfachste Unendlichkeit alle je möglichen Wesen nicht erschöpfend verwirklichen können! Nur wer sich mit höchster Einsicht über alle Gegensätzlichkeit hinaushebt, erschaut diese letzte Wahrheit. Wenn man die Kraft betrachten wollte, die der Einheit wesentlich innewohnt, dann würde man sie nur gewahren, wenn man die Einheit in ihrem Wirkendsein begriffe, und zwar als eine Wesensform, die nur der Einsicht entfernt sichtbar wird. Und weil die Kraft der Einheit absolut einfach ist, wäre sie zugleich eine einfachste Unendlichkeit. Wendet man sich von hier der Wesensform der Zahlen zu, zum Beispiel der Zwei oder der Zehn, und kehrt dann zur wirkenden Kraft der Einheit zurück, so gewahrt man in jener Wesensform, die als wirkende Kraft der Einheit aufgefaßt wird, das genaueste Urbild der Zwei und der Zehn und jeder anderen beliebigen Zahl. Denn gerade dies ergibt sich aus der Unendlichkeit jener wesenhaften Kraft der Einheit, daß sie, zum Beispiel für die Zwei, nicht größer und nicht kleiner ist als es eben der Zwei wesenhaft zukommt, so daß sie deren genauestes Urbild ist.

So also ist die einzige und absolut einfache Weisheit Gottes in ihrer Unendlichkeit das wahre Urbild aller nur möglichen Wesensformen; und das ist die Art, wie sie alles berührt, alles bestimmt, alles ordnet. Sie ist in allen Wesen wie die Wirklichkeit im Bild, das Vorbild in dem ihm Nachgemachten, der Entwurf in der Gestaltung, die Genauigkeit in der Angleichung.

So freigebig sie sich auch allen aus ihrer unendlichen Güte mitteilt, wird sie doch von keinem so erfaßt, wie sie an sich ist, vielmehr in einem jeden anders. Gerade weil sie in jedem je anders aufgefaßt wird, wird sie so gut es nur geht aufgefaßt, da die unüberbietbare Unendlichkeit nur im vielfältigen Auffassen recht entfaltet werden kann. Je größer die Vielfalt, um so besser kommt das selbst nicht zu Vervielfältigende zum Ausdruck.

So erwirkt die in den verschiedenen Wesensformen immer wieder anders aufgefaßte Weisheit, daß ein jedes Wesen, das überhaupt zu einem Selbstsein gerufen worden ist, auf seine Weise an der Weisheit teilhaben kann. Manches hat nur in einem von der höchsten Wesensform sehr entfernten, nur ein elementares Sein belassenden Sinne an ihr teil; anderes im Sinne höherer Formung als mineralisches Sein; wieder anderes in noch höherem Grade als pflanzliches Leben; dann im Sinne des empfindenden, weiter des einbildungsfähigen, schließlich des vernünftigen und letztlich des einsichtigen Lebens. Das ist der höchste Grad der Teilhabe, das der Weisheit zunächst kommende Bild.

Und das ist auch einzig die Stufe, von der aus man sich zum Genuß der Weisheit erheben kann. In den mit Einsicht begabten Wesen ist das Bild der Weisheit als lebendiges geistiges Leben. Die Kraft dieses Lebens erweist sich darin, daß sie aus sich eine Bewegung des Lebens erzeugt, die durch die Einsicht bis zu ihrem eigentlichen Gegenstande vordringt, der absoluten Wahrheit, die ewige Weisheit ist. Dieses Vordringen ist Einsicht, und der daraus erwachsende Genuß daher geistig. Durch Einsicht zu begreifen, bedeutet nämlich, das Wesenhafte aufs genußreichste und, so weit es nur möglich ist, zu berühren. Wie im Genuß der

Sinne, der nicht zum Wesenhaften der Dinge vordringt, nur die annehmliche Süße, die dem Wesenhaften ganz äußerlich ist, empfunden wird, so wird in der Einsicht die geistige Süße im Wesenhaften selbst genossen. Sie ist ein Bild der ewigen Wonne der Weisheit, die doch das Wesenhafte alles Wesenhaften ist. Doch ist der Vergleich der abbildhaften mit der urbildlichen Wonne unzulässig.

Das mag nun, wegen der Kürze der Zeit, genügen. Du weißt nun, daß die Weisheit nicht in der Redekunst noch in den dicken Wälzern zu finden ist, sondern nur, indem man sich frei macht von diesen Dingen der Sinnenwelt und sich zur unbedingt einfachen, unendlichen Wesensform hinwendet. Mögest du sie zu empfangen wissen in einem Tempel, der von aller Schuld rein geworden ist, und ihr mit heißer Liebe anzuhangen, bis du sie genießen und schauen kannst, sie, die die Wonne selbst ist. In ihrem Genusse entschwindet dir alles, was dir jetzt bedeutend erscheint, und du selbst wirst dir unbedeutend, so daß nichts Anmaßendes in dir bleibt noch irgendein anderer Makel. Mit ganz unbeflecktem und reinem Herzen wirst du der einmal genossenen Weisheit unlösbar dich hingeben und lieber auf diese Welt und alles, was sie nicht ist, als auf sie selbst, verzichten. Leben und Tod werden dir voll unsäglicher Freude sein, und nach dem Tode wirst du ewig in ihrer liebreichsten Umarmung ruhen. Das gewähre gnädig dir und mir die allzeit gepriesene Weisheit Gottes. Amen.

2

Ernst Jünger: »An der Zeitmauer«, Stuttgart 1959, S. 139–157 (zitiert sind die Textnummern 72–81, in denen sich der Autor mit dem überlieferten »Goldenen Zeitalter« beschäftigt).

72

Hier mögen wir einen Augenblick verweilen, zugunsten einer kritischen Anmerkung. Wir sind heut nicht mehr naiv genug, um einem historischen Porträt, einem Zeitbild absolute Realität zuzubilligen. Wir wissen, daß wir mit Zurechtlegungen arbeiten. Es sind Ansichten des Vergangenen, Enthüllungen des Gegenwärtigen, Prognosen des Zukünftigen. Geschichte, Vorgeschichte, Urgeschichte sind zugleich in uns Geschichtetes. Unsere Vermutungen sind daher auch Mutungen.

Wenn wir im Laufe der Betrachtung »Zeiten« zuweilen als »Epochen« und zuweilen als »Schichten« behandeln, und wenn die Unterscheidung nicht scharf genug hervortritt, so gleicht das den Influenzen zweier Ströme durch die Isolierung hindurch. Es soll aber nicht korrigiert werden, da es tief in die Wirklichkeit gegründeten Identitäten entspricht. Auch in der Geologie hat das Wort Schicht einen sowohl stratographischen wie chronologischen Sinn.

73

Wenn Hesiod vom Goldenen Zeitalter spricht, so trägt dieses Altertum theologische Züge, betrifft ein dichteres, zeitloseres Sein, ist dem Garten Eden verwandt. In unserer Wissenschaft gehört die »Steinzeit« in eine chronologische Einteilung. Gesittung ist für Hesiod ein Absinkendes, für die Wissenschaft ein steigend sich Entwickelndes.

Es bleibt ein heikles Unterfangen, Vermutungen über einen Kulturstand anzuspinnen, der sich unserer Erfahrung entzieht. Wir müssen dann mehr in die Schicht als in die Epoche gehen; dort springen die Quellen lebendiger.

Die Ethnologen sind sich darüber einig, daß die Beobachtung der heutigen Primitiven kein Bild einer Urkultur vermitteln kann. Es handelt sich bereits um abgeleitete Formen, um korrumpierte oft.

Wenn wir etwa angesichts der Höhlenbilder von der »Kunst der Steinzeitmenschen« sprechen, so enthält eine solche Formulierung eine Reihe kühner Voraussetzungen. Ebenso können wir nicht wissen, ob es sich bei den kleinen und höchst erstaunlichen Statuetten, wie deren einige gefunden worden sind, wirklich um »Muttergottheiten« handelte. Bereits die Deutung der sardischen Bronzetten ist fragwürdig. Auch liegen irrige Schlüsse auf Grund der Idolwelt nahe, die uns aus viel späteren Zeiten bekannt wurde. Was da möglich ist, von noblen Formen bis zu grauenhaften Fetischen, lehrt ein Gang durch den »dunklen Kontinent«, wie man ihn etwa im Musée Tervuren bei Brüssel oder im Pariser Musée de l'Homme wagen kann.

Wenn man das recht bedenkt, wird man dem Urteil zustimmen, daß der Dichter überzeugendere Bilder gegeben hat. Sein Hinweis, seine Deutung ging ja auch immer der Wissenschaft voraus. Es ist kein Zufall, daß man von ihm am ersten erfahren kann, wie es »damals« gewesen ist. Von allen Menschen nämlich hat er in jenem »damals« das größte Heimatrecht. Er herrscht dort früher als der König und der Priester, und dahin deutet der Ausspruch Hamanns von der Poesie als der Muttersprache des Menschengeschlechts. Er steht in der »Aesthetica in nuce«, einer Schrift, die noch tiefer hinabführt als Herders Geschichtsphilosophie.

Herder sagt: »Ewig wird Patriarchengegend und Patriarchenzelt das goldene Zeitalter der kindlichen Menschheit bleiben.« Hamanns goldenes Alter liegt vor der Patriarchenzeit. Als Abraham Mesopotamien verließ, war Ur bereits eine ehrwürdige Stadt. Sie lag schon im Silbernen Zeitalter. Und gewiß hat das Goldene Zeitalter noch keine Mauern und keine Städte gekannt.

Der Dichter lebt, wie Herder sagt, im Genuß seiner selbst »auf die unzergliederlichste Weise«. Auch Schiller zählt den Dichter zum Uradel der Erde. Die goldene Zeit ist hier der Himmel: »So oft du kommst, er soll dir offen sein.«

Der Dichter des Goldenen Zeitalters ist namenlos und früher als der Sänger des Erzenen. Hamann drückt das in der erwähnten Schrift aus mit den Worten: »Gesang ist älter als Deklamation«. Für diese Dichtung gilt:

Ich singe, wie der Vogel singt,
Der in den Zweigen wohnet.

Natürlich ist Homer auch Dichter, zugleich aber schon Künstler in unserem Sinn. Auch das Metron kann ohne Begeisterung nicht gedacht werden. Doch ist seine Bewegung bewußter als die des frühen Gedichts. Im Epos wird deutlich, daß es nun Grenzen gibt, und Grenzwahrungen. Für die frühe Poesie gilt, um nochmals den Magus anzuführen: »Ein tieferer Schlaf war die Ruhe unserer Urahnen; und ihre Bewegung ein taumelnder Tanz.«

Auch die Poesie ist ein Zeichen des Überflusses; er ist der eigentliche Stil des Goldenen Zeitalters. Wo von Ökonomie auch nur die Rede ist, hat der Schwund bereits begonnen; er triumphiert, wo das ökonomische Denken den Vorrang gewinnt. Dort versiegt, neben anderen Zeichen des Überflusses, auch die Poesie.

Andererseits ist der Dichter nicht nur Künder, sondern auch Spender des Überflusses; daher ist er notwendiger als alle Ökonomen, und das Gedicht ist wichtiger als jede Wissenschaft. Der Dichter schöpft noch aus dem Unaufgeteilten; er leidet früher, wo es sich vermindert, spürt aber eher auch seine Wiederkehr.

Denn auch der Überfluß, das ist ein tröstlicher Gedanke, hat Wiederkehr. Es kann nicht anders sein, da ja das Universum sich nicht vermindert, stets unerschöpflich bleibt.

74

In jener Schicht des Überflusses dürfen wir auch den Tanz vermuten und ferner das Narrentum. Im Einbruch der Närrischen Welt, wie wir ihn noch heute in voneinander sehr entfernten Landschaften erleben, bietet sich uns eines der ältesten Schauspiele. Wenn die Christen meinen, daß hier die heidnische Welt durchbreche, so ist das eine zu geringe Schätzung; auch in der Antike feierte in solchen Festen Älteres Wiederkehr.

Das Narrentum ist viel älter; es geht vor die Zeit der Götter und auch der Idole zurück. Daher fühlen wir in ihm eine der großen Befreiungen. Es gehört wie die Jahreszeiten, wie der Frühling mit seiner Blüte, wie das Liebesspiel der Tiere mit seinen Sprüngen und Tänzen, wie das Schwärmen der Bienen, wie das Gären des Mostes zu den naturhaften Verwandlungen. Kein Priester, kein Zauberer steht ihm vor. Wo sich Personales aus ihm hervordrängt, ist es nicht dem Wesen, der Weihe oder dem Stande nach verschieden, sondern durch Stärke des Impulses, durch Zustrom von ungesonderter, erdgeistiger Kraft. So unterscheiden sich Wind und Sturm, im Wesen gleich, nur in der Macht des Ausbruches. Nicht Ordner, nicht Stellvertreter, nicht durch Weihen und Tracht Hervorgehobene sind dort zu finden, sondern stärker Ergriffene im Tanz, Spiel und Gesang. Den Chor hat noch kein Spielleiter erfunden, die Schritte kein Tanzmeister, obwohl es Vorsänger und Vortänzer gibt. Die Tracht ist die der Gattung und des Geschlechts, auch die der Hochzeiten. Von dort kommen die alten Schritte und Sprünge, das Tripudium des Triumphes, der Narrensprung, die Nachahmung der Balzgänge. Demgegenüber sind die Dionysien schon Abgeteiltes, Feste im späteren Sinn, Durchbrüche.

Eine Verwandlung, die dem Blühen der Pflanzen oder dem Schwärmen der Tiere gleicht, hat ihren Rhythmus, ihre kosmisch gegründete Wiederkehr. Sie hat gewiß auch ihre Orte gehabt, die aufgesucht wurden, vielleicht nach Art der Zugvögel über große Entfernungen.

Es ist jedoch zu unterscheiden zwischen solchen Plätzen und den Kultstätten, obwohl es wahrscheinlich ist, daß spätere Tempel und Wallfahrtsziele dort erbaut wurden. Wenn aber der Mensch einen Platz aufsucht, um dort in besonderer Weise froh und frei zu sein, so ist das etwas anderes, als wenn seine Nachfahren sich an denselben Platz begeben, um dort zwei Götter zu verehren, die Fro und Frei heißen und die er inzwischen aus sich und seiner ungesonderten Lebensfülle entlassen hat. Er kann wohl ohne Götter, nicht aber können Götter ohne ihn sein.

Das ist wohl zu beachten bei den Verwandlungen. In einer durchaus wunderbaren, vom Überfluß durchfluteten Welt ist die Verwandlung eine Phase, eine Welle, nicht aber etwas durchaus anderes. Sie bleibt innerhalb der Identität des Menschen und verändert sie nicht. Sie ist weder Wunder noch Sakrament. Als Wunder kann sie erst empfunden werden, wenn das Wunderbare als Weltcharakter verloren gegangen ist. Dann wird die Verwandlung selbst zum Wunder oder gar zum bloßen Symbol, das auf ein unerreichbar oder unerklärlich gewordenes Wunderbares verweist.

Wo daher in den frühesten Abbildungen Masken auftreten, müssen wir auf eine veränderte Potenz schließen, nicht auf ein verändertes Sein. Der Mensch, der in diesen Höhlen oder vor ihrem Eingang sich in ein Tier verwandelt, ist etwas ganz anderes als der tierköpfige Gott der ägyptischen Grabkammern, obwohl beide sich sehr ähnlich sind. Tiergötter gehören nicht mehr zur ungeteilten Kraft des Innersten, aus dem sie entlassen worden sind. Sie haben die Verwandlung usurpiert und üben sie durch Priesterschaften aus. Inzwischen hat es von Göttern zu wimmeln begonnen, und will der Mensch der alten Seligkeit teilhaftig werden, so muß er bei ihnen zu Gaste gehen, damit sie ihn verwandeln; oder er muß heimlich vor ihnen tun. Das kostet viel und fordert besondere Formen der Ökonomie. Auch in diesem Sinne ist Hesiods Wort, daß die Götter dem Menschen die Nahrung verbergen, zu verstehen. Der ungeheure Aufwand für sakrale Bauten ist nicht nur als Götterehrung aufzufassen; der Mensch sucht hier um jeden Preis, und sei es auch nur zum Teil, etwas wiederzugewinnen, das ihm verlorengegangen ist.

75

Große Freiheitsverluste, die ja auch immer Blutverluste bedeuten, müssen dem vorausgegangen sein. Die Geschichte des Goldenen Kalbes gibt eine Vorstellung, obwohl sie einen viel späteren Übergang kennzeichnet. Inzwischen mußten auch die Götter Substanz abgeben. Das Allerheiligste wird unbetretbar, wird unsichtbar. Das Volk hat Sehnsucht nach der alten Sichtbarkeit, es drängt zu ihr zurück. Selbst Aaron wird abtrünnig. Wie Moses vom Sinai zurückkehrt und den Reigen sieht, das Geschrei des Singetanzes hört, ergrimmt er und zerbricht die Gesetzestafeln, die er empfangen hat. Er ruft die Leviten auf, die Freunde und Brüder erschlagen, dreitausend Mann. Ein bedeutender Zug ist, daß das Bild, zu Pulver zermahlen, in Wasser gestäubt und so dem Volk zu trinken gegeben wird.

Dem Goldenen Kalb, das eigentlich ein goldener Stier war, ist es gegangen wie dem Goldkönig Midas und wie den Besiegten überhaupt, die für alle Zeiten in üblen Geruch kommen.

Die Hörner des Moses sind Widder- und nicht mehr Stierhörner. Eher sind sie denen des großen Alexander verwandt. Aber das Ereignis greift auf eine ältere Zeit als die der Tiergötter zurück.

Moses ist nicht Prophet, nicht Priester wie sein Bruder Aaron und sein Schwiegervater Jethro, nicht Fürst, Völkerführer und Gesetzgeber – das alles sind wirkende Elemente einer Verdichtung, die ihresgleichen sucht. Er ist Gefäß der Offenbarung; es gibt kein Medium zwischen ihm und ihr. Seine Gestalt ragt von einer der großen Bruchstellen durch die Jahrtausende. Er ist umringt von Zeichen unmittelbaren Wissens, unmittelbaren Auftrages. Da ist der Flammende Busch, der Sinai, der Mannaregen, das Wasser des Lebens aus dem toten Felsen, das Wasser des Todes im Roten Meer, das leuchtende Antlitz von unerträglichem Glanz. Es ist kein Zweifel, daß hier ein früherer Schöpfungsglanz sich wiederholt.

Erdgeistigkeit verdichtet sich hier noch einmal zu schöpferischer Macht. Doch ist sie nicht mehr ungesondert ausgebreitet, obwohl sie noch Fragmente zum Glühen und Strömen bringt. Vor allem ist sie gerichtet, kennt eine Schöpfungsquelle, einen Schöpfer, ein höchstes Ziel. Auch greift die Zeit schon mächtig ein. Daher die Starre, die magischen Charaktere, die große Fortdauer. Es ist schon Wüstenwanderung, die Wunder unterstützt und möglich macht, nicht Traum in einer wunderbaren Welt. Sakrales und Profanes heben sich scharf voneinander ab. Es gibt Unreines. Die alte Erdschlange wird zur erzenen Schlange, die irdische Unsterblichkeit verleiht.

Auch das ist ein Bild des Erzenen Zeitalters. Es ist schon weit von der Morgenröte entfernt. Inzwischen sind pflügende, wagenlenkende, kriegführende Völker mit ihren Dynastien alt geworden, schriftkundige, sogar buchstabenkundige Völker auch. Moses' Blick reicht weit über jene Zeiten zurück, bis zur Genesis.

Hesiod sagt wenig über jenes Zeitalter, das er das silberne nennt und das er bereits als Minderung begreift. Das läßt annehmen, daß schon hier die Götter den Menschen die Nahrung verbergen und daß die Arbeit beginnt, mit Pflug, Schrift und dem

Bau fester Wohnsitze. Moses greift auf das Ungesonderte zurück; Offenbarung und Wunder weisen es aus. Aber es erstarrt schnell in seiner Hand. Auch der stete Ungehorsam des Volkes zeigt, daß der Gemeingeist der Frühzeit geschwunden ist. Nicht jeder kennt mehr das Notwendige, daher das Gesetz. So bewegt sich ein Hirt, der den Weg kennt, und eine Herde, die gehütet wird.

Längst gab es Sklaven, Fronknechte auf der Welt, wie auch schon zu Herders Patriarchenzeit. Lassen wir das dahingestellt. Uns beschäftigt weniger das Bild vergangener Zeitalter als die Möglichkeit metahistorischer Zeiteinteilung überhaupt, in der Absicht, Gegenwärtiges zu beurteilen.

77

Die Berichte über das Goldene Zeitalter stimmen darin überein, daß es ein schuldloses Zeitalter gewesen ist. Es muß also notwendig nicht nur ohne Theologie, sondern auch ohne Wissenschaft gewesen sein, nicht nur ohne Buchstaben-, sondern auch ohne Bilderschrift. Der ungebrochene Mensch hat Wissen, doch keine Wissenschaft. Er kennt weniger die Eigenschaften der Steine, Pflanzen und Tiere als ihre Tugenden. Sie sprechen zu ihm.

Daher ist anzunehmen, daß sich die Heilkunst auf einer höheren Stufe befunden hat als etwa heute, wenn überhaupt in diesem Zusammenhang von Stufen gesprochen werden kann. Auch heute kann der Arzt nur hören, was ihm der tiefste Grund des Kranken zu sagen hat und wonach er verlangt. Dort ist die unzerstörbare, die wunderwirkende Gesundheit zuhaus. Erst dann kommen die Hilfsmittel, die sonst »eher verwirren«.

78

Das Sprechen und Hören der frühen Menschen trennt noch nicht Ursache und Wirkungen und geht nicht auf Eigenschaften aus. Es faßt nach Art des Magneten oder des elektrischen Stromes den Zusammenhang. In unserer Zeit hat es sich tief zurückgezogen, obwohl es auch unser Denken instrumentiert. So instrumentiert der elektrische Strom ja auch unsere Botschaften. Wenn Heidegger sagt, daß jedem Sprechen ein Hören vorausgeht und ihm Bahn bricht, so gehört das hierher.

Dennoch haben sich einige Felder erhalten, die diese Art des unmittelbaren und ungeteilten Sehens voraussetzen. Zu ihnen gehört eben die Astrologie, und schon aus diesem Grunde lohnt sich ihr Studium.

Besonders zu erwähnen ist hier das Märchen, wie es bei allen Völkern und über den ganzen Erdball verbreitet ist. Es enthält unsere älteste Kunde, ist von Mund zu Mund gekommen, und zwar durch die Großmütter, die Großen Mütter der Sippenfamilie. Im Märchen ist der Mensch noch ungeteilt und ungetrennt vom Weltzusammenhang. Tiere, Pflanzen, Gegenstände sprechen zu ihm noch unmittelbar. Mächtige Bilder des Überflusses, traumhafte Wunschverwirklichungen wurden von dorther sprichwörtlich. Dort leuchtet eine große Fülle, ein tiefes Lebensglück. Was in späteren Zeiten Magie wird und dann, wie etwa in Tausendundeiner Nacht, im Märchen Einschlüsse bildet, gehört zu den Verhärtungen.

Mit großer Schärfe hebt der Mythos sich vom Märchen ab. So ist die »Sage« vom Hörselberge ohne Zweifel ein Märchen, und zwar aus sehr früher Zeit, in späteren Verkleidungen. Das Märchen kennt noch keine Namen, und auch die Autorschaft ist namenlos. Daher kann sich auch jeder mit seinen Figuren identisch fühlen, wie es die Kinder tun. Ein Knabe, ein Zwerg, ein Riese, ein Bruder und eine Schwester, ein Jäger – das ist noch etwas anderes als Siegfried oder Herakles.

Das Märchen kennt noch nicht den mythischen Helden, geschweige denn die historische Persönlichkeit. Es kennt den bösen Menschen, den Riesen, den tückischen Zwerg, den Totschlag, aber es weiß noch nichts vom Kriege, dem großen, ja einzigen Thema der mythischen Welt, nichts von Heeren und

Feldherren, von Sklaven und Kriegsbeute. Es hat wohl Überfluß, doch keine Götterwelt. Der Mythos, die Saga sind Männersache, sie kündet der Sänger in der großen Halle; das Märchen wird von den Müttern am Bett oder vor der Herdflamme erzählt. Noch freilich ist auch der Sänger vates, begeisterter Seher und Künder, nicht poeta, nicht Künstler im späteren Sinn.

Der König, »ein« König des Märchens ist nicht der historische König, auch nicht ein Urfürst wie Herakles. Der König des Märchens ist Schätzespender, ist Herr des Überflusses, Vater, vor allem Vater der Königstochter; die Mutter ist Erdmutter.

Am Märchenkönig ist kein Zweifel; sein Rang gründet sich völlig im Sein. Den mythischen König dagegen stützt schon die Ordnung, daher wird auch bereits sein Charakter beurteilt und oft fragwürdig befunden, wie bei Eurystheus und Gunther, die Schwächlinge sind, aber Helden beauftragen. Agamemnon nimmt kraft seines Amtes die Briseis dem Achilles, der sich trotz seiner Götterstärke beugen muß.

Die Taten der Märchen- und der mythischen Helden sind sich oft ähnlich und werden durch die Kunde häufig ununterscheidbar verschmolzen sein. Es sind indessen verschiedene Stufen des Bewußtseins, die sich abzeichnen. Der Märchenheld hat Erdsinn, besitzt Natursicht, obwohl und weil er ein Tor ist; er ist der Erde teuer, und wir hören nie, daß er untergeht. »Und wenn sie nicht gestorben sind, so leben sie heute noch« – das muß eine sehr alte Wendung sein.

Der mythische Held ist solarischer oder halbsolarischer Abkunft, oft Göttersohn. Er hat eine Genealogie. Noch historische Fürsten führen sich auf Götter zurück. Den Heros umstrahlt helles, oft blendendes Licht. Er lebt nicht mehr im vollen, ungebrochenen Genuß der Erde und ihres Überflusses; er muß ihn ihr abzwingen. Ströme werden aus ihrem Bett geleitet, Sümpfe getrocknet und die in ihnen hausenden Ungeheuer erlegt. Vordem war die Erlegung von Drachen, Löwen, Ebern, Hydren in diesem Sinne nicht Aufgabe. Eher ist wahrscheinlich, daß die

Orte, an denen sie hausten, respektiert wurden. Die »Schädlichkeit« hängt zudem eng mit der Ökonomie zusammen, sie folgt dem Hirtenleben und, deutlicher noch, dem Ackerbau. Dem Mythos ist zu entnehmen, daß die Erde solche Eingriffe als Frevel betrachtete. Sie mußten gesühnt werden. Noch heute haben Unterfangen wie die Austrocknung der Moore oder die Schädlingsbekämpfung ihre Schattenseiten; sie greifen ins Gleichgewicht.

Ein Frevel gegen die Schlange, das Erdtier vor allen anderen, ist uns im Mythos des Melampus überliefert, eines Sehers und Arztes von großer, erdsichtiger Kraft. Vor seiner Wohnung stand ein Eichbaum, in dem Schlangen ihr Nest hatten. Während einer Abwesenheit des Melampus töteten seine Diener die Alte; er aber nahm die Jungen in Schutz und zog sie auf. Einmal, als er schlief, umstanden ihn die Tiere aufgerichtet und reinigten ihm mit der Zunge das Ohr. Darauf bemerkte Melampus, daß er die Stimme der Vögel verstand, die ihm zukünftige Dinge voraussagten.

Diese Reinigung des Ohres, und auch des Auges, durch die Schlange im Zusammenhange mit dem Orakel, ebenso der Gewinn weissagender Kraft durch den Genuß von Schlangenfleisch, ist ein in den Märchen und Sagen der Völker immer wiederkehrendes Motiv.

79

Besonders sichtbar wird der Eingriff neuer Kräfte in das alte Bild der Erde und seine Ordnung in der Niederzwingung ihrer Ureinwohner, und hier wiederum in der Erwürgung des Antaios, dem die Erdmutter unmittelbar ihre Kraft spendet. Er stirbt, von ihrem Grund emporgehoben, in einem neuen Licht.

Daß eine alte Ordnung und ein altes Wissen nun untergehen, wird auf erstaunliche Weise durch die Berichte über die Ausrottung der Kentauren bezeugt. Sie werden nicht als plumpe Tiermenschen geschildert, sondern als Träger einer verloren gegangenen Weisheit, die sich nicht auf die Kenntnis kausaler

Verknüpfungen gründete. Wir müssen uns diese Erdsicht als beseelten Strom vorstellen, der an die Welt anschließt und sie durchdringt. Er ist noch ungetrennt von ihr. Er ist auch heute noch, bei allen Diagnosen und Voraussagen, eine zwar unbewußte, doch unentbehrliche Kraft.

Diese Kraft war auch Maurice de Guérin zu eigen, als er die Welt der Kentauren schilderte. Wir haben in seinem »Kentauren« ein großes Beispiel dafür, daß der Dichter mehr als der Forscher sichtbar machen kann, in andere Zusammenhänge dringt. Von ihm kommen die Aufträge.

Wenn St. Beuve Guérins »Centaure« einem kostbaren Stück »antiken Marmors« verglichen hat, so ist das ebenso abwegig wie das Urteil »pantheistisch«, das gleich zu Anfang, 1840, gefällt wurde und immer wiederkehrt. Götter, und zwar viele, oft schon halb zu Kräften wieder eingeschmolzene Götter, haben mit dieser Kentaurenwelt und ihren Grotten noch nichts zu schaffen, wobei man sich auch dadurch nicht beirren lassen darf, daß Guérin selbst Apollon erwähnt. »Elektrisch« wäre schon besser als pantheistisch, wie denn auch unsere Elektrizität eine entseelte, spezialisierte und abstrahierte Erdkraft ist, ein Beleg dessen, was Erdgeist vermag. Man könnte auch sagen, daß bei Guérin Nacht herrscht, eine besondere, magnetische, hellsichtige Nacht im Sinne von Novalis, der ohne Zweifel Guérins nächster Verwandter ist. Verwandt ist ihm auch der Goethe der Urworte.

Pan könnte uns dort begegnen, und der Kentaur sah ihn von den Bergen in die Täler hinabsteigen, in denen die Flüsse als Silberadern die Nacht durchglänzten – das war der uralte Pan als einer jener Erdunmittelbaren, die später zu Göttern promoviert wurden und so schlecht in den Olymp passen.

Guérins Kentaur erzählt sein Leben jenem weisen Melampus, der oben erwähnt wurde. Eines Tages, als er ein einsames Tal durchstreifte, entdeckte er auf dem anderen Ufer eines Flusses den ersten Menschen, den er sogleich verachtete. Sein Anblick stimmt ihn traurig; er sieht ein halbes, ein verstümmeltes Wesen in ihm. Das Wesen auf der »anderen Seite« des Lebensstromes kündet ihm auch seinen eigenen Untergang, das Ende des Goldenen Zeitalters.

Es muß eine große Trauer über die Welt gekommen sein, als der Mensch sich von diesem Teile seines Wesens trennte oder von ihm getrennt wurde. Beides bedingt sich ja, man muß dann zum Untergang im Innersten Ja sagen, ihm zustimmen. Der Mensch sucht sich auf neue Weise zu ergänzen; er wird zum Halbgott und kämpft im Bündnis mit den Göttern gegen die Söhne der Erdmutter. Daß die Götter ohne die Hilfe des Herakles die Titanen nicht besiegen können, ist eine tiefe Aussage des Mythos; auch können sie sie nicht vernichten, nur einschließen. Bei jeder Wende klopft es dann wieder aus der Tiefe an.

80

Wir finden immer wieder, daß solche Wenden zugleich Aufgang und Untergang sind, zugleich die Abenddämmerung des alten und die Morgendämmerung des neuen Zeitalters.

Die Morgendämmerung wird zunächst empfunden, zunächst sichtbar auf den Zinnen der alten Massive: daher kommt es, daß die Aristokratie in ihren geistigen Repräsentanten den Umwälzungen vorausschreitet. Die Dinge sind längst abgehandelt, wenn es zum Umsturz kommt. Das kann dann den Eindruck des Mannes machen, der den Ast absägt, auf dem er sitzt.

Gerade das zeigt aber die unwiderstehliche Gewalt der Dinge, die heraufdrängen. Es fällt ja mehr als ein Zweig des Lebensbaumes; es fällt auch eine Frucht, die reif geworden ist und Samen trägt. In den höchsten Typen wird das erkannt.

Einen solchen Typus unter den Kentauren verkörpert Chiron, der in einer Höhle des Pelion einheimisch war. In ihm kulminiert die kentaurische Welt und ihre erdsichtige, mantische Kraft. Zugleich ist Chiron der Lehrer und Erzieher der Heroen, die diese Welt vernichten und ablösen. Auch er wird in Guérins Gedicht als Meister erwähnt.

Die spärlichen Nachrichten, die gleich erratischen Blöcken die große Erdbewegung überdauert und sich in der Erinnerung erhalten haben, sind ungemein aufschlußreich. Chiron unterwies nicht nur den Asklepios in der Heilkunst und den Apollon im Saitenspiel; er ist auch der Lehrer des Achilles, des Jason und zahlreicher anderer Heroen. Daß diese Schüler in voneinander weit entfernten Zeiten lebten, erklärt sich durch Chirons Unsterblichkeit. Bei einer Kentaurenverfolgung trifft ihn ein vergifteter Pfeil des Herakles. Die Wunde ist unheilbar; Chiron verzichtet zugunsten des Prometheus auf seine Unsterblichkeit. Er wird als Sternbild an den Himmel versetzt. Lange noch wurde er in Thessalien und anderen Landschaften verehrt. Hölderlin hat ihm ein Gedicht geweiht; er hat ihn erfaßt. Dort erinnert sich auch der blinde Seher der frühen, vorheroischen, friedlichen Erde und des Überflusses in ihr:

Du auch, o Erde, friedliche Wieg', und du
Haus meiner Väter, die unstädtisch
sind, in den Wolken des Wilds, gegangen.

Chiron tritt also die Unsterblichkeit ab an Prometheus, der nach der Sage den ersten Menschen bildete. Vielleicht war Chiron dann der letzte Mensch in einem inzwischen verloren gegangenen oder tief verschütteten Sinn, der sich nur noch zuweilen in uns regt. Unmittelbares Wissen, unmittelbares Handeln, Weissagung und Heilkraft in allen, seitdem immer mehr vereinzelten Fächern kommen uns von dorther. Chiron leitet sich von »Hand« ab; Prometheus ist »vorbedacht«.

Der Kentaur wurde schon in der Antike vielfach als der rohe Roßmensch gesehen. Eigentlich war er der Stiermensch, wie schon der Name sagt. Der Stier ist Erdtier, wie die Schlange, Herakles mußte beiden feindlich sein. Darin, daß eine absolut verschiedene Gestalt wie Moses diese Feindschaft teilt, erweist sich die zwingende Macht eines Weltalters.

Roheit gibt es zu allen Zeiten, doch muß damals die Kultur vollkommener gewesen sein, da der Geist noch im ganzen Haus wohnte. Daher war auch das Tier noch in ihn eingeschlossen und konnte verehrt werden.

Hölderlin sieht diese Welt als »unstädtisch«, das bedeutet vor allem ohne Staat. Zu ihm legen Heroen die Grundfesten. Die Frage, ob der Mensch, indem er sich zum staatenbildenden Wesen, zum Zoon politikon entwickelt, nicht eine Nebenlinie der eigentlich humanen Bildung einschlug, und von da an Vollkommenheit, Genie und Glück nur noch im Vereinzelten, nicht aber als Zustand möglich waren – diese Frage soll an einer anderen Stelle wenigstens gestreift werden.

81

Eine der Meinungen, die fast dogmatisch die Ethnologie, die Religionsphilosophie und andere Wissenschaften durchflechten, ist jene, die den »Primitiven« ein besonders furchtsames Wesen andichtet. Die Furcht soll in beherrschender Weise sein Verhalten bestimmt und seine Sicht gefärbt haben, wahrscheinlich auch Quelle der Verehrung sein.

Ohne Zweifel werden Furcht und Angst, wie alle menschlichen Gefühle, in jeder Epoche anzutreffen sein. Indessen kann man auch das Urteil, das ein bedeutender Forscher wie Paul Radin in seinem Werk über die primitiven Religionen fällt, nicht unbesehen annehmen: »Der Mensch ist mit Furcht geboren, daran kann kein Zweifel sein. Doch existierte diese Furcht nicht ins Leere; sie war das Produkt eines besonderen ökonomischen Zustandes.«

Ein solches Urteil erweckt den Verdacht, daß dieser Primitive als Spiegel dient, den sich der Mensch von heute zur Betrachtung seiner eigenen Sorgen geschaffen hat. Auch das sind Ausgrabungen. Und in der Tat sind sogleich unsere beiden Hauptsorgen getroffen: die Furcht und die Ökonomie. Es gab wohl keine andere Zeit, in der beide den Menschen in solchem Maß beschäftigten.

Demgegenüber ist anzuführen, daß es Zeiten gegeben hat, in denen die Ökonomie in diesem Sinne überhaupt keine Rolle gespielt haben kann. Zu ihnen gehören die Hochzeiten der Jägerkulturen, wie sie noch in unsere Sicht hineinragen. Es waren Zeiten, in denen der Mensch in kleinen Verbänden ungeheuren Massen von Tieren folgte, ja zwischen ihnen sich bewegte wie in Hölderlins »Wolken des Wilds«, und sie als seine Herde behandelte. So folgte der Indianer dem Büffel, der asiatische Nomade dem halbwilden Ren.

Unwichtig ist demgegenüber, daß die Waffen, verglichen mit den unseren, primitiv waren. Sie genügten vollauf zur Erlegung des Wildes, das viel vertrauter war. Der Bogen war damals »fernhintreffend«. Und was helfen die besten Gewehre, wenn kein Wild mehr erscheint? Beides steht in Zusammenhang. Im Verlauf der menschlichen Geschichte hat sich die Bedeutung der Jagdwaffen immer mehr vermindert zugunsten der Kriegswaffen. Immer eindeutiger wird der Mensch zum Wilde, die Jagdbeute zur Kriegsbeute. Es kann daher eine der Hauptquellen unserer Furcht, die Kriegsfurcht, noch nicht oder nur in viel geringerem Maße vorhanden gewesen sein.

3

Erwin Jaeckle: »Auf der Schwelle von Weltaltern.«
Aus »Auf der Schwelle von Weltzeitaltern«, Essays, Schaffhausen 1981, S. 10–29

1 (Schluß des ersten Kapitels)

Zweimal hat uns, die wir von irgendwelchen seligen Inseln träumen, Friedrich Nietzsche dieselbe Fabel erzählt: »In irgendeinem abgelegenen Winkel des in zahllosen Sonnensystemen flimmernd ausgegossenen Weltalls gab es einmal ein Gestirn, auf dem kluge Tiere das Erkennen erfanden. Es war die hochmütigste und verlogenste Minute der ›Weltgeschichte‹: aber doch nur eine Minute. Nach wenigen Atemzügen der Natur erstarrte das Gestirn, und die klugen Tiere mußten sterben. Nach zwei ungeheuerlichen Weltkriegen, so meinte abermals Nietzsche, lange, sehr lange vor diesen, erlebten wir »die Periode der Atome, des atomistischen Chaos«.

So fühlen wir uns hart zwischen die Drohungen eines jüngsten Gerichts und unsere Hoffnungen geworfen. Unsere Zeit ist wie unsere Art doppelsichtig. Die Tatsachen des Niedergangs und die Wünsche, zu überleben, zerfressen uns. Wir fragen, ob eine Weltzeit zu Ende fiebere oder uns eine heraufkommende erschüttere.

2

Die Menschheit gliederte ihre Geschichte von urher in Weltzeitalter. Das babylonische Sumer tat es während der Jahrhunderte, die von der Mitte des vierten zum Ende des dritten Jahrtausends reichen. So rollt denn die geiststoffliche Welt kreisläufig in

Äonen. Wie im überblickbaren Jahreslauf die Jahrzeiten wechseln, so löst der Weltfrühling eine Weltverfinsterung ab. Die Untergänge tragen den Trost von Verwandlungen in sich. Endzeiten verheißen Erlösungen. All dem stehn Sonnen- und Mondwege vor. Sie bestimmen Eschatologie und Prophetie.

Schon der Raumkreis von Sumer hatte 360 Grade, das Jahr zwölf Monate, der Monat dreißig Tage. Damit vollzog sich das Jahr in den Häusern der Sterne, wie sich die Offenbarungen des Sonnen- und Mondlaufs inmitten der Sternbilder und der Planetengeschicke ereignen. Beobachtungen ließen dabei erkennen, daß der Stand der Sonne von irgendeinem Horizontpunkt her gemessen ihrem Jahreslauf entgegen vorrückt. Als Horizontpunkt aller Maße zeichnete sich jener der Frühlingstagundnachtgleiche aus: die Äquinoktien wanderten also. Diese Wanderung wird von den Anziehungskräften der Sonne und des Mondes hervorgerufen. Sie wirken dem Drehimpuls der Erde entgegen, so daß die Erdachse um den Pol der Ekliptik schwingt. Dabei wechselt der Polarstern seinen Ort.

Die Präzession beträgt fünfzig Bogensekunden im Jahr und einen Grad innerhalb von 71 Jahren, acht Monaten, zwölf Tagen. Dabei gelten auch Verrechnungen von 70 und 73 Jahren, je nachdem man statt der Rundzahl 360 die Mondzahl 350 oder die Zahl des ausgeglichenen Jahres von 365 Tagen gelten läßt. Damit durchläuft die Präzession in etwa 2160 Jahren ein Tierkreiszeichen, in 25 920 Jahren den ganzen Tierkreis. Während dieses großen Weltjahrs kehren Frühlingspunkt und Jahreskreis zu ihrem Ausgang zurück. Noch der Parzifal Wolfram von Eschenbachs erinnert sich dessen eindrücklich.

Man hat überdies mit dem Gedanken gespielt, daß die Mondzahl 30 mit jener Zahl 72 vervielfacht die Präzessionszahl 2160 ergibt und sich damit bestätigt, daß das siderische Jahr – das die Sonne von Fixsternkonjunktion zu Fixsternkonjunktion führt – zum tropischen – das von Sonnwende zu Sonnwende zählt – das Verhältnis des Goldenen Schnitts (g = 1,618) zur Kreiszahl Pi

(3,141) und damit genau die Hälfte der Verhältniszahl von Sonnenjahr und Mondjahr ausmacht. Die Differenz zwischen den beiden Jahren beträgt infolge der Präzession 20 Minuten und 23,8 Sekunden.

Auf diese Weise ergeben die beiden Bewegungen der Erde um die Sonne und um ihre eigene Achse die Zeitmessung in Tagen und Jahren. Da das Sonnenjahr keine ganze Zahl von Tagen enthält, würden sich mit dem Frühlingspunkt auch die Jahreszeiten langsam durch das Kalenderjahr hindurch verschieben. Dem begegnet die Berichtigung der Schalttage. Auch die andern Zahlen gelten nur annähernd, weil sich die Erdachse unter den Gravitationskräften verlagert, die Planeten überdies die Bahnbewegung der Erde verschieben und eine Polhöhenschwankung zusätzlich mitwirkt.

Unter solchen Voraussetzungen schritt der Frühlingspunkt aus dem sechsten vorchristlichen Jahrtausend vom Tierkreiszeichen der Zwillinge zu jenem des Stiers, dem andern des Widders und etwa um 100 v. Chr. ins Fischzeitalter vor. Dieses wechselt also im Scheitel unserer Generationen in das Zeichen des Wassermanns hinüber. Ein Äon geht mit uns zu Ende. Da man das Zeitalter der Fische immer als christlich verstanden hat, wurde dessen Ausgang über zweitausend Jahre hin mit der Ankunft des Paraklets, des apokalyptischen Erlösers also, verbunden.

Die Lehren von der periodischen Wiederkehr wurzeln demnach im altbabylonischen Weistum; sie berufen sich aber auf kosmische Tatsachen, die schon Hipparch von Cäsarea (ca. 160–125) auf sechs Minuten 26 Sekunden genau festzulegen vermochte. Auch die Pythagoreer glaubten an die ewige Wiederkunft der Dinge. Der Marduk-Priester Berossos, der um die Wende zum dritten Jahrhundert nach Kos zog und in griechischer Sprache nach babylonischen Urkunden ein erstes Geschichtswerk schrieb, aber auch Sonnenuhren baute, wurde zum kenntnisreichen Künder dieser Kultur.

3

Griechenland kannte zur Zeit Hesiods (um 700 v. Chr.) eine Lehre von vier Zeitaltern. Man bezeichnete sie und wertete sie als golden, silbern, ehern und eisern. Die älteste griechische Nachricht vom großen Jahr des Ostens findet sich aber bei Heraklit. Die Lehre war wohl vom chaldäischen Persien herübergekommen. Zeugen dessen sind die Doxographen, die Sammler der antiken Lehrmeinungen der Philosophie. Unter solchen Voraussetzungen wußte auch Pythagoras, daß die ewig wiederkehrenden Gestirne göttlich seien. Seine Schüler übernahmen das Lehrgut und erschlossen mit dessen Hilfe die Achsendrehung der Erde. Aristarch von Samos stellte folgerichtig die Sonne in die Mitte der Welt, und zwei Generationen später entwarf Apollonios von Perga (um 200 v. Chr.) die Trigonometrie; er erarbeitete auch die Theorie der Epizykel. Platon überlieferte die Lehren in seinem Dialog *Timaios.* Seither kennt die Astronomie ein platonisches Jahr. Man erhält seine Zahl, wenn man die große Präzessionszahl 25 920 mit der ägyptischen Phönixzahl 500 vervielfacht, die babylonisch nicht bezeugt ist. Sie schließt 12 960 000 Jahre zu einer umfassenden Einheit zusammen. Auch Aristoteles nennt die Zeit, zu der sich alle Planeten wiederum im selben Zeichen zusammenfinden, das »größte Jahr«. Für sie alle war der Mensch den Sternen hörig. So verkündete denn die Weltzeitalterlehre, wo immer sie auftrat, vollkommene Frühzeiten, die nach einem unweigerlichen Abstieg eine Fluchzeit in eine verjüngte Segenszeit überleiten. Das galt auch hellenistisch. So wurde es abendländisch.

Vergil etwa gedachte in seiner berühmten vierten Ekloge, wie umstritten auch die Deutungen im einzelnen sind, des sehnlich erwarteten Kindes, das dem Glück des Goldenen Zeitalters entgegenführe:

Schon vom hohen Olymp erscheint ein neues Geschlecht uns.
Sei der Geburt des Sohns, dem bald das eiserne Alter
Weicht und das goldene Jahr neu aufgeht über der Erde
Keusche Luna, geneigt: schon herrscht dein Bruder Apollo.

Auch Dante, der seinem Lehrer folgt, verkündigt im 27. Gesang des »Paradieses«, daß sich die Menschheit erneuere, ehe sich der Fehlrechnung von einem Hundertstel wegen der Kalenderjanuar in den Frühling verschoben habe. Zu seiner Zeit war das Julianische Jahr um nahezu elf Minuten zu lang.

Während des Mittelalters galt, daß Christus die Menschheitsgeschichte und die Weltenjahre ordne. Christ sein hieß, so zu leben, als sei der von Johannes verkündigte Äon des Herrn schon angebrochen. Paracelsus entwickelte dann unter solchen Vorstellungen seine Kosmogonie, die den geschichtlichen Kreislauf vom Mysterium magnum zum Mysterium Magnum Ultimum durch die Ordnungen der Natur und der geistigen Welt hochführt. Lessing sah die *Erziehung des Menschengeschlechts* in solchen Zusammenhängen. Nur erweiterte er die Kreislauflehre um die Verantwortungen einer vertieften Selbsterkenntnis. Schelling nahm dann die christlichen Überlieferungen so in seine *Philosophie der Offenbarung* auf, daß er einem petrinischen Zeitalter ein paulinisches anschloß, das in das verheißene johanneische einmünde. Dabei verstand er das ganze räumlich und zeitlich ausgedehnte Weltall als schwellendes Herz der Gottheit, »das durch unsichtbare Kräfte gehalten in beständigem Pulsschlag oder Wechsel von Ausdehnung und Zusammenziehung fortdauert«. Der Satz, in dem wir Goethe mithören, findet sich in seinen Arbeiten des Titels *Die Weltalter*, an denen er viele Jahre tätig war und 1811 die letzte Hand anlegen wollte.

Einer der neueren Geschichtsforscher von Rang hat sich des Weltaltergedankens angenommen: Kurt Breysig (1866–1940). Er entwarf seine Geschichte der Menschheit im Geiste Herders und ordnete ihre Stufen mittels gesetzmäßiger Ausleseerscheinungen. Breysig hat die Darstellung der Zeitabläufe durch morphologische Strukturen der Entwicklung ersetzt, und er gelangte über Stammbäume des Geschehens zu zyklischen Umläufen. Im Jahre 1905 erschien seine kurze, aber inhaltsträchtige Schrift über den Stufenbau und die Gesetze der Weltgeschichte. Fünfzig Jahre später – nachdem die Manuskripte im Kriege zerstört und aus Bruchstücken zu zwei erhaltengebliebenen drei weitere Bände geschaffen worden waren – lag seine Universalgeschichte vor.

Breysig entwickelte sein Geschichtsbild nach naturwissenschaftlichen Einsichten. Die schöpferische Baukraft der Geschichte waltet in aufstrebenden Wirteln, die Weltalter in Analogien gesellen. Darin schloß sich Breysig ausdrücklich der historischen Stadienteilung der alten Sumerer an, indem er von ihnen den Begriff des Weltenjahrs übernahm. Auch er erkennt in den Geschichtsläuften Fluch- wie Segenszeiten und deren Wiederkehr. War dieses Geschichtsbild auch überaus vielschichtig, so blieb es doch den Parallelen von Natur- und Menschengeschehen treu. Es diente mit dem Entwicklungsgedanken einer erneuerten, aber belegten Weltzeitalterlehre. So verlief denn das Grundgeschehen des Menschenwegs nach Gesetzen der Wiederkehr.

In der Folge verfuhr Oswald Spengler (1880–1936) in seinen Umrissen der Weltgeschichte, die den Untergang des Abendlandes ankündigten, ähnlich. Er ging von der Formensprache der großen Kulturen aus und stellte die abendländische Kultur der antiken, der arabischen und der indischen an die Seite, indem er deren Wiederkehr ausdrücklich den vier Jahreszeiten verglich. Auf die mächtigen Schöpfungen des Frühlings einer erwachenden traumschweren Seele folgte eine sommerliche reifende Bewußtheit, der Höhepunkt strenggeistiger Gestaltungskraft einer herbstlichen großstädtischen Intelligenz und das winterliche Erlöschen der seelischen Mächte, in dem sich das Leben als weltstädtische Zivilisation selbst fragwürdig wird.

Gleicherweise stellte Spengler die sinngemäß »gleichzeitigen« Kunstepochen und die Entsprechungen der Politik zwischen Vorzeit, Kultur und Zivilisation dar. Er dachte, der lebendigen Formen der Geschichte habhaft zu werden, in Analogien und gelangte mit ihrer Hilfe zur Periodizität der Welt, zur Wiederkunft von Weltaltern also. So unternahm er den erregenden Versuch, Geschichte vorauszubestimmen. Weltgeschichte war ihm als Ausdruck eines Formgefühls inneres Postulat, das Vergangene so zu gliedern, daß die Lehre von den Weltaltern eine apokalyptische Fassung erhielt. Auf diese Weise wußte der Verfasser im Jahre 1911 den Weltkrieg als unvermeidlich. Er war es aber auch, der den heraufkommenden tausendjährigen Cäsarismus entlarvte und trotz seiner düsteren Analysen des Untergangs unserer westeuropäischen Weltkultur forderte, daß man dessen ungeachtet das Notwendende tue, das Notwendige nämlich. So leistete er eine bedenkenswerte Geschichtsprophetie. Alfred Jeremias, der Entdecker der Sumerischen Weltjahrlehre, hat Spengler zugebilligt, daß er die parallelen Kulturentsprechungen genial durchschaut habe, und er verglich das altkosmische Weltbild ausdrücklich mit Spenglers Vision. Seither ist die Lehre von den Weltaltern nie verstummt. Frederik Adama van Scheltema und Arnold Toynbee waren ihr verpflichteter als sie glaubten.

5

Letztlich geht es bei jeder Geschichtsdeutung in Weltzeitaltern um einen Sonderfall jener allgemeinen Rhythmenlehre, die noch nicht geschrieben ist. Zwar ist das ganze Naturleben den außerirdischen Kreisläufen unweigerlich verfangen. Das bäuerliche Jahr fügt sich den Periodizitäten des Sonnenlaufs; die Alpfahrten gehorchen Jahrzeitregeln. Die Feste der Wiederkehr sind Feste des Lichtes und eines Lichtträgers, also auch der finsteren Mächte und ihrer Geister. Viele Volksbräuche bestätigen die kosmischen Ereignisse. So sind älteste Frömmigkeiten und unaustilgbarer Aberglaube im Zwielicht des Volksbewußtseins zugegen. Das Tod-Leben-Geheimnis hat seine Lichtstationen. Dabei wandern die Jahreszeiten langsam aus den Taltiefen zu den Berghöhen hin, wie der grüne Wuchs und die winterliche Starre über dem Erdball pendelt.

Bedeutsam bleibt, daß alle Erlöserschicksale, auch die außerchristlichen, durch Unterwelten zum Himmel führen, daß Orpheus den Sommer von den Schatten heraufholt, das Jahr in Ringelspielen, Reigen und Gegenreigen zur kämpferischen Darstellung gelangt. So etwa im Werk Vergils, aber auch heute noch im dalmatinischen Korcula. Atem und Herz schwingen in Wiederkünften. Schlag und Gegenschlag ahmen die zeitlichen Lebensvorgänge. Die leibhaften Prozesse bezeugen rhythmische Chemismen, und selbst das System der Elemente ist periodisch.

Der Rhythmus ist nach Ludwig Klages (1872–1956) Urerscheinung des Lebens. Ionosphärische Gezeiten begleiten erdmagnetische. Wir kennen Mondeinflüsse auf Lebewesen, säftewirksame Sonnengezeiten, jene etwa bei Braunalgen, Sporenwürfen, im kurzen Mückenleben, bei Austern, bei den Zeugungen des Palolowurms, diese bei den Wuchszeichen der Jahresringe, dem Winterschlaf, den Zellteilungen, dem Wellengang von Photosynthese und Atmung. Ähnliche Gesetze gelten bei den Blattbewegungen der Pflanze, bei der Winterruhe, den Langtagbedingungen der Vogelzüge und etlichen Populationswanderungen. Wir erahnen und kennen den inneren Uhrlauf des Leibes. Überdies wissen wir vom Dreierkontinuum Carl Gustav Jungs (1875–1961), von den kosmogonischen Theorien, die das All pulsieren lassen, den vielfältig verschlungenen Wellenschlägen aller Entfaltungen, den Gezeiten der Atmosphäre, der Hydrosphäre, der Lithosphäre. Daß die biologische Rhythmik der kosmischen verwoben ist, bleibt gewiß. Hermann Weyl und Andreas Speiser, die Mathematiker, sowie Ernest Ansermet kannten die dominierenden Proportionen in den Symmetrien der Zeitlichkeit, dem Rhythmus, das Urphänomen der Oszillation, von dem her sich alle Periodizitäten auffächern. Ohne Rhythmus herrscht chaotische Strukturferne. Ob das kleine Jahr aber den Gedanken eines großen Jahres zu tragen und zu rechtfertigen vermag, wissen wir nicht.

Daß die Zählungen und Wege der Präzession von leiblicher Wirkung sind und die Geschichte mitprägen, ist jahrtausendealter Glaube, doch unerforscht und vielleicht unerforschbar. Doch kann es kein Zufall sein, daß viele Naturfeste in Geschichtsfeste übergegangen und zur sangbaren Sage geworden sind. Selbst der Prediger lehrte, daß nichts Neues unter der Sonne sei, und er meinte damit die Wiederkehr. Wie sehr man unterschwellig diesem Glauben an die kosmischen Rhythmen verwurzelt blieb, erwies der einhellige Widerspruch, den jener Vorschlag erfuhr, es gelte den Abwurf der ersten Atombombe auf Hiroshima zum Nullpunkt einer neuen Zeitrechnung zu machen und mit ihm in einen verantwortlichen Äon einzutreten.

6

Zweifellos mutet uns das erschütternde Ereignis des Jahres 1945 apokalyptisch an. Es zwingt uns über dem Gedanken der Weltzeitalter zu erwägen, wieviel an unseren Tagen ausweglos endzeitlich ist und was uns an schöpferischer Hoffnung bleibt. Haben wir mit dem tödlichen Atom einen Äon abgeschlossen oder 1957 mit dem Abschuß der ersten Raumkapsel eine aufbauende Zukunft angetreten? Sind wir dazu verdammt, den Menschen zu vernichten oder ihn zu erfüllen? Was alles bedarf der Absage, der Umkehr?

Wir müssen mit Härte davon ausgehen, daß wir in einer verteufelten Welt leben, daß es unsere Welt ist, daß wir, so wie wir sie verschuldeten, darum wissen. Der niederländische Kulturhistoriker Johan Huizinga (1872–1945) hat 1935 – vor dem Zweiten Weltkrieg also – behauptet, wir seien dem Zweifel verfallen, ob unser Wahnsinn zur Raserei ausbreche, oder ob es gelinge, unsere Wohlfahrt und Kultur zu stiften. Er wußte, daß wir unseres gesteigerten Wissens nicht Herr werden und daß uns eine zerstörerische Urteilslosigkeit zermürbt. Auch der finnisch-deutsche Philosoph Hermann Friedmann (1873–1957) erklärte die düstere Niedergeschlagenheit unserer Menschheit mit den Zweifeln, die wir jenen Werten entgegenbringen, die wir längst gesichert glaubten.

Dem ist so: unsere weltweite Zivilisation vermochte zweifelnd und verzweifelnd keine globale Kultur zu schaffen. Die voranstürmende Wissenschaft ist Spezialisten überantwortet, die alle Zusammenhänge aus den Augen verloren und ihrerseits hörige Sklaven der Handgriffe erziehn, die den Sinn ihres Werkstücks kaum kennen. Die mechanisierten Arbeitsprozesse, die von blinden Rechnern programmiert werden, haben den Menschen zur funktionellen Null großer Zahlen umgeschaffen; sie entleerten also die Person, die in Freizeit und Lebenseinsicht, auf sich selbst gestellt, nicht zu leben vermag und der sinnraubenden Tröstungen bedarf, die ihr von allen Medien in Leidenschaften und Schlagworten verkauft und eingehämmert werden.

Zweifellos: der Mensch ist nicht mehr ganz. Er leistet keine ganze Arbeit mehr, deren Kulturbeitrag er zu überblicken und einzuordnen vermag. Unsere Leere zu übertölpeln, bedürfen wir bis in unsere Ferienfieber hinein der Betäubungen. Wir benötigen, unseren ausflippenden Wünschen gerecht zu werden, Geld, Geld, Geld. So peitschen wir unsere Kinder aus dem ehrlichen Handwerk in die Hochschulen des Besserhabens und Besserwissens, erniedrigen aber damit deren Ansprüche und uns selbst. Damit verwehren wir im Alltag mit mäßig Gebildeten dem hochstrebend Tüchtigen den verdienten Aufstieg. Dabei glauben wir, es bestimme der Lohn den Rang des Menschen, obzwar wir täglich innewerden müßten, daß die Gewinne allzu oft weit über die Leistungen hinausgehn. Streben wir aber den Lohn an, so verfehlen wir den Menschen. Das bedarf nämlich der Ellbogen. Der Produktionsmechanismus mindert die Menschenwelt, »der Staat frißt das Vaterland«.

Seit der Französischen Revolution sind wir des köpfenden Irrglaubens, der verkennt, daß wir wohl als Geschöpfe gleichen Wertes, aber nicht gleicher Art und gleichen Vermögens sind. So wurde denn ein falscher Begriff der Freiheit zum Terror, der die echte Freiheit umbrachte. Das hinterließ ein schlechtes Gewissen, dem Trunkenheiten aller Art not tun. Zu ihnen gehört neben den Massenfreuden der technische Triumph und, ihn zu sichern, die Rationalisierung. Wir, die wir uns selbst nicht verstehn, leben über Motoren und Medien in einer erdumspannenden Kommunikation, die unsere Besinnungen ersäuft. Dazu bedient sich die Daseinsfürsorge eines Riesenapparates, der sich zum Selbstzweck wird und nur Geistlose zu Günstlingen beruft. Dem entspricht, daß überall die Masse herrscht, der sture Beamten- und Paragraphenstaat, die Kommune als Rebellion gegen ihn. So verfällt denn – verständlich genug – die Jugend einer wertelosen Pathetik von triebhafter Erlösung und orgiastisch krawallierender Entscheidungslosigkeit.

Während das Getriebe die Welt zerstört, die verblasene und verlogene Fiktion der »Gesellschaft« die Familie auflöst, weil sich diese im Wetteifer an die Jagd um einen renommierenden Lebensgenuß preisgegeben hat, wächst die Lebensangst, verfällt mit dem Werkstolz die Arbeitsfreude. Daher sind wir inmitten unserer Begierde Verlorene geworden, die es, mit sich selbst zerfallen, um so mehr sind, als wir, uns der Werte zu entledigen, die Triebe entblößten. Mit den Werten aber verfällt auch die Sprache; je geschwätziger wir werden, um so mehr stottern wir Englisch. Wir sind in einem tiefen Sinn Basicstammler geworden. Wir bedienen uns daher der käuflichen Parolen. Hohl geworden, ertragen wir die fruchtbare Einsamkeit nicht mehr.

Das alles macht unsere Endzeit aus, eine Endzeit, in der sich die Menschheit inmitten von Kriegen und Kriegsdrohungen jährlich um Millionen vermehrt.

7

Was aber läßt uns hoffen?

Unverkennbar und wegweisend wären in unserem Jahrhundert die umwälzenden Erfolge der Wissenschaften, wenn wir sie in den Griff bekämen. Quantenphysik, Relativitätstheorie und Biochemie haben der Wissenschaft überlegene Grundlagen gesichert, die ihr ausgreifende Gewinne bringen müßten. Das Plancksche Strahlengesetz vom Jahre 1900 verstand die Energie eines Oszillators nicht mehr als kontinuierliche Mannigfaltigkeit, sondern als diskret gequantelt, und so trat in der Folge das Teilchenbild von Strahlung und Materie dem Wellenbild komplementär an die Seite. Die Komplementarität wurde zu einem unabdingbaren Schlüssel der Welterkenntnis.

Im gleichen Jahr wurde die Lehre Gregor Mendels, die sich der Pflanzenhybriden angenommen hatte, erneuert und die Nukleinsäure beschrieben. Von hier weg näherte man sich in den zwanziger Jahren mit der Entdeckung von zwei Nukleinsäuren dem nach wie vor verschlüsselten Leben. Wegleitend wurde 1944 eine überragende Schrift, die von allen Forschern als Biblion verstanden worden ist: Erwin Schrödingers *What is life?* Daneben erkannte in den dreißiger Jahren der ungarische Physiker Leo Szilard die Möglichkeit einer fortgesetzten Kernspaltung. Er war der erste, der in den Vereinigten Staaten vernichtend den Bau einer Atombombe anging und verheißungsvoll eine neue Energiequelle erschloß.

Inzwischen hatte auch die Quantentheorie mit den Lehren Einsteins zusammengefunden. Nachdem man eingesehen hatte, daß die kosmischen Wissenschaften ohne den Begriff eines Weltäthers auskommen, mußten die physikalischen Gesetze derart geändert werden, daß sie gemeinsam eine Transformationsgruppe gleichförmig gradliniger Bewegung zuließen. Damit gewann Albert Einstein 1905 jene Erkenntnis, die über den Begriff der Energieträgheit, der Wesensverwandtschaft von Energie und Masse also, zur berühmtesten seiner Formeln gelangte, einer Lehre überdies, die mit Hilfe der nichteuklidischen Geometrien zehn Jahre später zur allgemeinen Relativitätstheorie erweitert werden konnte. Aus beiden Theorien haben sich experimentell prüfbare Folgerungen ergeben. So etwa die Krümmung der Lichtstrahlen im Schwerefeld der Sonne.

Unter den Voraussetzungen der Quantentheorie und der Relativitätstheorien wurde die klassische Physik zum Grenzfall einer Lehre, die den Makroverhältnissen des Weltalls wie den Mikroverhältnissen des Atoms gleicherweise gerecht zu werden vermochte. Die Physik wurde zum logischen Gedankensystem glückhafter Erfindung und sachlicher Bewährung. Diese Tatsache steht im Begriff, die Erkenntnistheorie der ererbten Philosophien entscheidend zu berichtigen.

An der Seite dieser Forschungen schritt die Molekularbiologie voran, indem Versuche, die von den Genfunktionen ausgingen, mit den Strukturvorstellungen der langkettigen Zellmoleküle übereinkamen. An der Doppelhelix von Watson und Crick verständigten sich dann Biochemie, Molekülstruktur, also auch die kristallographische Röntgenanalyse und die physikalische Chemie mit der klassischen Genetik. Die Wissenschaften kamen in der Bewältigung ihrer Grenzbedingungen überein.

Dem entsprach, daß die bedeutendsten Entwürfe in Arbeitsgemeinschaften gewonnen wurden. Arbeitsgemeinschaften werden künftig die bisher getrennten Wissenschaften lückenlos zusammenschließen. Die besten Physiker wußten je, daß die Zukunft ein geschlossenes Weltbild zu bieten habe, in dem sich die Naturwissenschaften mit den Geisteswissenschaften verständigen, sich Theologie und Quantenphysik nicht ausschließen. Schönste Anzeichen dessen bieten auf dem Wege dahin die Arbeiten, die in den großen Atomzentren westliche und östliche Forscher, Amerikaner und Sowjetrussen, zur Freundschaft versöhnen, die über den engeren Bereich hinaus vorbildlich werden dürfte und nicht ohne Folge sein kann.

Diese geistigen Wandlungen, die verheißungsvoll aufleuchten, vollzogen sich über dem Hintergrund der ersten bemannten Mondlandung vom Juli 1969. Nicht weniger verheißungsvoll war es aber auch, als es gelang, die Röntgenanalyse auf Molekülstrukturen auszudehnen, mittels der Chromatographie, der Elektrophorese und der Ultrazentrifuge kleine Mengen sehr ähnlicher Stoffe zu trennen, Zellen aufzubrechen, die Nukleinsäuren ihrer Teile auf chemische Art zu charakterisieren und die Datenanalyse mit blitzschnellen Computern zu bewältigen. Wir haben überdies auch die Mikromondfahrt angetreten, indem wir die Grenze des Auflösungsvermögens, die dem Lichtmikroskop gesetzt ist, mit dem Elektronenmikroskop unendlich überschritten. Die Odyssee der Wissenschaft müßte und sollte also uns so erfolgreich Neugierige am Leben erhalten, und die Größe der Aufgabe wird die verbindliche Arbeitsgemeinschaft des Menschen erzwingen. Dies hoffen wir.

8

Wie stehen diese End- und Vorzeichen zu einer Weltzeitalterlehre? So: Wir sehen uns unausweichlich vor eine völlige Umkehr gestellt. Sie ist entweder lebensverheißend oder aber – trotz aller Wissenschaft und mit ihr – tödlich. Vor dieser Frage verblaßt jene andere nach den Weltaltern. Sie verlangt nach der Tat und entschlägt sich der Erklärung. Die Heilserwartung nimmt uns nichts ab. Man überwindet die Vergangenheit als Zukunft gegenwärtig. Die von uns geschaffene und erlittene Welt muß umgeschaffen werden.

Es macht das Wesen des Menschen aus, daß er gespalten ist, daß er blind lebt und sich wach sieht, daß er handelt und seine Tat wertet. Dabei bleibt er hinter sich zurück, und damit sind ihm die Fluch- und Segenszeiten eingeboren. Also gibt es neben der kosmischen eine seelische Präzession. Das Heilsalter des Menschen ist sein guter Wille. Nichts sonst. Demnach vermag der Begriff der Weltzeitalter nichts, als unserer Verantwortung den übergroßen Auftrag eindrücklich zu machen. Dies aber ganz und gar. Der Mensch zeitigt sich auf der Schwelle seiner Entscheidung.

Wir stehen inmitten einer unvergleichlichen Weltrevolution. In dem Maße wie die Welt klein geworden ist, prallen Rassen, Völker, Kulturen, Nationen, Stände heftiger aufeinander! Wir werden zudem von unseren wissenschaftlichen Erfolgen und technischen Möglichkeiten überrollt. Die Zukunft rückt uns überstürzt auf den Leib. Die Generationen werden bei längerer Lebenserwartung kürzer. Wir haben inmitten der Brandungen unseren Ort zu finden. So hat uns denn Alvin Toffler 1970 mit seiner Vision des »Zukunftsschocks« konfrontiert. Es gelingt uns nämlich, vieles an unserer Zukunft zu errechnen, von dem wir nicht wissen, wie wir seiner Herr werden: Bevölkerungswachstum, Verstädterung, Verwerfungen der Altersschichten machen uns ratlos. Unsere Bereitschaft zu handeln wird den Einsichten unseres Bewußtseins nicht gerecht. Daher haben wir Unleistbares zu leisten, den Genen in höchster Freiheit ein Schnippchen zu schlagen.

Der Mensch ist grundverfehlt. Und er hat es einzusehen! Sähe er es ein, so hätte er sich überwunden. Um zum Menschen zu kommen, muß man vom Menschen loskommen. Rousseau irrte: der Mensch *ist* nicht gut; er hat aber keine Wahl, als gut zu werden. Er lebt im Paradoxon, hat sich nach dem Latein Münchhausens am Schopfe selbst aus dem Sumpf zu ziehn. Die Menschheit verlangt nach dem Menschen. So muß dieser das Wagnis zum Versuch eingehen; er muß Mut zu sich selber haben. Er muß den gierigen Leib und das Wuchern des Gehirns meistern. Also ist alle Resignation verboten. Der Pessimismus muß gegen sein Gefälle tätig werden. Die Krise, die uns heute beutelt, klingt in dem Maße ab, als der Mensch sich selbst zum Geschöpf wird. Die Welt zu vermenschlichen, heißt nämlich, den Menschen zu vermenschlichen, an die Stelle der allgemeinen Hysterie eine allgemeine Verantwortung zu setzen, dies als individuelle Rechenschaft. Tun wir den ersten Schritt, so machen wir das Unleistbare leistbar.

An der Wende zu diesen Notwendigkeiten stand Friedrich Nietzsche. Er fand über die Selbstkritik zur Kritik der Art Mensch durch, verlangte angesichts der versagenden Werte die Umwertung aller Werte. Er gebot, daß sich der Mensch über sich hinaus werfe. Darin hatte er, wenn auch nicht inhaltlich, so doch grundsätzlich recht. Er drohte dem Menschen, den es – jenseits der darwinistischen Zucht allerdings – zu schaffen gilt, mit dem »letzten Menschen«. Damit geht es um eine kopernikanische Wende. Die Philosophie sollte nicht mehr Wissenschaft bleiben; sie verlange nach der Tat. Dies alles überfiel Nietzsche am 30. Juli 1881. Das Leben wurde zum Experiment des Erkennenden. Es berührt uns seltsam, zu bedenken, daß Nietzsche im Gedanken an Heraklit die ewige Wiederkunft aufgriff, einen Entwurf, den zu Ende zu denken, die Zeit nicht reif war. Für Nietzsche begann auf der Chasté unsere neue Zeitrechnung. Er war es auch, der als erster vor Einstein den Stoff als Erscheinungsform der Energie zu verstehen suchte. Nietzsche war inmitten solcher Erschütterungen der festen Überzeugung, daß sich an seinem Namen die Geschichte der Menschheit in zwei Hälften spalte. Ob man es wahr haben will oder nicht: er hat vor genau hundert Jahren unerhört und mißverstanden unsere Entscheidungen vorweggenommen. Elisabeth von Österreich war des Glaubens, daß sich Nietzsche als Opfer in den Abgrund der Zeit geworfen habe, so daß wir diesen nun zu überschreiten vermögen.

Die tätige Selbsterkenntnis des Menschen muß als letzter

Humanismus begriffen werden. Die Völkerwanderungen und Rassenvermischungen haben an die Stelle von Völker- und Massenidealen Menschen- und Menschheitsideale zu setzen. Dabei ist der letzte Humanismus keine Religion. Er ist eine schlichte Umgangslehre. Damit ist er auch kein Gegensatz zur Religion. Das Christentum hat neben den anderen Religionen an diesem Humanismus teil. Gäbe es einen heiligen Krieg, so wäre er unheilig Unfriede. Daher muß nicht der Mensch Christ werden, sondern der Christ nach seiner katastrophalen Geschichte Mensch. An die Stelle der Religionen und der Sekten, die unverloren bleiben sollen, tritt die Con-fession, die Ökumene als Wetteifer um die notwendende gemeinsame Tat, eine Ökumene des Geistes also, die das Trennende ausklammert und das Gemeinsame fördert. Das Werk dieser Gemeinschaft liegt jenseits der Glaubenskämpfe. Gott ist nicht, wie Nietzsche drohte, tot. Weil er lebt, ist er Gott der Vielen und anderen anders Gott.

Eine Zukunft der Gemeinschaft kann nicht in Mehrheiten bestimmt werden – Mehrheiten knebeln nur die Gesellschaft; sie kann überdies nicht aus der Mehrzahl hervorgehn. Ihr Vorbild ist die Flechte. Diese verbindet nämlich, sie beide am Leben zu erhalten, Alge und Pilz. Die parasitische Gesellschaft muß also zur symbiotischen Gemeinschaft werden. Sie bedarf der Achtung vor den oberen Werten. Wir müssen wiederum lernen, die Sachen zu ehren. Werden sie wohlfeil, wird der Mensch billig. Man muß über der Ware die Arbeit achten. Alle Wertvernichtungen sind sträflich. Schon die Vorkehren dazu sind des Teufels: die Aufrüstungen aller Art. Dabei gilt es, Werte zu schaffen, nicht solche zu fordern. Das zu leisten, müßte man das Ethos von Förstern aufnehmen. Sie denken – wie der Adel und der Bauer – in Generationen von Hege und Werk. Wer die Werte verliert, begibt sich der Ziele.

Täten wir all dies, so setzten wir den guten Geschmack gegen die Seuchen des Nutzens ein. Man sollte den Überreichtum nicht schröpfen, sondern ihn verantwortlich machen und überdies alles, was käuflich ist, mißtrauisch in Frage stellen. Um die Gemeinschaft und ihren Umgang zu ehren, müßte schon die Sprache verbessert werden. Wir müßten es bis zum Ekel vor dem seichten Schlagwort, dem Geschwätz bringen. Dabei gälte es zu Gunsten der unmittelbaren Begegnung die Ideologien abzubauen. Die wahre Kultstätte des Menschen ist der Alltag.

4

Martin Heidegger: »Was heißt Denken?«
4. Auflage, Tübingen 1984, S. 91–95, Vorlesung Nr. III, und S. 157–159, Übergang von Vorlesung III zu IV.

III

Wir lassen bei unserem Versuch, auf das Sagen der Worte zu achten, das Verhältnis zur Sprachwissenschaft offen. Ihre jeweiligen Ergebnisse können in jedem Fall eine Gelegenheit sein, aus der wir einen Wink empfangen. Dies bedeutet jedoch keineswegs, daß die Ergebnisse der Sprachwissenschaft, für sich als Urteile einer Wissenschaft genommen, den tragenden Grund für unseren Weg bilden müßten. Was die Sprachwissenschaft aussagt, muß ihr erst geschichtlich gegeben sein und zwar auf einem vorwissenschaftlichen Weg zur Sprachgeschichte. Erst dort und nur dort, wo Geschichte schon gegeben ist, kann ihr Gegebenes zu einem Gegenstand der Historie werden, worin das Gegebene immer noch von sich her bleibt, was es ist. Daraus entnehmen wir die Winke.

Um einen Wink zu vernehmen, müssen wir bereits in den Bereich vor- und hineinhören, aus dem er kommt. Einen Wink zu empfangen, ist schwer und selten; um so seltener, je mehr wir wissen, um so schwerer, je mehr wir nur wissen wollen. Es gibt aber auch Vorboten der Winke. Auf ihre Weisungen sprechen wir eher und leichter an, weil wir sie ein Wegstück weit selbst mit vorbereiten können.

Was ist mit den Worten »Denken«, »Gedachtes«, »Gedanke« genannt? In welchen Spielraum des Gesprochenen weisen sie?

Gedachtes – wo ist es, wo bleibt es? Es braucht das Gedächtnis. Zum Gedachten und seinen Gedanken, zum »Gedanc« gehört der Dank. Doch vielleicht sind diese Anklänge des Wortes »Denken« an Gedächtnis und Dank nur äußerlich und künstlich ausgedacht. Dadurch kommt noch keineswegs zum Vorschein, was mit dem Wort »Denken« genannt wird.

Ist das Denken ein Danken? Was meint hier Danken? Oder beruht der Dank im Denken? Was meint hier Denken? Ist das Gedächtnis nur ein Behälter für das Gedachte des Denkens, oder beruht das Denken selber im Gedächtnis? Wie verhält sich der Dank zum Gedächtnis? Indem wir so fragen, bewegen wir uns im Spielraum des Gesprochenen, das mit dem Zeitwort »denken« anspricht. Aber wir lassen alle Bezüge zwischen den genannten Worten »Denken«, »Gedachtes«, »Gedanke«, »Dank«, »Gedächtnis« offen und fragen jetzt bei der Geschichte der Worte an. Sie gibt uns eine Weisung, mag auch die historische Darstellung dieser Geschichte noch unvollständig sein und vermutlich immer bleiben.

Wir vernehmen den Hinweis, daß im Gesprochenen der genannten Worte das maßgebend und ursprünglich sagende Wort lautet: der »Gedanc«. Aber es meint nicht das, was zuguterletzt noch als geläufige Bedeutung im heutigen Gebrauch des Wortes »Gedanke« übriggeblieben ist. Ein Gedanke meint gewöhnlich: eine Idee, eine Vorstellung, eine Meinung, einen Einfall. Das anfängliche Wort, der »Gedanc«, sagt: das gesammelte, alles versammelnde Gedenken. »Der Gedanc« sagt soviel wie das Gemüt, der muot, das Herz. Das Denken im Sinne des anfänglich sagenden Wortes »der Gedanc« ist fast noch ursprünglicher als jenes Denken des Herzens, das Pascal in späteren Jahrhunderten und bereits im Gegenzug gegen das mathematische Denken zurückzugewinnen versuchte.

Der Gedanke, im Sinne des logisch-rational Vorgestellten gemeint, erweist sich gegenüber dem anfänglichen Gedanc als eine Verengung und Verarmung des Wortes, wie sie größer kaum vorgestellt werden kann. Zu dieser Verkümmerung des Wortes hat die Schulphilosophie ihr Teil beigetragen, woraus zu entnehmen ist, daß die begrifflichen Definitionen der Wörter zwar technisch-wissenschaftlich nötig, aber für sich nicht geeignet sind, das Gedeihen der Sprache, wie man meint, zu schützen und gar zu fördern.

Aber das Wort »der Gedanc« meint nicht nur das, was wir Gemüt und Herz nennen und in seinem Wesen kaum ermessen. Im Gedanc beruhen und wesen das Gedächtnis sowohl wie der Dank. »Gedächtnis« bedeutet anfänglich durchaus nicht das Erinnerungsvermögen. Das Wort nennt das ganze Gemüt im Sinne der steten innigen Versammlung bei dem, was sich allem Sinnen wesenhaft zuspricht. Das Gedächtnis besagt ursprünglich soviel wie An-dacht: das unablässige, gesammelte Bleiben bei ... und zwar nicht etwa nur beim Vergangenen, sondern in gleicher Weise beim Gegenwärtigen und dem, was kommen kann. Das Vergangene, das Gegenwärtige, das Kommende erscheinen in der Einheit eines je eigenen *An*-wesens.

Insofern das Gedächtnis als die Sammlung des Gemüts, als die An-dacht, nicht ab-läßt von dem, worauf es gesammelt ist, waltet im Gedächtnis nicht nur der Zug des wesenhaften Andenkens an etwas, sondern in einem damit der Zug des nicht ab- und nicht loslassenden Behaltens. Aus dem Gedächtnis und innerhalb seiner schüttet dann die Seele den Schatz der Bilder aus, d. h. der Anblicke, von denen sie selbst erblickt ist. Erst von hier aus hebt sich innerhalb des weit und tief gefaßten Wesens des Gedächtnisses das Festhalten gegenüber dem Entgleiten ab, was die Lateiner durch memoria tenere benennen. Das Festhalten durch die memoria bezieht sich sowohl auf das Vergangene, als auch auf das Gegenwärtige und Künftige. Dem Festhalten macht vorwiegend das Vergangene zu schaffen, weil es ent-gangen ist und in gewisser Weise nichts Haltbares mehr bietet. Deshalb beschränkt sich der Sinn von Behalten in der Folge auf das Vergangene, das vom Gedächtnis immer wieder hervorgeholt wird. Insofern jedoch dieser eingeschränkte Bezug ursprünglich *nicht* das einzige Wesen des Gedächtnisses ausmacht, kommt es, um das besondere Festhalten und Wieder-holen des Vergangenen zu nennen, zu der Wortprägung: Wiedergedächtnis.

Im anfänglichen Wort »der Gedanc« waltet das ursprüngliche Wesen des Gedächtnisses: die Versammlung des unablässigen Meinens alles dessen, was das Gemüt anwesen läßt. Meinen ist hier in der Bedeutung von minne verstanden: die ihrer selbst nicht mächtige und darum auch nicht notwendig erst eigens zu vollziehende Zuneigung des innersten Sinnes des Gemüts nach dem Wesenden.

Als das so verstandene Gedächtnis ist der Gedanc auch schon das, was das Wort »Dank« nennt. Im Dank gedenkt das Gemüt dessen, was es hat und ist. Also gedenkend und somit als das Gedächtnis denkt das Gemüt sich Jenem zu, dem es gehört. Es denkt sich als hörig, nicht im Sinne der bloßen Unterwerfung, sondern hörig aus der hörenden Andacht. Der ursprüngliche Dank ist das Sichverdanken. Erst in ihm und nur aus ihm erfolgt jenes Denken, das wir als Vergelten und Lohnen im guten und im bösen Sinne kennen. Für sich vollzogen, bleibt jedoch der Dank als Lohnen und Abgelten allzuleicht im Bezirk des bloß konventionellen Sichrevanchierens, wenn nicht gar des Geschäftes hängen.

Der versuchte Hinweis auf das Sagen der Worte »Denken«, »Gedanke«, »Gedächtnis«, »Dank« dürfte wenigstens ungefähr in den Spielraum des Gesprochenen zeigen, aus dessen Ungespochenem jene Worte anfänglich sprechen. Sie bringen Sachverhalte zum Scheinen, deren Wesenseinheit wir noch nicht durchschauen. Vor allem bleibt eines dunkel. Wir können es auf die folgende Frage bringen:

Erfolgt die Kennzeichnung von Gedanc, Gedächtnis und Dank und zwar nicht nur in den Wörtern, sondern in der Sache vom Denken her, oder empfängt umgekehrt das Denken sein

Wesen aus dem anfänglich genannten Gedanc als dem Gedächtnis und dem Dank?

Vielleicht ist diese Frage überhaupt unzureichend gestellt, so daß wir auf ihrer Bahn nicht zum Wesentlichen gelangen. Nur soviel ist deutlich: das, was die Worte Gedanc, Gedächtnis, Dank nennen, ist an Wesensgehalt unvergleichlich reicher als jenes Geläufige, das uns diese Wörter im gewöhnlichen Gebrauch noch bedeuten. Bei dieser Feststellung könnten wir es bewenden lassen. Allein wir gehen nicht nur jetzt über sie hinaus, sondern das Achten auf das Sagen dieser Worte hat uns im vorhinein dafür bereitgehalten, aus ihrem Gesprochenen eine Weisung zu empfangen, die uns der Sache, die in diesen Worten zur Sprache kommt, näherbringt.

Wir nehmen die Weisung aus den anfänglich verstandenen Worten »Denken«, »Gedanc«, »Gedächtnis«, »Dank« auf und versuchen eine freie Erörterung dessen, was uns das reicher sprechende Wort »Denken« sagt. Die Erörterung ist freier, nicht insofern sie ungebundener wird, sondern weil der Blick eine offene Aussicht in die genannten Wesensverhalte und an ihnen die Möglichkeit einer sachgemäßen Bindung gewinnt. Das sorgfältigere Achten auf das im Wort »Denken« Genannte bringt uns unmittelbar aus der ersten Frage in die maßgebende vierte.

Im Gedanc als dem ursprünglichen Gedächtnis waltet schon jenes Gedenken, das sein Gedachtes dem zu-Denkenden *zu*-denkt, der Dank. Wenn wir danken, danken wir für etwas. Wir danken dafür, indem wir uns bei dem bedanken, dem wir es zu verdanken haben. Was wir zu verdanken haben, dies haben wir nicht aus uns. Es ist uns gegeben. Der Gaben empfangen wir viele und von mancherlei Art. Die höchste und eigentlich währende Gabe an uns bleibt jedoch unser Wesen, mit dem wir so begabt sind, daß wir aus dieser Gabe erst die sind, die wir sind. Darum haben wir diese Mitgift am ehesten und unablässig zu verdanken.

Was jedoch im Sinne dieser Mitgift an uns vergeben ist, ist das

Denken. Als Denken ist es dem zugetraut, was es zu denken gibt. Was von sich aus je und je zu denken gibt, ist das Bedenklichste. In ihm beruht die eigentliche Mitgift unseres Wesens, die wir zu verdanken haben.

Wie könnten wir aber diese Mitgift, das Bedenklichste zu denken, gemäßer verdanken als dadurch, daß wir das Bedenklichste bedenken? So wäre denn der höchste Dank vermutlich das Denken? Und der tiefste Undank die Gedankenlosigkeit? So besteht denn der eigentliche Dank niemals darin, daß wir selber erst mit einer Gabe ankommen und Gabe mit Gabe nur vergelten. Der reine Dank ist vielmehr dies, daß wir einfach denken, nämlich das, was es eigentlich und einzig zu denken gibt.

Aller Dank gehört zuerst und zuletzt in den Wesensbereich des Denkens. Dieses aber denkt das zu-Denkende demjenigen zu und an, was in sich, von sich her, bedacht sein möchte und somit von Hause aus das An-denken verlangt. Insofern wir das Bedenklichste denken, danken wir *eigentlich.* Insofern wir denkend auf das Bedenklichste gesammelt sind, wohnen wir in dem, was alles An-denken versammelt. Wir nennen die Versammlung des Andenkens an das zu-Denkende das Gedächtnis.

Dieses Wort verstehen wir jetzt nicht mehr im gewöhnlichen Sinne. Wir folgen der Weisung des alten Wortes. Wir nehmen es keineswegs nur historisch auf. Wir beachten das in ihm Genannte und sein Ungesprochenes im gleichzeitigen Hinblick auf alles, was inzwischen über das Denken als Dank und Andenken gesagt wurde.

Von III zu IV

Was heißt Denken? Wir nehmen jetzt die Frage in ihrem zuerst angeführten Sinne und fragen: was sagt das Wort »Denken«? Wo gedacht wird, sind Gedanken. Darunter versteht man Meinungen, Vorstellungen, Überlegungen, Vorschläge, Einfälle. Aber das althochdeutsche Wort gidanc, »der Gedanc« sagt mehr, nicht nur mehr in der jetzt genannten gewöhnlichen Bedeutung, sondern anderes; nicht bloß anderes im Vergleich zum vorigen, sondern anderes im Wesen als entschieden Unterschiedenes und zugleich Entscheidendes. Der Gedanc bedeutet: das Gemüt, das Herz, den Herzensgrund, jenes Innerste des Menschen, das am weitesten nach außen und ins Äußerste reicht und dies so entschieden, daß es, recht bedacht, die Vorstellung eines Innen und Außen nicht aufkommen läßt.

Aus dem wesentlich gehörten Wort »der Gedanc« spricht nun aber zugleich das Wesen dessen, was die beiden Wörter nennen, die sich uns beim Hören des Zeitwortes »denken« leicht nahelegen: Denken und Gedächtnis, Denken und Dank.

Der Gedanc, der Herzensgrund ist die Versammlung alles dessen, was uns angeht, was uns anlangt, woran uns liegt, uns, insofern wir als Menschen sind. Das, was uns im wesenhaft bestimmenden Sinne anliegt und woran uns liegt, können wir mit einem Wort das Anliegende oder auch das Anliegen nennen. Anlieger heißen diejenigen, deren Anwesen an einer Straße oder an einem Fluß liegt. Das »Anliegen« gebrauchen wir im Sinne von »An-Wesen«. Der Name mag uns jetzt noch ausgefallen vorkommen. Aber er ist in der Sache, die er meint, begründet und längst schon gesprochen. Wir überhören nur das Gesprochene zu leicht.

Wenn wir von Subjekt und Objekt sprechen, so ist damit ein Vor- und Zugrunde-liegen, ein Gegenüber-liegen, immer das An-liegen im weitesten Sinne schon gedacht. Möglicherweise braucht das, was uns anliegt und woran uns liegt, insofern wir unser Menschsein vollbringen, nicht ständig und eigens durch uns vorgestellt zu werden. Gleichwohl ist es im voraus *auf* und *zu* versammelt. Wir sind in gewisser Weise, aber nicht ausschließlich, diese Versammlung selber.

Versammlung des Anliegens meint hier niemals ein nachträgliches Einsammeln von Vorliegendem, sondern die alles Tun und Lassen überholende Botschaft dessen, dem wir schon angeboten sind, insofern wir menschlicherweise sind.

Nur weil wir im Wesen schon in das Anliegen versammelt sind, können wir bei dem gesammelt bleiben, was zumal gegenwärtig und vergangen und ankünftig ist. Das Wort »Gedächtnis« meint anfänglich jenes gesammelte Nicht-Ablassen vom Anliegenden. In seinem anfänglichen Sagen meint Gedächtnis so viel wie An-dacht. Dieses Wort kann nur deshalb den besonderen Ton des Frommen und der Frömmigkeit haben und die Andacht des Gebetes nennen, weil es schon den wesensweiten Bezug der Sammlung auf das Heile und Huldvolle meint. Der Gedanc entfaltet sich im Gedächtnis, das als die Andacht währt. Dies anfänglich gemeinte Gedächtnis gibt seinen Namen später an eine eingeschränkte Benennung ab, die mit Gedächtnis nur noch die Fähigkeit des Behaltens hinsichtlich des Vergangenen meint.

Verstehen wir jedoch das Gedächtnis aus dem alten Wort »der Gedanc«, dann geht uns auch sogleich der Zusammenhang zwischen Gedächtnis und Dank auf. Denn im Dank gedenkt das Gemüt dessen, worin es versammelt bleibt, insofern es dahin gehört. Dieses andenkende Gedenken ist der ursprüngliche Dank.

Was das Wort »Denken« sagt, das hören wir vom anfänglichen Wort »der Gedanc« her. Diese Art zu hören entspricht dem Wesenssachverhalt, den das Wort »der Gedanc« nennt. Diese Art zu hören ist die maßgebende. Wir verstehen dabei das, was »Denken« heißt, aus dem Gedanc. Dagegen meinen wir nach dem uns geläufigen Sprachgebrauch, das Denken entspringe nicht aus dem Gedanken, sondern Gedanken entstünden allererst durch ein Denken.

Hören wir indessen noch achtsamer in den Spielraum des Gesprochenen hinein, das uns in den anfänglichen Worten »der Gedanc«, »das Gedächtnis«, »der Dank« anspricht. Das, was uns je und je zu denken gibt, ist das Bedenklichste. Was es gibt, seine Gabe, übernehmen wir dadurch, daß wir das Bedenklichste bedenken. Hierbei halten wir uns denkend an das Bedenklichste. Wir denken es an. So gedenken wir dessen, dem wir die Mitgift unseres Wesens, das Denken, verdanken. Insofern wir das Bedenklichste denken, danken wir.

Wir denken dem Bedenklichsten das zu-Denkende zu. Aber dieses *Zu*-Gedachte ist nicht etwas, was wir unsererseits erst auf- und mitbringen, um damit eine Gegengabe zu leisten. Wenn wir das Bedenklichste denken, denken wir Jenes an, was das Bedenklichste selber uns zu denken gibt. Dieses Andenken, das als Denken schon der eigentliche Dank ist, bedarf, um zu danken, nicht eines Vergeltens und Verdienens. Solches Danken ist kein Abgelten; doch bleibt es ein Entgegentragen, wodurch wir Jenes, was eigentlich zu denken gibt, erst eigens in seinem Wesen belassen. So verdanken wir unser Denken in einem Sinne von »verdanken«, der unserer Sprache kaum noch geläufig und der, soweit ich sehe, nur im alemannischen Sprachbereich noch üblich ist. Wenn die Verhandlung einer Sache abgeschlossen, verabschiedet wird, sagt man, sie werde verdankt. Verabschieden meint hier nicht wegschicken, sondern umgekehrt: die Sache dahin bringen und fortan dort lassen, wohin sie gehört. Diese Verabschiedung heißt die Verdankung.

Wenn ein Denken es vermöchte, das, was je und je zu denken gibt, in sein eigenes Wesen zu verabschieden, dann wäre solches Denken der höchste Dank der Sterblichen. Dieses Denken wäre die Verdankung des Bedenklichsten in seine eigenste Abgeschiedenheit, die das Bedenklichste unversehrbar in seine Fragwürdigkeit verwahrt. Niemand von uns wird sich anmaßen, ein solches Denken auch nur im entferntesten zu leisten, nicht einmal sein Vorspiel. Wenn es hoch kommt, gelingt eine Vorbereitung zu diesem.

Gesetzt aber, Menschen vermöchten dies einmal, nämlich in der Weise solcher Verdankung zu denken, dann wäre dieses Denken auch schon im Andenken versammelt, das je und je das Bedenklichste andenkt. Das Denken wohnte dann im Gedächtnis, dies Wort nach seinem anfänglichen Sagen gehört.

5

Martin Heidegger: »Platons Lehre von der Wahrheit«, Bern 1947, S. 7–19: Platons »Höhlengleichnis« in der Übersetzung von Martin Heidegger.

»Bringe dir nämlich in den Blick dieses: Menschen halten sich unter der Erde in einer höhlenartigen Behausung auf. Nach oben gegen das Tageslicht eignet dieser der langhin sich erstreckende Eingang, auf den zu das ganze Gehöhle sich versammelt. In dieser Behausung haben die Menschen, gefesselt an den Schenkeln und den Nacken, von Kindheit her ihren Verbleib. Deshalb verharren sie auch an derselben Stelle, so daß ihnen nur dies Eine bleibt, auf das hinzusehen, was ihnen von vorne ins Angesicht begegnet. Ringsherum jedoch die Köpfe zu führen, sind sie, weil gefesselt, außerstande. Ein Lichtschein freilich ist ihnen gewährt, von einem Feuer nämlich, das ihnen, allerdings von rückwärts, oben und fernher, glüht. Zwischen dem Feuer und den Gefesselten (in deren Rücken also) läuft obenhin ein Weg; dem längs, so stelle dir das vor, ist eine niedere Mauer gebaut gleich den Schranken, die sich die Gaukler vor den Leuten aufrichten, um über sie weg die Schaustücke zu zeigen. – Ich sehe, sagte er. –

Fasse nun demgemäß in den Blick, wie entlang diesem Mäuerchen Menschen allerlei Zeug vorbeitragen, das hierbei über das Mäuerchen hinwegragt, Standbilder sowohl als auch andere steinerne und hölzerne Bildwerke und sonst mannigfach von Menschen Gefertigtes. Wie nicht anders zu erwarten, unterhalten sich (dabei) die einen der Vorübertragenden, die anderen schweigen.

– Ein außergewöhnliches Bild führst du da vor, sagte er, und außergewöhnliche Gefangene. – Sie gleichen aber ganz uns Menschen, erwiderte ich. Denn was glaubst du wohl? Solcherart Menschen haben doch im vornhinein, sei es von sich selbst, sei es von einander, nie etwas anderes in den Blick bekommen als die Schatten, die (ständig) der Feuerschein auf die ihnen gegenüberstehende Wand der Höhle wirft.

– Wie anders denn soll es sein, sagte er, wenn sie gezwungen sind, den Kopf unbeweglich zu halten und das zeit ihres Lebens? –

Was jedoch sehen sie von den (in ihrem Rücken) vorbeigetragenen Dingen? Sehen sie nicht eben dieses (nämlich die Schatten)? – In der Tat. –

Wenn sie nun imstande wären, miteinander das Erblickte an- und durchzusprechen, glaubst du nicht, sie würden das, was sie da sehen, für das Seiende halten? – Dazu wären sie genötigt. –

Wie aber nun, wenn dies Gefängnis auch noch von der ihnen gegenüberstehenden Wand her (auf die allein sie ständig hinblicken) einen Widerhall hätte? Sooft dann einer von denen, die hinter den Gefesselten vorbeigehen (und die Dinge vorbeitragen), sich verlauten ließe, glaubst du wohl, daß sie etwas anderes für das Sprechende hielten als den vor ihnen vorbeiziehenden Schatten? – Nichts anderes, beim Zeus! sagte er. – Ganz und gar, entgegnete ich, würden dann auch die also Gefesselten nichts anderes als die Schatten der Gerätschaften für das Unverborgene halten. – Dies wäre durchaus nötig, sagte er. –

Verfolge demnach jetzt, erwiderte ich, mit deinem Blick den Vorgang, wie die Gefangenen von den Fesseln gelöst und in eins damit geheilt werden von der Einsichtslosigkeit, und bedenke dabei, welcher Art dann diese Einsichtslosigkeit sein müßte, wenn den Gefesselten folgendes zustieße. Sooft einer entfesselt und gezwungen würde, plötzlich aufzustehen, den Hals umzuwenden, sich auf den Weg zu machen und gegen das Licht zu hinaufzublicken, (dann) vermöchte er (jedesmal) dies alles nur unter Schmerzen, auch wäre er nicht imstande, durch das Geflimmer hindurch auf jene Dinge hinzusehen, davon er vormals die Schatten sah. (Wenn all das mit ihm geschähe), was, glaubst du wohl, würde er sagen, wenn einer ihm eröffnete, daß er vormals (nur) Nichtigkeiten gesehen habe, jetzt aber dem Seienden um mehreres näher sei und, also dem Seienderen zugewendet, demzufolge auch richtiger blicke? Und wenn einer ihm (dann) auch noch jedes der vorbeiziehenden Dinge zeigte und ihn zwänge, auf die Frage, was es sei, zu antworten, glaubst du nicht, daß er da weder ein noch aus wüßte und überdies dafür hielte, das vormals (mit eigenen Augen) Gesehene sei unverborgener als das jetzt (von einem anderen ihm) Gezeigte? – Durchaus freilich, sagte er. –

Und wenn ihn gar einer nötigte, in den Feuerschein hineinzusehen, würden ihm dann nicht die Augen schmerzen, und möchte er sich da nicht abwenden und zu jenem (zurück) flüchten, was anzusehen in seinen Kräften steht und sich dafür entscheiden, das (ihm ohne weiteres Sichtbare) sei in der Tat klarer als das, was ihm jetzt gezeigt werde? – So ist es, sagte er. –

Wenn aber nun, erwiderte ich, einer ihn (den von den Fesseln Gelösten) von da weg mit Gewalt durch den holperigen und steilen Aufgang der Höhle hindurchzöge und nicht von ihm abließe, bis er ihn an das Licht der Sonne hinausgezogen hätte, empfände der also Gezogene dabei nicht Schmerz und Empörung? Und bekäme er, ins Sonnenlicht gelangt, nicht die Augen voll des Glanzes, und wäre er so nicht außerstande, auch nur etwas von dem zu sehen, was ihm jetzt als das Unverborgene eröffnet wird?

– Keineswegs wäre er dazu imstande, sagte er, wenigstens nicht plötzlich. –

Einer Gewöhnung offenbar, glaube ich, bedürfe es, wenn es darauf ankommen soll, das, was oben (außerhalb der Höhle im Licht der Sonne) steht, ins Auge zu fassen. Und (bei solcher Eingewöhnung) würde er zunächst am leichtesten auf die Schatten hinsehen können und hernach auf den im Wasser widerspiegelnden Anblick der Menschen und der übrigen Dinge, später aber würde er dann diese selbst (das Seiende statt der abschwächenden Spiegelungen) in den Blick nehmen. Aus dem Umkreis dieser Dinge aber dürfte er wohl das, was am Himmelsgewölbe ist, und dieses selbst, und zwar bei Nacht leichter beschauen, indem er hinblickt auf das Licht der Sterne und des Mondes, (leichter nämlich) als bei Tag die Sonne und ihren Schein. – Gewiß! –

Am Ende aber, glaube ich, dürfte er in den Stand kommen, auf die Sonne selbst zu blicken, nicht nur auf ihren Widerschein im Wasser und wo er sonst auftauchen mag, auf die Sonne selbst, wie sie von ihr selbst her an dem ihr eigenen Ort ist, um sie zu betrachten, wie beschaffen sie sei. – Notwendig dürfte es so kommen, sagte er. –

Und nachdem er all dieses hinter sich gebracht hat, dürfte er auch bereits über sie (die Sonne) dieses zusammenbringen können, daß nämlich sie es ist, die sonst sowohl Jahreszeiten gewährt als auch Jahre und alles durchwaltet, was ist in dem (jetzt) gesichteten Bezirk (des Sonnenlichtes), ja daß sie (die Sonne) sogar auch von jenem Allen die Ursache ist, was jene (die unten in der Höhle sich aufhalten) in einer gewissen Weise vor sich haben.

– Offenbar, sagte er, würde er zu diesem (zur Sonne und zu dem, was in ihrem Licht steht) gelangen, nachdem er über jenes (was nur Widerschein und Schatten ist) hinausgegangen. –

Was nun? Wenn er sich wieder der ersten Behausung erinnerte und des dort maßgebenden ›Wissens‹ und der damals mit ihm Gefesselten, glaubst du nicht, er würde sich selbst zwar glücklich preisen ob des (geschehenen) Umschlags, jene dagegen bedauern? – Gar sehr. –

Wenn nun aber (in der Höhle nämlich) gewisse Ehrungen und Lobsprüche festgesetzt wären für den, der am schärfsten das Vorübergehende (was sich alltäglich zuträgt) ins Auge faßt und dazu am meisten das im Gedächtnis behält, was davon zuerst, was nachher und was gleichzeitig vorbeigebracht zu werden pflegt, und der (dann) hieraus das vorher zu sagen vermöchte, was am ehesten künftig eintreten könnte, glaubst du, ihn (den aus der Höhle Hinausgegangenen) würde es (jetzt noch) nach jenen (in der Höhle) verlangen, um mit denen (dort) zu wetteifern, die bei jenen in Ansehen und Macht stehen, oder wird er nicht gar sehr das auf sich nehmen wollen, wovon Homer sagt: ›einem fremden unbegüterten Manne um Lohn zu dienen‹, und wird er nicht überhaupt was immer sonst eher ertragen wollen, als in jenen (für die Höhle gültigen) Ansichten sich herumzutreiben und auf jene Weise ein Mensch zu sein?

– Ich glaube, sagte er, alles würde er eher über sich ergehen lassen, als auf jene (höhlenmäßige) Weise ein Mensch zu sein. –

Und nun also bedenke dieses, erwiderte ich: Wenn der solcherart aus der Höhle Herausgekommene wiederum hinabstiege und an denselben Platz sich niedersetzte, füllten sich ihm da nicht, wo er plötzlich aus der Sonne kommt, die Augen mit Finsternissen? – Gar sehr allerdings, sagte er. –

Wenn er nun wieder mit den ständig dort Gefesselten sich abgeben müßte im Aufstellen und Behaupten von Ansichten über die Schatten, während ihm noch die Augen blöd sind, bevor er sie wieder angepaßt hat, was nicht geringe Zeit der Eingewöhnung verlangte, würde er dann dort unten nicht der Lächerlichkeit preisgegeben sein, und würde man ihm nicht zu verstehen geben, daß er ja nur hinaufgestiegen sei, um mit verdorbenen Augen (in die Höhle) zurückzukehren, daß es also auch ganz und gar nicht lohne, sich auf den Weg nach oben zu machen? Und werden sie denjenigen, der Hand anlegte, sie von den Fesseln zu lösen und hinaufzuführen, wenn sie seiner habhaft werden und ihn töten könnten, nicht wirklich töten? –

– Sicherlich wohl, sagte er. –«

Literaturverzeichnis

Angelus Silesius, Cherubinischer Wandersmann, Kritische Ausgabe, Stuttgart 1984

Beckerath, Erich von, Geheimsprache der Bilder, Die astrologische Lehre und ihre Symbolik in der bildenden Kunst, Wien 1984

Bibel, Neue Jerusalemer, Einheitsübersetzung, Freiburg im Breisgau 1985

Biblia Sacra, Iuxta Vulgatam Versionem, Stuttgart 1984

Böttcher, Helmuth M., Sterne, Schicksal und Propheten. Dreißigtausend Jahre Astrologie, München 1965

Dahlke, Margit und Rüdiger, Okkultismus, Der Esoterik-Boom, Ursachen, Gefahren, Chancen, München 1990

Das Gilgamesch-Epos, Stuttgart 1958

Die Religion in Geschichte und Gegenwart, Handwörterbuch für Theologie und Religionswissenschaft, 6 Bände, Tübingen 1957

Dürrenmatt, Friedrich, Ein Engel kommt nach Babylon, Fragmentarische Komödie, Zürich 1980

Evola, Julius/Gruppe von Ur, Magie als Wissenschaft vom Ich, Interlaken 1985

Guénon, René, Der König der Welt, Freiburg im Breisgau 1987

Handwörterbuch des deutschen Aberglaubens, 10 Bd., Berlin 1927/1986

Heidegger, Martin, Holzwege, Frankfurt am Main 1950

– Nietzsche, Band I und II, Pfullingen 1961

– Platons Lehre von der Wahrheit, Bern 1947

– Vom Wesen der Wahrheit, Frankfurt am Main 1954

– Vorträge und Aufsätze, Pfullingen 1954

– Was heißt Denken, 4. Auflage, Tübingen 1984

Heraklit, Fragmente, griechisch und deutsch, München und Zürich 1983

Jaeckle, Erwin, Auf den Nagel geschrieben, Aphorismen, Lahnstein 1986

– Auf der Schwelle von Weltzeitaltern, Schaffenhausen 1981

– Die Botschaft der Sternstraßen, Stuttgart 1981

– Die Idee Europa, Frankfurt am Main, Berlin 1988

– Die Osterkirche, Stuttgart 1970

– Ernst Jüngers Tagebuch des Jahrhunderts, Lahnstein 1986

– Paracelsus und der Exodus der Elementargeister, Lahnstein 1987

– Vom sichtbaren Geist. Naturphilosophie, Stuttgart 1984

Jünger, Ernst, An der Zeitmauer, Stuttgart 1959

Jung, Carl Gustav, Erinnerungen, Träume, Gedanken, aufgezeichnet und herausgegeben von Aniela Jaffé, 7. Auflage, Zürich 1979
– Psychologie und Alchemie, Zürich 1951
Kerényi, Karl, Die Mythologie der Griechen, Zürich 1951
Kues, Nikolaus von, Die Kunst der Vermutung, Auswahl aus den Schriften, besorgt und eingeleitet von Hans Blumenberg, Bremen 1957
Leuenberger, Hans-Dieter, Das ist Esoterik, Freiburg im Breisgau 1986
Love, Jeff, Die Quantengötter, Ein neues Verständnis der Kabbalah, Düsseldorf, Köln 1976
Nietzsche, Friedrich, Großoktav-Ausgabe, 19 Bände, Leipzig 1899–1913
Otto, Rudolf, Das Heilige, Über das Irrationale in der Idee des Göttlichen und sein Verhältnis zum Rationalen, München 1987
Pascher, Josef, HE BASILIKE HODOS, Der Königsweg zur Wiedergeburt und Vergottung bei Philon von Alexandreia, Münster 1931
Ranke-Graves, Robert von, Die Weiße Göttin, Sprache des Mythos, Reinbek bei Hamburg 1985
– Griechische Mythologie, Quellen und Deutung, Reinbek bei Hamburg 1985
Ruf, Oskar, Die esoterische Bedeutung der Märchen, München 1992
Schedl, Claus, Geschichte des Alten Testaments, 3. Band, Wien 1959
– Zur Christologie der Evangelien, Wien 1984
Schulz, Siegfried, Das Evangelium nach Johannes, Göttingen 1983
Septuaginta, der griechische Text des AT, Band I und II, Stuttgart 1982
Shankara, Das Kleinod der Unterscheidung, Bern, München, Wien (ohne Jahreszahl)
Spengler, Oswald, Der Untergang des Abendlandes, Umrisse einer Morphologie der Weltgeschichte, Zürich 1980
Testamentum, Novum, Graece et Latine, Stuttgart 1962
Testament, Das neue, Zwingli-Bibel, Zürich 1966
Weinfurter, Karl, Der Königsweg, Der goldene Pfad der praktischen Mystik, Freiburg im Breisgau 1986
Wissende, Eingeweihte und Verschwiegene, Esoterik im Abendland, Zentralbibliothek Zürich, Ausstellungskatalog, Zürich 1986

Knaur

Westliche Wege

(86012)

(86007)

(4275)

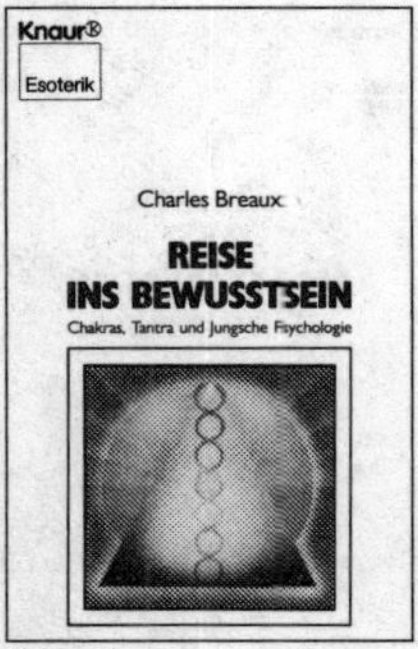

(4251)

(86004)

(4269)